Margit Schönberger
Jörg Zipprick

Margit Schönberger, Jörg Zipprick

100 DINGE, DIE SIE EINMAL IM LEBEN GEGESSEN HABEN SOLLTEN

LUDWiG

 Verlagsgruppe Random House FSC-DEU-0100
Das für dieses Buch verwendete
FSC®-zertifizierte Papier *EOS*
liefert Salzer Papier, St. Pölten, Austria.

2. Auflage
Lektorat: Annette Seybold-Krüger, München

Copyright © 2011 by Ludwig Verlag, München,
in der Verlagsgruppe Random House GmbH
http://www.ludwig-verlag.de
Umschlaggestaltung: Eisele Grafik-Design, München
Satz: Leingärtner, Nabburg
Druck und Bindung: Pustet, Regensburg
Printed in Germany 2011

ISBN: 978-3-453-28025-0

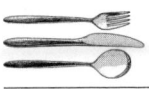
Inhalt

Vorwort

Dieses Buch ist kein Lexikon, keine Anekdotensammlung und keine Kulturgeschichte, sondern der Dialog zweier Genießer, für die gutes Essen eine Frage von Kultur, aber auch eine des Respekts vor der Natur ist, die all diese Gaben für uns Menschen bereithält. Es handelt von hundert besonderen, guten Lebensmitteln, von Süßem und Saurem von Asien bis Europa: zum Schlemmen, Genießen, Verkosten und Probieren – oder auch nur zum Lesen. Wir beschreiben – steng subjektiv – hundert Dinge, die wir selbst gern essen, und das mit »verteilten Rollen«: Da ist die Fragende, die Neugierige, die im Lauf ihres Genießerlebens zwar schon einiges, aber bei weitem noch nicht genug gekostet hat und jedenfalls entschlossen ist, das Misstrauen des Grundsatzes »Was der Bauer nicht kennt« hinter sich zu lassen. Die Antworten gibt ein ausgewiesener Experte, der Essen und Trinken und das dazugehörige Hintergrundwissen in den Mittelpunkt seines Berufslebens gestellt hat.

Hundert Dinge? Das sind natürlich viel zu wenig. Man denke nur an all die Käsesorten, all die Würste, all die Gewürze, die es auf diesem Globus gibt. Aber dieses Buch hat nicht vor, alles aufzulisten, was man verspeisen kann. Im Gegenteil, die unendliche Vielfalt des Genießbaren ist reduziert auf das, was für uns besondere Markierungspunkte des Genusses sind.

Dieses Buch ist außerdem so etwas Widersinniges wie ein Kochbuch für Leute, die nicht kochen wollen – oder können. Denn fast jede der vorgestellten Leckereien kann, roh oder mit

minimalen Kochkenntnissen zubereitet, für maximalen Genuss sorgen. Nicht nur der Kaviar, der Hummer und die Languste gehören in diese Kategorie, sondern auch der Camembert oder die Kaper. Oder Butter, die wirklich noch »gute Butter« ist – auch wenn wir sie nur bei einem Hersteller gefunden haben, den wir im Text nach Kräften loben.

Weil wir zwar schwelgen, aber nicht schweigen wollen, haben wir auch auf einige böse Tricks der Anbieter – vom Kohlenmonoxid gefärbten Thunfisch bis zum Würzen mit Trüffelöl-Aroma – aufmerksam gemacht. Hinweise auf die Tatsache, dass viele Fischbestände bedroht sind, haben wir dabei ebenso wenig ausgespart wie den Streit um den Genuss von Foie gras, der berühmten Gänsestopfleber. Wir wollten bei diesen Themen nicht in den Chor der Küchen- und Schlemmereuphoriker einstimmen: Wir haben an diesen »wunden Punkten« zwei Seelen in unserer Brust.

Ohne gute Zutaten kann es keine gute Küche geben. Und gute Küche wiederum darf nicht nur das Privileg einer zahlungskräftigen Elite sein, die es sich bei aufgeplusterten Sterneköchen schmecken lässt. Andererseits haben rare Kostbarkeiten zu Recht ihren Preis – darum sollte man sie kennen, aber nicht zum Alltäglichen degradieren. Allzu gern zeigen die »Herren der Herde«, welch tolle Küchentechniken und Tricks sie beherrschen. Inzwischen bedienen sich manche sogar in den Schränken der Aromen- und Chemieindustrie und lassen sich dafür als »Forscher« feiern. Hat nicht einmal jemand gesagt, dass Forschung den Menschen nutzen und dienen soll? Der Großteil solcher »Küchenforschung« – und Performance – scheint allerdings eher narzisstische Neigungen zu befriedigen. Vor allem erschließt sie der Chemieindustrie neue Märkte –

und das wohl nicht ganz zufällig. Denn wer bewusst, mit Vorfreude und mit Sinn und Verstand Qualität einkauft, der muss am Herd nicht tricksen.

Zugegeben, manchen Produkten muss ein wenig nachjagen, wer nicht in einer größeren Stadt wohnt; einige kann man vielleicht sogar als Genussziele in seine Reisepläne einbauen. Da, wo man den Gaumen zu beglücken versteht, blüht meist auch die »restliche« Kultur in reichen Farben. Dennoch: Es kommt gerade nicht darauf an, die feinen Dinge, die wir für dieses Buch ausgewählt haben, im Speiseplan des Alltags zu platzieren. Wie der Titel schon sagt, man sollte es einmal gegessen haben, das Steinbuttfilet aus einem Sieben-Kilo-Fisch, die Kartoffel aus den Feldern in Meeresnähe oder die Sandmöhre der Normandie. Weil es Genuss bereitet, gute Gefühle macht und gleichzeitig, fast unbemerkt, den Sinn für Qualität schult.

Vielleicht genügt deshalb das »Einmal« nicht, denn wer das Original kennt, der gibt sich nicht mehr so leicht mit schlechten Kopien zufrieden, der kauft nicht mehr »im Namen der Dose«, verschmäht Tomaten, die nach gefärbtem Wasser schmecken, bringt keine armen Batteriehühner auf den Tisch, deren Fleisch trocken und langweilig schmeckt, und auch keinen synthetisch gefärbten Zuchtfisch. Wer lernt, sich für Qualität zu entscheiden, tut mehr für Tier- und Naturschutz als diejenigen, die ihren Obolus in die entsprechenden Sammelbüchsen werfen. Und hat sogar noch etwas davon – Genuss.

Apropos Färben: Früher hieß es: »Das Auge isst mit.« Heute schmaust das Auge oft ganz allein, egal, ob in der Gemüseabteilung des Supermarkts, beim Metzger oder im Restaurant. Noch nie wirkten unsere Nahrungsmittel so schön bunt und frisch – und noch nie waren sie derart aromenarm. Ein wenig

schöner Schein, das richtige Licht an der Theke, pralle Gemüse-arrangements und Dekorationen wie aus dem Bilderbuch – da fragt bald niemand mehr nach dem Geschmack.

Dieses Buch soll auch ein wenig dazu beitragen, ein gesundes Misstrauen zu entwickeln: Vertrauen Sie beim Einkaufen lieber auf Ihren Geruchs- und Tastsinn. Lassen Sie sich nicht davon beeindrucken, ob ein Versender als »Lieferant großer Köche« beworben wird. Ignorieren Sie das ganze Wortgeklingel der Gastronomie und suchen Sie lieber in Ihrer Umgebung nach zuverlässigen Händlern und Züchtern, nach Leuten, die wissen, dass man gutes Fleisch, guten Fisch und gutes Gemüse nur dann bieten kann, wenn man Pflanzen und Tiere nicht mit Präparaten aus der Chemiefabrik ernährt. Denn nur die Er-zeugnisse von kulinarischen Handwerkern muss man wirklich gegessen haben – und das vielleicht nicht nur einmal im Leben. Dann ist das Besondere auch nicht mehr eine Frage des Geld-beutels, sondern eine Frage der Prioritäten, die man setzt. Wenn Sie ein qualitätsbewusster Genießer und Käufer sind, un-terstützen Sie damit ehrliche, engagiert und hart arbeitende Handwerker – und zugleich Natur und Umwelt.

Margit Schönberger
Jörg Zipprick

Die Autoren

Margit Schönberger

Ich habe mein ganzes Leben mit Büchern und ihren Autoren verbracht. Interessante Menschen, ihr Wissen und ihre Geschichten sind meine Leidenschaft, die ich zum Beruf gemacht habe. Es kann kein Zufall sein, dass ich die meisten dieser Menschen am besten bei gutem Essen und Trinken kennengelernt habe.

Ich entstamme einer bäuerlichen Familie, in der noch alle Mahlzeiten gemeinsam eingenommen wurden, Gemüse- und Obstgärten vor dem Haus lagen und Küchenkräuter nicht im Supermarkt gekauft wurden. Meine Großmütter haben Butter noch selbst gemacht, und ich saß als kleines Mädchen auf ihren Butterkisten. Ich habe heute noch im Ohr, wie das Geräusch der plätschernden Sahne in der Kiste sich veränderte, bis es schließlich zu einem sanften Rumpeln wurde, wenn die goldgelbe, perlende Butter fertig war. Und auf ein frisch gebackenes, ofenwarmes Brot gestrichen wurde. Solche Erfahrungen prägen, und sie setzen Standards.

Es hat allerdings gedauert, bis ich mein Misstrauen fremdländischen Essgenüssen gegenüber abgelegt habe – ganz abgebaut habe ich es immer noch nicht. Schwalbennester beispielsweise gehören für meinen Geschmack an die Hauswand und nicht in die Suppe. Jörg Zipprick beneide ich darum, dass er den Globus vom Blickwinkel des Kulinarischen aus kennengelernt hat und nicht von solchen Vorurteilen am Genießen des Exotischen gehindert wird. Aber ich hatte trotzdem Glück, denn die k.u.k. Welt, aus der ich komme, war auch einmal ein Reich, in dem die Sonne nicht unterging. Unser Wiener Schnitzel und

11

unsere Backhendl sind zwar nicht mit Gold überzogen wie beim Kaiser von Konstantinopel, aber goldgelb gebackene Semmelbröselpanade schlägt Blattgold im Geschmack garantiert ohnedies um Längen.

Meine privaten Helden der Gegenwart sind diejenigen, die auch Jörg Zipprick zu Recht hoch lobt und fördert: Bäcker, Metzger, Züchter, die Tiere artgerecht halten und ihnen ein gutes Leben gönnen, und nicht zuletzt Bauern, die ihren Beruf in Ehren halten, gute Ware produzieren und sich nicht korrumpieren lassen. Was heutzutage enorme Charakterstärke voraussetzt. Wir Verbraucher sollten ihnen dabei helfen. Damit aus Nahrungsmitteln wieder Lebensmittel werden, die nicht nur den Hunger stillen, sondern auch alle Sinne ansprechen. Denn dafür sind sie uns schließlich verliehen worden. Gutes Essen hält nicht nur Leib und Seele zusammen, es macht auch gute Laune. Und davon könnte die Welt wahrlich mehr gebrauchen.

Jörg Zipprick

Von mir stammt der zweite Abschnitt der Kapitel. In den letzten zwanzig Jahren habe ich auf der Suche nach Essbarem die halbe Welt durchquert – dennoch fehlen ein paar wichtige Länder und ihre Gerichte noch auf der Speiseliste.

Grundsätzlich esse ich alles, außer vielleicht Haustiere und Insekten – was nicht heißt, dass mir alles schmeckt. Manches, wie gekochte Hühnerfüße, ist mir wirklich zu fremdartig – zumal der Hühnerfuß an und für sich nach nichts schmeckt und sich nur durch gelatineartige Konsistenz mit ein paar Knochen drin auszeichnet. In China jedoch gilt er als Delikatesse. Und gar nicht begeistern kann ich mich auch für Essen aus der Chemiefabrik und Labor-Aromen. Beides hat in diesem Buch nur da Platz, wo die Aufmerksamkeit des genießenden Lesers auf Tricks der Anbieter und Verkäufer gerichtet werden muss.

Ein wenig beneide ich meine Co-Autorin Margit Schönberger darum, schon gut gegessen zu haben, als ich noch in den Windeln lag. Außerdem kennt sich Margit Schönberger wesentlich besser als ich in Österreich aus, wo vorzügliches Essen eine lange Tradition und der sorgfältige Umgang mit Lebensmitteln eine breite Basis haben.

Mein Einkaufstipp? Qualität gibt es nicht zum Nulltarif – aber ein hoher Preis allein sagt auch nichts über die Güte von Lebensmitteln aus. Wenn es irgend geht, versuche ich, meinen kleinen Beitrag zum Jahresumsatz den »kulinarischen Handwerkern« zukommen zu lassen, also den Bäckern, Metzgern, Züchtern, Bauern meines Vertrauens.

Abalone (Seeohr)

Das Seeohr? Eine Muschel, die eine Schnecke ist? Das habe ich noch nie gegessen und – ich schäme mich fast dafür auch noch nie gehört. Abalone klingt irgendwie nach einem italienischen Badeort. Falls das je auf einer Speisekarte stand, die ich vor Augen hatte, habe ich das wahrscheinlich für eine regionale Spezialität gehalten und war von mir bekannten Köstlichkeiten so abgelenkt, dass ich vergaß, danach zu fragen. Bei meinem nächsten Aufenthalt in Küstennähe werde ich versuchen, diese Wissenslücke in Sachen Genuss zu schließen. Ich gehe davon aus, dass auch dieser Meeresbewohner sauberes Wasser zum Überleben braucht – vom Geschmack gar nicht zu reden. Da ist es also wohl ratsam, dieses »Abalone-Date« möglichst bald zu genießen, sonst wird es irgendwann keine Gelegenheit mehr dafür geben?

Im China-Restaurant habe ich mich früher immer gefragt, was denn wohl die Abalone ist. Sie war jedenfalls immer das teuerste Gericht auf der Karte. Und saßen an den Nebentischen tatsächlich mal Asiaten, dann fielen sie genüsslich über Abalone her. Manchmal habe ich versucht, auf den Teller meiner Tischnachbarn zu schielen. Appetitlich sah das nicht immer aus … Selbst gegessen habe ich es zum ersten Mal in der Bretagne, in Trebeurden. Es schmeckte wie Meer an einem Sommertag und hatte gleichzeitig diese gewisse Festigkeit, wie sie gutem Fleisch zu eigen ist. Serviert wurde die Abalone in ihrer Schale, deren Innenseite perlmuttfarben schimmert. Ich glaubte, sie schon einmal in einem Souvenirladen als Schmuckstück gesehen zu

haben. Kurz: Ich mochte das Seeohr und bestellte es am Tag darauf noch einmal.

»Ormeau« heißt das Seeohr auf den französischen Speisekarten. Erst später lernte ich, dass dies die Abalone aus den China-Restaurants ist. Inzwischen gibt es sogar Betriebe in der Bretagne, in der Normandie und in Spanien, die erfolgreich Abalone züchten.

Nun werden die Abalones in den meisten Restaurants als Muscheln verkauft. In Wahrheit jedoch sind das aber Schnecken der Gattung Haliotis. Und tatsächlich betrachten beispielsweise die Japaner die Haliotis – unabhängig von deren zoologischer Einordnung – als Muscheltier. Im Naturzustand klebt sie am Küstenfels fest. Gefischt wird die Abalone zu Fuß in Küstennähe oder auf kleinen Tauchgängen bis 20 Meter Tiefe. Das Seeohr ist ein großer Muskel, entsprechend fest ist dessen Fleisch. In Japan wird es deshalb vertikal in feine Streifen geschnitten, in Europa hingegen vor der Zubereitung wie ein Steak geklopft. »Du musst zuhauen, als wäre es deine Schwiegermutter«, hatte mir der bretonische Koch gesagt. Ich beschloss, diese Anregung zu häuslicher Gewalt zu überhören. Jahre später erklärte mir ein Herdmeister aus Japan, dass Klopfen die Abalone zwar zarter mache, diese Zubereitungsart jedoch die Muskelfasern zerstöre.

Koji Aida, selbst Japaner, der in Paris ein hübsches, kleines, aber leider auch kostspieliges Restaurant betreibt, hat mir das alles im Detail erklärt: Jedes gute Abalone-Rezept beginnt natürlich mit dem richtigen Einkauf. Wir brauchen eine gesunde Abalone, eine Muschel, Verzeihung: Schnecke, die sich wenn möglich noch bewegt: Testweise einfach ein wenig Salz daraufstreuen, dann zieht sie sich zusammen. Eine gute Abalone ist dick und schwer. Die blaugrünen Exemplare schmecken laut

Aida besser als Sashimi, also roh und hauchdünn geschnitten, die roten sind gegrillt schmackhafter. Leider kann der Koch in Europa die Seeohren nur kistenweise erwerben und nicht, wie in Japan, Stück für Stück auswählen. Außerdem sind sie hier kleiner und teuerer: Gut 1,50 Euro kostet eine Winzportion den Wirt schon im Einkauf – Tendenz steigend. Koji Aida entscheidet sich bei Ansicht der Ware spontan, wie er die Abalone zubereiten wird. Im Grunde wählt er zwischen drei Methoden: Roh als Sashimi, gegrillt oder gedämpft. Für das Sashimi ruht die Abalone auf Holzkohle und wird mit Zeitungspapier abgedeckt. So bleibt sie länger frisch und behält ihren Meeresgeschmack. Anschließend wird sie einfach vor den Kunden in feine Streifen zerteilt. Beim Grillen gibt es schon mehrere Rezepte: Zuerst sollten Seeohren wie für Sashimi aufbewahrt werden. Am frühen Morgen werden sie ausgelöst, der Nerv entfernt. Anschließend reibt man sie mit Salz ein, wäscht dann das Salz wieder ab und reinigt die Muschel gründlich. Nach einer kurzen Wartezeit wird sie gegrillt. Jetzt schmeckt die Abalone nicht mehr nach Meer, hat aber einen kräftigeren Eigengeschmack.

Schließlich die Dampfgarung: Dafür wird die Muschel gewaschen, mit Salz abgerieben und nochmals gewaschen. Anschließend wird die Abalone eingelegt, in eine Mischung aus Sake und Kombu-Algen. Dazu nutzt Koji Aida Junmai-Shu, eine Sake-Variante aus purem Reis, bei der keinesfalls Alkohol zugesetzt werden darf. Durch die Abreibung mit Salz hat die Muschel viel Feuchtigkeit verloren. Sie saugt sich dadurch regelrecht mit dem Sake voll, der sogar bis in die Leber der Schnecke einzieht. »Das ist eine Art Seeohren-Foie gras«, sagt Aida. Anschließend gart er sie sechs Stunden im Dampf. Oft legt er den japanischen Rettich Daikon dazu, das macht die

Abalone zarter. Und fast immer wandelt er das Rezept im letzten Moment ab, mit Wein, Sake oder Tee. Für ihn gibt es nämlich keine beste Küche, sondern nur eine Küche, die am besten zum jeweiligen Kunden passt.

Anchovis

Das Gourmet-Geheimnis dieser salzigen Sardellen hat sich mir bisher trotz mehrfacher Versuche noch immer nicht wirklich erschlossen. Einen kleinen Fisch zwei Jahre lang in Salzlake der natürlichen Zersetzung anheimfallen zu lassen – oder stimmt das vielleicht gar nicht? –, klingt ausgefuchst, raffiniert und von großer Erfahrung gespeist. Irgendwie ist das aber nicht so ganz nach meinem Geschmack. Ich habe schon lange den Verdacht, dass Anchovis für Männer gemacht sind – die mögen diese scharfe, völlig übersalzene Sache fast alle gern. Für Wirte ist das gewiss genial, weil die Gäste gehörig Durst entwickeln. Gibt es da bei Männern genetisch bedingte Erinnerungen an wilde, zur See fahrende Ahnen, in deren Fässern an Bord nicht das Wasser faulte, wohl aber die Anchovis vor sich hin »reiften«?

Habe ich bisher nur die falsche Sardellenart probiert? Mittelmeerfischer sollen ein sehr besonderes Anchovis-Brotaufstrich-Rezept kreiert haben, und es muss wohl auch einen Grund geben, warum es ein sehr beliebtes, skandinavisches Anchovis-Gericht gibt. Wobei die skandinavische Sardellen sehr viel milder schmecken sollen. Was also habe ich bisher übersehen?

Hat hier jemand das Entsalzen vergessen? Die Salzanchovis gehören mindestens eine Stunde lang ins kalte Wasser – das natürlich alle 15 Minuten gewechselt werden muss. So zumindest

hat es mir ein Anchovisfabrikant erklärt. Konservierung von Lebensmitteln dank Salz ist eine alte Kulturtechnik. Die Art und Weise, wie gute Anchovis eingelegt werden, hat sich über die Jahrhunderte nicht verändert. Spätestens zwölf Stunden nach dem Fang werden die Fischchen in Salzfässern von 200 Kilo Fassungsvermögen gelagert. Nach ein paar Tagen werden Kopf und Innereien entfernt, die Anchovis nach Größe sortiert und dann in Fässern gestapelt: Eine Schicht Salz, eine Schicht Anchovis, eine Schicht Salz ... und so weiter. Verschlossen werden diese Fässer mit gewichtigen Deckeln von 22 bis zu 40 Kilo. Sie sorgen dafür, dass die 15–20 cm langen Fischleiber ordentlich vom Salz durchzogen werden. Jetzt heißt es 100 Tage warten. Dann werden die Fische getrennt: »Anchovis in Salz« legen die Hersteller einfach in mit frischer Lake gefüllte Gläser ein. »Anchovis in Öl« hingegen werden mit Wasser entsalzen, von Hand filetiert, und 24 Stunden auf Papier getrocknet, bevor sie ins Öl kommen.

Reizvoll finde ich an den Anchovis, dass man sie nicht nur wie Fisch genießen, sondern wie ein Gewürz einsetzen kann. Ähnlich machen es die Schweden mit »Janssons frestelse«. »Janssons Versuchung« wäre nur ein normaler Kartoffelauflauf mit Sahne und Zwiebeln, wären da nicht die Anchovis, die das Gericht erst zur Versuchung machen. Allerdings sind die schwedischen Ansjovis eigentlich Ostseesprotten (Sprattus sprattus balticus) und nicht Sardellen (Engraulis encrasicolus). Sprotten sind keine Sardellen! Die beiden Sorten schmecken keinesfalls gleich.

Die berühmte Anchoviscreme der Fischer nutzt jedenfalls die Engraulis. Für so eine Anchoïade werden 300 g Anchovis in Öl, eine Knoblauchzehe, 20 g Kapern, Olivenöl, Essig und Pfeffer benötigt. Die Knoblauchzehe wird geschält, halbiert

und damit das Innere eines Mörsers ausgestrichen, in dem dann die Anchovis nach und nach zusammen mit den Kapern zerdrückt werden. Sobald sie ordentlich püriert sind, wird etwas Essig hinzugefügt sowie ein wenig Olivenöl, dann rühren, bis sich eine homogene Masse ergibt. Mit Pfeffer, Salz und Essig abschmecken. Fertig! Schmeckt auf Brot oder als Würze zu frischen Gemüsen. Selbst andere Fische, wie etwa Rotbarben, können mit dem Püree gefüllt werden – nur bei der Dosierung sollte man vorsichtig sein.

Auch wenn die Konservierungstechnik die Jahrhunderte überdauert hat, änderten sich doch die Methoden des Fischfangs. Früher zogen starke Lampen die nach Licht strebenden, grünblauen Fische förmlich ins Netz. Der Fang war überschaubar. Heute laufen von April bis Mai sowie von September bis Oktober moderne Fischerboote aus. Der Anchovis-Fang ist im Interesse der Arterhaltung limitiert, über Fangquoten wird hart zwischen Spanien und Frankreich verhandelt.

Andouillette (Innereienwurst)

Wer so wie ich aus einem Wurstparadies kommt – nirgendwo gibt es so viele Wurstsorten wie in Bayern, Österreich und Ungarn –, dessen Geschmacksknospen haben wie selbstverständlich ein vielfältiges Wurst-Feeling programmiert. Zumal die Namen einem europäischen Städteführer zur Ehre gereichen würden: Tiroler, Krakauer, Lyoner, Frankfurter – in Deutschland Wiener genannt –, Krainer, Debreziner, um nur ein paar zu nennen. Und die Wiener Würstlstände sind berühmt für Exoten wie Käsekrainer und »Burenhäutl«, denen der Volksmund so deftige Namen gegeben hat, dass man sie hier kei-

nesfalls nennen kann. Außer in der Blut- und Leberwurst (mit Sauerkraut und gedünsteten, karamellisierten Apfelspalten ein Hochgenuss) wird jedoch meines Wissens und zu meiner Erleichterung eher selten mit Innereien gearbeitet. Die ja auch nicht jedermanns Sache sind. Da sind die Franzosen wohl mutiger als wir. Schließlich gibt es in Frankreich auch diesen hochgeschätzten Fisch, der – milde ausgedrückt – in Abwässern lebt und dessen Name mir einfach nicht mehr einfällt.

Hat diese französische Wurstspezialität irgendetwas mit dem von Kanzler Kohl international promoteten, berühmten »pfälzischen Saumagen« gemein?

Mit Saumagen nicht, aber immerhin mit Politik. Eine recht treffende Charakterisierung stammt vom französischen Politiker Édouard Herriot, Bürgermeister von Lyon. »Die Politik ist wie Andouilletes«, meinte er, »man muss den Dreck riechen können – nur nicht allzu kräftig.« Nur hat er eigentlich nicht Dreck gesagt, sondern ein Wort mit »Sch« am Anfang, das in Büchern über Essen weniger oft verkommt.

Das ist kein Wunder, denn die wichtigsten Bestandteile der Andouillette stammen heute allesamt aus Körperteilen des Schweins, die lebenslang mit Verdaubarem in Berührung kamen: Es sind sorgfältig gereinigte Schweinsdärme und/oder in Streifen geschnittene Schweinemägen. Früher wurden auch Innereien vom Kalb verwurstet, mit Aufkommen des Rinderwahnsinns hat man diese Praxis inzwischen mit einem Verbot belegt. Nur eine Ausnahme gibt es: den Rinderpansen.

All diese Innereien werden mit Zwiebeln, Petersilie, Salz und Pfeffer und eventuell anderen Kräutern gewürzt, gerollt und mithilfe eines Fadens wiederum in einen Schweinsdarm »gefädelt«. Danach kochen sie gute fünf Stunden in einer Court-

Bouillon. Die Andouillettes werden meist gegrillt oder gebraten und oft in einer Senfsauce serviert. Zuweilen schmurgelt man sie auch in Rot- oder Weißwein.

Tatsächlich riecht so eine Andouillette oft gewöhnungsbedürftig herb. Allerdings schmeckt es keinesfalls nach Dreck, sondern streng nach Schwein, manchmal auch ein wenig rauchig.

Mir ist das Konzept der Andouillette sympathisch: Es geht darum, das ganze Tier, auch die weniger »edlen« Stücke einer sinnvollen und wohlschmeckenden Verwendung zuzuführen. In Deutschland sehen wir nur saftige Steaks und Koteletts in den Läden, nach Möglichkeit in Plastik verpackt, damit nichts uns daran erinnert, dass dieses Stück Fleisch von einem Lebewesen stammt. Wir alle können uns freilich darauf verlassen, dass die anderen Stücke nicht weggeworfen werden, sondern irgendwo versteckt untergemischt, meist in Würsten. Da ziehe ich doch die französische Mentalität vor: Die Andouillette ist eine Wurst aus Innereien, und dort, wo sie hergestellt wird, ist man darauf stolz.

Ansonsten ist es mit der Andouillette wie mit anderen Vertretern der Gattung Wurst, egal, wie sie heißen: Wurst ist nicht gleich Wurst.

Das »Atelier« eines der letzten legendären Andouillette-Metzger, »Vater« Duval aus Drancy, wurde 2007 an eine Wurstfabrik verkauft. Doch Nachwuchs steht bereit, jede ordentliche Metzgerei braucht eine Andouillette, über dessen Qualität die AAAAA wacht, die »Association amicale des amateurs d'andouillette authentique«, also die »freundschaftliche Vereinigung von Liebhabern authentischer Andouillettes«. Eine wirklich gute Andouillette bietet Bigot (15, place de l'Hôtel de ville, 60350 Pierrefonds, Frankreich).

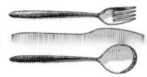

Übrigens hat die Andouillette eine sympathische Cousine: Die Andouille, eine weitere Innereienwurst, die aber meist kalt verzehrt wird. Es gibt sie in verschiedensten Varianten. Fast wie Jahresringe im Baum wirkt die sorgfältig gerollte Andouille de Guémené aus der Bretagne. Sie wird über Eichen- und Buchenholz geräuchert und schließlich neun Monate getrocknet. Eine mittelständische Wurstfabrik in Plélan le Grand erzeugt eine besonders feine Variante: Die Guémenoise de l'Argoat à l'Ancienne ist eine besonders schlanke Innereienwurst mit einem »Herz« aus saftigem Speck. Schon wegen des verringerten Durchmessers wirkt dieses Stück Charcuterie deutlich weniger rustikal als andere Exemplare dieser Gattung. Es ist sozusagen die Einstiegsdroge in die Welt dieser Würste. Und es könnte all die Genießer überzeugen, die sich beim Lesen dieses Texts geschüttelt haben und das Zitat von Herriot partout nicht aus dem Kopf bekommen.

Artischocken

Wir überheblichen Menschen dichten den Tieren ja viele falsche Eigenschaften an. Den Esel zum Beispiel halten wir für dumm. Wogegen schon spricht, dass er störrisch sein kann – denn wer lässt sich schon bei klarem »Verstand« freiwillig Lasten aufpacken, die einen gar nichts angehen? So dumm kann er aber nicht sein, denn eine seiner Lieblingsfutterpflanzen ist die Distel. Und das hat er mit den Feinschmeckern auf zwei Beinen gemein. Die lieben die Artischocke wegen ihres unverwechselbaren Eigengeschmacks – und die gehört ja wohl in die Familie der Disteln.

Ich erinnere mich an eine Küchenpleite mit Artischocken, weil mir

niemand sagte, wie ich mit dem »Stroh« umgehen sollte und ich nicht den Boden, sondern die fleischigen Blätter für das Nonplusultra hielt. Alles in allem eine ziemlich peinliche Angelegenheit.

Im Haushalt meiner Eltern gab es eine Hausbar, die wir Kinder schon deshalb interessant fanden, weil sie striktes Sperrgebiet war. Bis auf eine Flasche, auf der »Cynar« stand. Die Bitternis dieses Artischockenlikörs haben wir freiwillig gemieden und fanden, dass sie eigentlich in die Hausapotheke gehört.

In unserem heutigen Haushalt gibt es keine Artischockengerichte, weil mein geliebter Küchenmeister darauf quasi allergisch reagiert. Die verdauungsanregende Wirkung dieses Distelgemüses erzeugt bei sensiblen Mägen wie dem seinen eine Blitzrebellion. Muss am Bitterstoff liegen, der für die einen eine Köstlichkeit darstellt und für andere zu viel des Guten ist.

Solche disteligen Artischocken waren auch mir als Halbwüchsigem suspekt, weil ich selbst entscheiden musste, was denn nun essbar ist und was ich besser liegen lassen solle. Das hat mir den Genuss lange Zeit verdorben und mich der Artischocke gegenüber misstrauisch gestimmt. Aber wir beide sind da nicht allein: Von Personen, die sich leicht und an jeder Straßenecke neu verlieben, heißt es in Frankreich, sie hätten ein »Artischockenherz«, »avoir un cœur d'artichaut«. Dieses Gemüse hat halt nur einen delikaten Boden, aber viele Blättchen, an denen man unten ein wenig herumsaugen kann, erklärten mir Pariser Freunde. Personen mit einem Artischockenherz geben wenig, verteilen dieses Wenige aber auch noch an viele gleichzeitig.

Vielleicht habe ich mich deshalb besonders mit Artischockenböden angefreundet. Deren frische Bitternoten passen nämlich gut zur Gänseleberterrine. Ein Scheibchen davon auf einem Artischockenboden ist ein Genuss, das Gericht wurde

schon von der berühmten Köchin Eugénie Brazier (1895–1976) aus Lyon serviert. Mit Artischockenböden, getrüffeltem Huhn und Hechtklößen kam der Erfolg: Mutter Brazier wurden 150 000 Dollar Jahresgehalt im Waldorf Astoria in New York und eine Küche aus purem Gold bei einem indischen Maharadscha angeboten. Artischocken mit Gnocchi, Artischockenravioli und Artischockenrisotto sowie ein großer Teller Artischockenbouillon mit Steinpilzen setzten meine Bekehrung zur Distel fort.

Mit der Zeit habe ich dann auch gelernt, dass man beim Einkauf auf den Stängel der Artischocke achten muss. Wenn er sich leicht biegen lässt, ist die Artischocke bereits am Austrocknen. Bricht er, dann ist sie frisch. Auch ihre Blätter sollten beim »Falten« sofort brechen. Zu reife, »offene« Artischocken mit schwarz anlaufenden Blättern sind faserig und hart.

Außerdem sollte man den Stiel an der Tischkante mit einer festen Kreisbewegung abreißen. Wird er mit dem Messer abgeschnitten, können bittere Fasern im Herz verbleiben. Artischocken oxidieren ganz schnell, man sollte sie deshalb in Zitronenwasser tauchen und nach der Zubereitung zügig verzehren. Ein Artischockenherz wartet halt nicht gern lange auf seine Verehrer.

Austern

Wieder so ein exklusiver Meeresbewohner, der so manchem Binnenland fernsteht und Kopfzerbrechen macht – und ihn dadurch um einen großen Genuss bringt! Mir ging es zumindest lange so. Außer, dass man in einer Auster vielleicht eine Perle finden könnte, dass man sie nur in Monaten mit einem »r« essen dürfe und todkrank von ih-

nen werden kann, wusste ich nicht viel von ihnen. Und natürlich blies man mir das klassenkämpferische Argument in den Kopf, dass so etwas nur extrem reiche, dekadente Leute essen würden. So viel Geraune und Gewese um einen angeblichen Leckerbissen macht natürlich neugierig. Und irgendwann war es so weit – ich musste aus beruflichen Gründen an einem Austernessen teilnehmen. Wie immer, wenn ich etwas nicht kannte: Ich ahmte das Verhalten der anderen nach, war aber von den Pumpernickel-Butter-Dominos, die dazu gereicht wurden, mehr angetan, als von der sehr gewöhnungsbedürftigen Konsistenz der Schalenbewohner, die mir sogar einen leisen Ekel abnötigte. Mein Negativurteil stand also fest. Bis mir ein wohlwollender, weltmännischer Freund klarmachte, dass ich nur einem spießigen Vorurteil aufgesessen war. Er lehrte mich, wie man Austern genießt: Mit geschlossenen Augen dem Meeresgeschmack nachspüren, das Tier sich im Mund ausbreiten lassen und dann – zubeißen. Seitdem weiß ich, dass Austern eine delikate Ausnahme-Köstlichkeit sind. Wenn mich auch nach wie vor kurz irritiert, dass die Tierchen noch leben, während sie uns solchen Genuss bereiten. Küstenbewohner machen sich solche Gedanken wohl eher nicht, nehme ich an.

Dort am Meer schmecken sie auch am besten, ob auf Sylt, im bretonischen Cancale oder im irischen Galway. Die ursprüngliche europäische Auster ist übrigens flach und kreisrund. Fachleute kennen sie unter dem Namen Ostrea edulis. Ihre Bestände wurden durch den Bonamia Ostreae-Parasiten dezimiert. Zudem sind die »flachen Austern« ebenso empfindlich wie delikat und deshalb weniger transportgeeignet.

Zu Anfang des 20. Jahrhunderts wurden deshalb verstärkt portugiesische Austern der Sorte Crassostrea angulata gezüchtet. Ein Virus rottete die Angulata zwischen 1970 und 1972 in vielen Anbaugebieten fast ganz aus. Die japanische Sorte

Crassostrea Gigas ersetzte sie in den Austernparks. Damals brach die Austernwirtschaft zusammen.

Die meisten europäischen Austern stammen also von der Gigas ab – doch auch vermeintlich identische Austern schmecken sehr unterschiedlich, je nachdem, in welcher Region und welchem Wasser sie gezüchtet wurden.

Fragiler, rarer und teurer sind die flachen, fast runden Austern, wie man sie oft in der Bretagne findet. Eben die ursprüngliche europäische Auster. Mir schmeckt sie am besten. Sie haben zuweilen – je nach Züchter – einen frisch-nussigen Beigeschmack und außerdem einen längeren »Abgang« als ihre rauschaligen, langen Vettern. Teuer sind sie schon deshalb, weil sie etwa fünf Mal langsamer als die Gigas wachsen. Nur ganz selten findet man Austern, die in der freien Natur außerhalb der Austernparks lebten. Sie können zu erstaunlichen Größen heranwachsen. Nicht umsonst nennen bretonische Austernfischer diese »großen Wilden« auch »Pferdefuß«. Ein solches Exemplar kann nur noch mit einem Steakmesser zerlegt werden. Ohnehin ist der Fang solcher Mega-Austern eigentlich verboten.

Wer Austern für zu Hause kauft, der muss sie mühsam öffnen, auch wenn es inzwischen einen patentierten Schlingenverschluss gibt. Professionelle Austernöffner haben da buchstäblich den Dreh heraus, wie sie den schließenden Muskel mit dem stumpfen Austernmesser durchtrennen. Laien sollten besser ganz solide Handschuhe beim Öffnen tragen: Austernschalen sind scharf. Und: Austern »gähnen«, können sich also unversehens von sich aus öffnen. In solchen Momenten kann das Messer abrutschen, und es besteht akute Verletzungsgefahr.

Direkt nach dem Öffnen sollte man das innen angesammelte Wasser abgießen und die Schalentiere ein wenig ruhen lassen.

Das während der Wartezeit wieder austretende Wasser schmeckt nämlich wesentlich besser als sein »Vorgänger«.

Vorsicht bei nicht fest verschlossenen Austern, bei gelb verfärbten Schalen oder bei grüngelb verfärbtem Fleisch. Auch Austern, die spielend leicht zu öffnen sind, sind im Abfalleimer am besten aufgehoben. Wahrscheinlich sind sie während des Transports abgestorben.

Ganz, ganz frische Austern halten ohne Weiteres ein paar Tage im Salatfach des Kühlschranks, bei 4–5° aufbewahrt – sofern sie gut verschnürt sind, um sie vom »Gähnen«, also dem Öffnen der Schalen, abzuhalten. Nur auf einem Bett aus gestoßenem Eis sind sie nicht gut aufgehoben, auch wenn zahllose Brasserien ihre Meeresfrüchteplatten derart anrichten. Geeiste Austern leiden nämlich im Geschmack, ebenso wie zu stark erhitzte: Wer seine Austern nicht roh, sondern zubereitet genießen möchte, sollte deshalb darauf achten, sie nur warm und nicht etwa heiß werden zu lassen, sonst schmecken sie kautschukartig.

Auch wenn viele Restaurants in Meeresnähe Zitrone, Schalottenessig und Pfeffer zu ihren Austernplatten reichen, schmecken die Meerestiere roh und naturbelassen am besten. Dazu passt eine Prise Pfeffer, leicht gesalzene Butter und Roggenbrot.

Nun geistert beim Thema Austern ja auch noch immer die Regel von den Monaten mit »r« herum, in denen man sie verzehren soll. Was daran liegt, dass die Paarungszeit der delikaten Schalentiere in die »r«-losen Monate fällt und sie währenddessen manchmal etwas »milchiger« schmecken und magerer ausfallen. Diese Regel gilt als überholt, und das aus gutem Grund. Heute gelangen oft »triploide Austern« auf den Markt. Das sind vermehrungsunfähige Schalentiere mit drei Chromo-

somensätzen, die folglich auch nicht laichen. Großhändler werben damit, solche Austern schmecken »das ganze Jahr über perfekt«.

Das Schreckenswort von der »genetischen Manipulation« findet man bei Anbietern von Triploiden natürlich nicht. Es heißt, die Vermehrungsunfähigkeit entstehe durch »gezielte Förderung der Erhöhung der Chromosomensätze«.

Ohnehin steht die moderne Auster am Ende einer komplexen Wertschöpfungskette, die nicht nur den Züchter und den Händler leben lässt. Jungaustern, die »naissaince«, werden von Spezialisten, sogenannten Ecloseurs und Naisseurs, verkauft, wandern dann oft zu den demi-éleveurs, den »Halb-Züchtern«, bevor sie in die Bassins der endgültigen Zucht kommen. Die heißt »Affinage«, also »Verfeinerung«. Austern legen also im Laufe ihres Lebens beträchtliche Strecken zurück – in LKWs.

Dennoch ist es harte, körperliche Arbeit, Austern zu züchten. Die Schalentiere müssen zwei, drei Jahre wachsen, bis sie auf unseren Tellern landen. Derart lange Wartezeiten gibt es nur bei ganz wenigen Zuchttieren. Währenddessen müssen die Austernparks gepflegt werden – und die Züchter sind den Widrigkeiten der Natur ausgeliefert: Mehr als acht Milliarden Jungaustern hatten an Frankreichs Küsten 2008 ein schnelles Ende gefunden. Die französische Austernbranche, die größte in Europa und die viertgrößte der Welt nach China, Japan und Südkorea, stand plötzlich vor dem Ruin. Was das für Europas Austerngenießer heißt, zeigen die nackten Zahlen: Frankreich produziert etwa 130 000 Tonnen, Irland hingegen nur 6500. Im Januar 2011 machten sich die Schalentiere rar. Es kam zur Austernknappheit. Gegenwärtig wird der Import chinesischer Austern diskutiert. Im Reich der Mitte werden nämlich pro Jahr vier Millionen Tonnen geerntet.

Die Suche nach den Ursachen für Europas großes Austern-Ableben geht währenddessen eher langsam voran: Laut dem Ifremer-Institut (Institut français de recherche pour l'exploitation de la mer – Französisches Forschungsinstitut für Meeresnutzung) macht ein Virus der rauschaligen Auster, Typ Crassostrea Gigas, zu schaffen: OsHV-1 heißt es. Eine Art »Austern-Herpes«. Zusätzlich geschwächt werden die Austern durch ein Bakterium namens Vibrio splendidus. Für deren Gedeihen wiederum sorgte ein milder Winter und ein warmer, regenreicher Frühling. Durch die Wetterlage soll auch der Lebenszyklus der Auster gestört worden sein, heißt es bei Ifremer. Mangel an winterlicher Ruhe und starkes Wachstum im Frühjahr 2008 hätten zur rapiden Reifung der Schalentiere geführt. Und noch schließen die Experten nicht aus, dass weitere, bisher nicht identifizierte Faktoren wie Umweltgifte oder Toxine aus Algen und Bakterien eine Rolle bei der Verbreitung des Austernvirus gespielt haben. Nach der Edulis und der Angulata scheint jetzt auch die Austernsorte Gigas zumindest in Europa gefährdet.

Avocado (Sorte Hass)

Avocadocreme ist etwas Wunderbares. Vorausgesetzt, sie ist nach dem Halbieren an der Luft nicht braun und bitter geworden – und richtig gewürzt. Meine Großmutter hat noch den Begriff »Butterbirne« für diese herrliche Gemüsefrucht benutzt, konnte ihr aber nie viel abgewinnen, weil der Eigengeschmack dieser »Birne« sehr zurückhaltend ist – sie läuft erst durch Gewürze zur Hochform auf. Wir nutzen sie beispielsweise vorwiegend püriert für Salatsaucen. Seit mir

eine südamerikanische Bekannte erzählte, dass man bei ihr zu Hause in Brasilien Milchshakes mit Avocadocreme macht und in Thailand sogar Süßspeisen, bin ich überzeugt davon, dass wir von den Möglichkeiten der Avocados viel zu wenig wissen.

Vielleicht liegt diese Hilflosigkeit der Avacodo gegenüber auch in unserem Kalorienzähler-Zeitalter begründet, denn sie enthält zwar die empfohlenen gesunden Fettsäuren, aber ihr Fettgehalt insgesamt passt schlecht in einen Diätplan. Deshalb nehmen die meisten Frauen Avocados via Kosmetik über die Haut auf. Ganz ohne Beteiligung des Gaumens. Aber vielleicht sind wir einfach noch nicht auf den richtigen Geschmack gekommen? Von einer Hass-Avocado habe ich noch nie gehört.

Lange, lange war auch ich für Avocados nicht zu begeistern. Bis ich in Mexiko einmal eine richtig gute Guacamole, also eine Art Avocadopüree, gekostet habe. Ab sofort mochte ich sie – meiner Meinung nach passt sie hervorragend sowohl zu grüner Zitrone und Koriander als auch zu Lachs, Krabbe, Kaisergranat und anderen Meeresfrüchten. Ich kenne auch Menschen, die auf Schokolade-Avocado-Desserts schwören, etwa als Schokomousse mit Bananen- und Avocadocreme.

Ursprünglich stammt die Avocado aus Südmexiko. Die Azteken bauten sie an, die Spanier brachten sie nach Europa. Die Frucht (korrekterweise sollte man wohl Beere sagen, aber das klingt irgendwie angesichts der Größe merkwürdig) reift nicht am Baum, sondern fällt noch hart zu Boden. Entsprechend sollte man lieber feste als zu weiche Avocados kaufen. Die Früchte reifen zu Hause nach, und man kann ihre Reifung sogar beschleunigen, indem man sie zusammen mit einem reifen Apfel einige Tage bei Raumtemperatur in einer Papiertüte ruhen lässt. Das Ethylen, das natürliche »Reifegas« des Apfels,

macht die Avocado gewissermaßen »küchenfertig«. Zum Entfernen des fest sitzenden Kerns schneidet man die Frucht entzwei, sticht mit einem spitzen Messer direkt in den Kern und zieht ihn langsam heraus. Achtung: Die Avocado oxidiert schnell, wird also im Nu schwarz. Genau wie bei anderen Früchten kann man diesen Prozess mit ein wenig Zitronensaft verzögern.

Die Hass-Avocado ist einfach eine botanische Variante: Sie ist kleiner als ihr »Konkurrent«, die Sorte »Fuerte«, und eher rundlich. Ihre Schale ist warzig und dick. Ihren Reifegrad kann man nicht ertasten, sie verrät ihn jedoch durch ihre Farbe: Eine dunkelviolette Hass ist reif. Solche Avocados wiegen zwischen 140 und 350 Gramm und gelten als besonders aromatisch.

Ihren Namen bekam die Frucht durch Rudolph Gustav Hass (1892–1952) aus Milwaukee, Wisconsin. Hass, den all seine Freunde Rudie riefen, arbeitete als Vertreter, verkaufte Socken, Krawatten und Waschmaschinen von Tür zu Tür. Vom Militär war er aufgrund seines schwachen, vergrößerten Herzens ausgemustert worden. Irgendwann bekam er einen Job im Pasadena Post Office. Doch Rudie träumte den American Dream. Wie sollte er auch mit 25 Cents Stundenlohn seine geliebte Elizabeth durchbringen? Seine Enkelin Cindy erzählte später, wie er eine Zeitungsanzeige mit einem Avocadobaum voller Dollarscheinen sah. Rudie investierte also in ein paar Fuerte-Avocadobäume und ein wenig Land. Wenig später züchtete er seine eigenen Setzlinge und pfropfte deren Zweige auf die Fuertes auf. Drei Bäumen freilich wollten ihren Pfropfen nicht annehmen. Also versuchte Rudie es noch einmal. Nur ein Baum stieß den Pfropfen wieder ab. Rudie war jetzt ernsthaft sauer und wollte den Baum schon fällen lassen. Zum Glück hörte er auf

den Rat eines erfahrenen Gärtners: »Das ist ein guter, starker Baum. Lassen Sie ihn stehen und warten Sie ab, was daraus wird«, riet er. Tatsächlich passierte etwas, nämlich eine natürliche Mutation. Der erste Hass-Avocado-Baum produzierte Früchte in jüngerem Alter als die Fuertes; zudem waren sie wohlschmeckender. Das meinten zumindest Rudies Kollegen im »Post Office«, die zu seinen ersten Kunden wurden. Familie Hass verkaufte die neuen Avocados an einem Straßenstand 430 West Road in La Habra, Kalifornien. Zudem wurden sie vom »Model Grocery Store« in Pasadena zum obszönen Preis von einem Dollar pro Stück verkauft. Ein Dollar – das war damals das Nahrungsmittelbudget einer Familie für gut vier Tage. Die Köche der wohlhabenden Familien aber verlangten regelmäßig nach den leckeren Früchten. Im Jahr 1935 gelang es Hass, den Baum, der seinen Namen trägt, zu patentieren. Es war das erste Patent auf einen Baum in den USA und damals eine eher lachhafte Vorstellung. Bauern kauften einen Hass-Avocadobaum von Mr. Brokaw, der die jungen Bäume züchtete. Dann propften sie ihren gesamten Bestand mit Zweigen dieses einen Baumes auf – der American Dream vom Reichtum war für Rudie ausgeträumt. Gerade mal 5000 $ verdiente er mit den Lizenzen des Patents. Später, im Jahr 1948, wollte er es noch mal wissen, bepflanzte 80 acres (320 000 m²) mit Avocadobäumen. Doch es stand nicht gut um sein Herz. Rudie wusste das seit Langem und soll, laut seiner Enkelin, vom Tag der Patenterteilung an jeden Abend gebetet haben, dass Gott ihn so lange am Leben lassen möge wie er die Rechte an seinem Baum besaß. Die Patentrechte waren auf 17 Jahre begrenzt. Hass starb einen Monat nach Auslaufen des Patents an Herzversagen, als seine Bäume in Fallbrook das erste Mal Avocados trugen. Seine Frau Elizabeth hingegen wurde 98 Jahre alt und lebte von Rudies

Postler-Rente. Jeden Tag soll sie mit einem Toast oder einer Waffel mit Avocado begonnen haben. Der allererste Hass-Avocado-Baum aus Rudies Garten wurde am 11. 9. 2002 im Alter von 76 Jahren gefällt und sein Holz zu Schmuckstücken verarbeitet.

Rudies Geschichte zeigt wieder einmal, dass ehrliche, hart arbeitende Menschen vom Schicksal nicht immer belohnt werden, auch wenn Hollywood, relativ nahe am ersten Hass-Avocado-Baum gelegen, permanent das Gegenteil behauptet. Schwummrig wird mir jedenfalls angesichts der Tatsache, dass die Genmanipulatoren unserer Tage von Zeit zu Zeit Rudies Patent ausgraben – um zu zeigen, dass Bäume patentierbar sind.

Bärenkrebs

So einen hab ich noch bei keinem Fischhändler zu Gesicht bekommen und auch noch nie einen gegessen. Auch nicht im Urlaub. Die Tierchen sind wohl sehr selten? Oder kommen zumindest von weit her?

Die Bilder, die ich von diesem Verwandten der Langusten im Internet gesehen habe, zeigen ein eher unauffälliges, graubraunes Tier ohne Scheren und Fühler, das einem kleinen Spielzeug-Schaufelbagger ähnelt und keinen Schönheitswettbewerb unter den Meerestieren gewinnen würde.

Aber wohlschmeckend ist dieser Bär unter den Salzwasserkrebsen wohl, sonst wäre er nicht so geheimnisumwittert und begehrt?

Eigentlich sieht er ja wie eine verstümmelte Meeres-Kakerlake aus, der Bärenkrebs. Keine Schere, kleine Antennen, aber Schaufeln vorn, mit denen diese Tierchen tatsächlich in Sand und Schlamm graben sollen. Dieser Krebs ist mein liebstes Krustentier. Am ehesten kann man ihn noch mit der Languste vergleichen, auch wenn er mir feiner im Aroma vorkommt. Ich selbst habe bisher nur drei Mal Bärenkrebse verspeisen können. Die kamen, wenn ich dem jeweiligen Wirt trauen darf, nicht von allzu weit her, sondern wurden im Mittelmeer gefangen. Man kann ihn grillen, braten, pochieren, backen. Doch mein erster »Bärenkrebs«-Koch hat mir versichert, dass dieses rare Tier, in Salzwasser gekocht und pur genossen, verändert (das Wörtchen »verfeinert« spare ich mir einmal) höchstens durch eine Spur Zitrone, am allerbesten schmeckt. Ich teile diese Ansicht spätestens, seit ich die aufdringliche, intensive Sauce von meinem zweiten Bärenkrebs schabte. Krebs Nummer drei kam gegrillt, übergossen mit brauner Butter und schmeckte mir ehrlich gesagt wieder genau so gut wie der erste.

Ab und zu verteuert er in Edellokalen die Fischsuppe, Bouillabaisse. Dann wird er, gemeinsam mit Zwiebeln und Tomaten, Fenchel, Knoblauch und Lorbeer, dazu Drachenkopf, drei weiteren Felsfischen aus dem Mittelmeer, ein paar Resten von Seeteufel und Petersfisch geköchelt. Aber dafür ist der Bärenkrebs eigentlich viel zu schade.

Das Tierchen geht den Fischern im Mittelmeer nämlich viel zu selten ins Netz, und gezüchtet werden die Krebse bisher nicht. Schon deshalb ist der Bärenkrebs auch teurer als Hummer und Languste. Rar war er schon immer: Maguelone Toussaint-Samat, eine zur Kochbuchautorin konvertierte französische Romancière, outete ihn einmal als Lieblingsspeise des Apicius, des großen Koches der römischen Antike, der Augus-

tus und Tiberius gedient haben soll: »Apicius persönlich liebte nichts so sehr wie ... Bärenkrebse ... Als er erfuhr, dass man in Tunesien solche findet, die größer als eine Hand sind, mietete unser Gourmet ein Boot und steuerte trotz Unwetters mit vollen Segeln auf die afrikanische Küste zu«, heißt es in ihrem Buch »Histoire naturelle et morale de la nourriture«.

Rein wissenschaftlich gesehen gehört er zur Gattung der Scyllaridae. Nun hat der Bärenkrebs von Afrika bis zum Pazifik wohlschmeckende Vettern. In Australien etwa heißen sie Balmain Bugs (Ibacus peronii) oder Moreton Bay Bugs (Thenus orientalis), frei übersetzt also »Käfer aus der Bucht«. Die Letzteren gelten »down under« als die bessere Variante, schließlich wird den Balmains ein Beigeschmack von Knoblauch nachgesagt. Tiefgefroren gibt es die Krebse inzwischen auch in Deutschland, wenn auch meist nur auf Vorbestellung.

Balsamico

Den »Hesperiden«-Essig, den es in meiner Kindheit in jedem Haushalt gab und der – zumindest in meiner Erinnerung – fast so scharf roch wie ein Putzmittel, verwende ich heute nur zum Entkalken von Wasserhähnen und Brauseköpfen. Mit Essigdressing dieser Provenienz kann man jedem Tischgenossen den Verzehr von Salat fürs Leben verderben. Als ich zum ersten Mal den Wiener Naschmarkt besuchte, stand ich staunend vor dem berühmten Essigstand mit den über hundert verschiedenen Sorten. Inzwischen ist es modern geworden, Essig selbst aus Früchten anzusetzen – vorausgesetzt, man kann sich für Himbeergeschmack an Rapunzel oder Ruccola erwärmen.

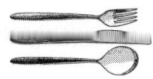

Seit ich weiß, wo der herrlich süßsaure Balsamico herkommt, der mit herkömmlichem Essig so gar nichts zu tun hat, fahre ich auf dem Weg in den Süden mit anderen Augen durch die Emilia-Romagna. Denn inzwischen weiß ich, dass nicht nur Don Camillo und Peppone von dort kommen, sondern da auch die besten Essigmacher der Welt zu Hause sind. Da geht es noch um etwas – um altes Handwerk nämlich. Um Fässer aus verschiedenen Holzsorten, die den Geschmack beeinflussen, um die Temperaturen der vier Jahreszeiten und um viel Zeit und Geduld. Deshalb handelt es sich da auch nicht um Fabriken, sondern um Manufakturen. Trotzdem gehe ich davon aus, dass das, was uns in den Supermärkten als Balsamico angeboten wird, mit ehrlichem Balsamico traditioneller Art nichts zu tun hat. Stimmt's?

Stimmt. Für die Farbe sorgt Zuckercouleur, in den Flakon kommen Weinessig sowie eingedickter Traubensaft, manchmal auch Aromastoffe. Fertig ist der Billig-Balsamico. Besonders großzügige Hersteller können sogar ein paar Tröpfchen echten, wenn auch minderwertigen Balsamico ins Glas geben. Das alles ist legal, denn das Wörtchen Balsamico ist nicht geschützt. Für Italiener ist solcher Balsamico übrigens ein »Condimento«, ein Würzmittel. Doch es geht auch anders, denn echter Balsamico ist ein ganz besonderer Saft: Das »flüssige Gold« Italiens wird aus dem gefilterten, erhitzten Most von Trebbiano-Trauben gewonnen. Zwei Zutaten sind zwingend erforderlich: Zuerst viel Geduld, denn guter Balsamico reift nur mit der Zeit. Und dann natürlich Wissen um den traditionellen Herstellungsprozess: Balsamico wandert mit den Jahren in immer kleinere Fässer aus Eichen-, Kastanien-, Kirsch-, Eschen- und anderem Holz, durchlebt kalte Winter und heiße Sommer. Kleine Hersteller lagern solche Fässer tatsächlich noch auf dem Dach-

boden. Zwölf, 25 oder gar 50 Jahre kann der Balsamico warten, er verdirbt nicht, wird aber sirupartig, tiefdunkel und schmeckt mit zunehmendem Alter ein wenig süßlicher. Nach 20 Jahren fachgerechter Lagerung verbleiben von ursprünglich 70 Litern Most gerade mal drei Liter Balsamico.

Lassen Sie sich nicht von Designerflaschen oder wunderbar gestalteten Etiketten täuschen: Auch »Aceto Balsamico di Modena« mit Gütesiegel enthält nur zehn Prozent Balsamessig, der zehn Jahre oder älter ist. Die bessere Qualität heißt »Aceto Balsamico Tradizionale di Modena« (oder Reggio Emilia). Solche Balsamessige haben mindestens zwölf Jahre im Fass verbracht. »Extra vecchio« ist sogar 25 Jahre alt. Leider haben die Väter oder Großväter der heutigen Balsamico-Macher den Boom nicht kommen sehen und nur wenig davon auf Lager gelegt.

Einmal pro Jahr richtet die Consorteria dell'Aceto Balsamico Tradizionale di Modena eine große Verkostung aus. 2010 siegte Stradi Tosca aus Modena vor Manni Marco aus Formigione. Im Jahr davor hieß die Gewinnerin Nadia Tagliazucci, sie stammt aus Spilamberto. Und 2008 gewann Simonetta Campioli aus Formigione diese »Palio di San Giovanni« genannte Verkostung vor Enrico Parmiggiani aus Spilamberto. Man kann über den Sinn und Unsinn solcher Verkostungen trefflich streiten. Klar ist aber, wenn man sich die Reihe der Gewinner ansieht: Die meisten von ihnen sind kleine Handwerker. Viele der besten Balsamicos sind nur vor Ort zu bekommen – schon deshalb, weil sie nur in kleinsten Mengen existieren.

Balsamico verfügt über ein reiches, tiefes Aromenspektrum. Soll heißen: Nicht jeder Essig schmeckt gleich. Probieren Sie ihn zuerst im Naturzustand auf einer Löffel- oder Messerspitze, um den Geschmack einzuschätzen. Und kaufen Sie viel-

leicht zwei Sorten. Eine für den Alltag – es muss ja kein »condimento« sein – und eine Spitzenqualität. Zwar führt jeder Supermarkt und jede Feinkostabteilung inzwischen ein ganzes Regal Balsamicos, an der fachgerechten Beratung hapert es jedoch meist.

Ein kleiner Mannheimer Händler, Rolf Merkle, hat ein Buch über Balsamessige geschrieben und verlegt. Er vertreibt einige wenige ausgewählte Balsamicos zu Literpreisen zwischen 500 und 1400 Euro. Sie stammen z. B. von der Acetaia di Giorgio in Modena. So kann Ihnen der Umweg nach Mannheim die Fahrt nach Modena ersparen.

Banane (Fingerbanane)

Der dumme Spruch »Alles Banane!« mag auf vieles zutreffen, aber nicht auf Bananen. Denn eine Frucht mit dem richtigen Reifegrad zu erwischen, gleicht einem Lotteriespiel. Mir ist die Lust auf dieses Dessertobst deshalb schon lange vergangen – denn das meiste, was uns da heute angeboten wird, ist noch unreif, hart und geschmacklos oder schon nach einem halben Tag überreif, braunfleckig und kurz davor, in Gärung überzugehen. Dabei habe ich mal gehört, dass alle Bananen, die zu uns kommen, prinzipiell grün geerntet werden und erst im Importland in Reifekammern mittels Begasung (auch keine tolle Vorstellung) in einen einigermaßen gelben, also essbaren Zustand gebracht werden. Irgendetwas scheint in dieser Aufbereitungskette nicht mehr zu funktionieren.

Dabei will ich schon lange wissen, wie eine am Baum gereifte Banane wirklich schmeckt. Ich stell mir dieses Aroma köstlich vor. Eine Ahnung davon bekommt man, wenn man in diese winzig kleinen Fin-

gerbananen (von mir »Babybananen« getauft) beißt, die es seit ein paar Jahren auch bei uns gibt. Die werden wohl reif eingeflogen. Stimmt das und woher kommen die? Ein schlechtes Gewissen habe ich wegen dieses Transportweges nicht, denn die größeren Kaliber wachsen ja auch nicht in Nachbars Garten. Dort allerdings werden seit Neuestem von Hobbygärtnern – in Wintergärten – Bananenstauden gezogen. Mit wachsender Begeisterung, wie man so hört. Vielleicht wird die Banane ja auf diesem Weg bei uns heimisch?

Uns Deutschen wird ja eine gewisse Nähe zur Banane nachgesagt: Wer kennt nicht das legendäre »Titanic«-Cover mit einem Mädchen nebst geschälter Gurke: »Zonen-Gabi: meine erste Banane!« Nun wissen wir freilich über Bananen relativ wenig: Wer kennt schon die etwa tausend Züchtungen und Kreuzungen der gelben Frucht? Wer hat schon mal Kochbananen oder Gemüsebananen gebraten oder frittiert? In Asien ist das alltägliche Küchenpraxis. Wer kennt die rundliche, zuckrige »Banane figue-pomme« (Feigen-Apfel-Banane) von den Antillen? Oder die rosa Banane, mit ihrer, wie der Name schon sagt, rosaroten Haut und hellem Fruchtfleisch? Sie wächst in Afrika, Südamerika und auf den Antillen. Und wer hat schon mal Fisch im Bananenblatt gegart?

Ursprünglich stammt die große Gelbe wohl aus Südostasien. Wissenschaftler sagen, dass Bananen schon vor 7000 bis 10 000 Jahren in Papua Neuguinea domestiziert waren. Und tatsächlich züchten weltweit immer mehr Menschen Bananen auf dem Balkon.

Die kleinen Fingerbananen, auch »Ladyfinger« oder Babybananen genannt, gelten als das Nonplusultra an Wohlgeschmack. Es ist eine kleine Banane mit dem Geschmack einer großen. Einige Genießer schreiben ihr leichtes Apfelaroma zu.

Sie kommt aus Thailand, Malaysia und Kolumbien und ist, wie die große, gelb mit schwarzen Flecken. Weil sie so winzig sind, reifen sie ganz schnell: Gestern grün, heute gelb, übermorgen mit deutlichen schwarzen Flecken.

Nun ist die Ladyfinger nicht der einzige Bananenzwerg: Da gibt es z. B. noch die »Dwarf Cavendish«, ebenfalls eine Minifrucht voll süßen Wohlgeschmacks. Hier und da liest man, die beiden Sorten seien identisch. Allerdings verkaufen Züchter, z. B. in den USA und Australien, Dwarf Cavendish und Ladyfinger als eigene Sorten mit unterschiedlichen Eigenschaften. So bleiben Dwarf Cavendish-Pflanzen wesentlich kleiner als die der Ladyfingers. Früher waren diese »Damenhände« den ganz edlen Feinkostgeschäften vorbehalten. Heute sieht man die kleinen Stummel sogar im Discounter. Solange der Geschmack bleibt, soll es uns recht sein.

Die Sache mit dem Begasen ist ein schwieriges Thema: Früher kam die Massenware mit dem Schiff, während die besten Früchte und Gemüse eingeflogen wurden. Inzwischen lagern die Bananen ein bis zwei Monate bei zehn Grad im Schiffsbauch. Gekühlt wird, weil die Früchte ab 13,2 Grad reifen. Von der Kältekammer geht es danach in die Gaszelle. Bei 14 bis 17 Grad werden die Früchte einem Gemisch aus Stickstoff und vier Prozent Ethylen ausgesetzt. Das Ethylen lässt die Früchte im Schnelldurchgang reifen. Vom satten Grün bis zum Gelb mit dunklen Flecken dauert es nur vier Tage. Verkauft wird uns diese Maßnahme unter den Stichworten Umweltschutz und Nachhaltigkeit. Denn natürlich fällt beim Schiffstransport weniger Kohlendioxid an als bei Luftfracht. Andererseits wird eine Frucht nach der Ernte nicht mehr wirklich besser – und Bananen schon gar nicht. Großhändler nutzen die Technik, um auf sinkende Nachfragen reagieren zu können. Sie können die Ba-

nanen länger ruhen lassen. Oder sie kaufen zu einem günstigen Zeitpunkt ein und verlängern die Lebensdauer der Früchte bis zum Abverkauf. Die Früchte und Gemüse von heute verbringen ihre Lebenszeit zwischen Gasen, die biochemische Prozesse hemmen, etwa bei Blattsalaten in der Tüte, und anderen Gasen, die die Reifungsprozesse beschleunigen. Und nicht nur Früchte und Gemüse werden den Gasen ausgesetzt: Da gibt es Gase zur »Sättigung von Frischfleisch«, damit es roter schimmert. Gase für Backwaren, Fleisch und Wurst, Käse, Pasta, Fisch, Fleisch. Oft sind das Mischungen von Sauerstoff und Kohlendioxid oder Stickstoff und Kohlendioxid. Politisch korrekt heißen diese Mischungen »Schutzgase«, nie fehlt der Hinweis, dass selbige in Hülle und Fülle in unserer Natur auftauchen, was zweifellos richtig ist. Als Verbraucher hätte ich freilich gern gewusst, ob mein Fisch und Fleisch dank Gaseinwirkung schön schimmert und ob meine Bananen nach wochenlangem Transport zur Reifung begast wurden. Leider verrät mir das niemand.

Blumen (essbare Blumen)

Dass Blumen duften können, ist klar, aber schmecken? Ich habe es immer eher für albern gehalten, wenn über einen Frühlingssalat Gänseblümchen oder Stiefmütterchen gestreut wurden. Das Gänseblümchen als »Schöner-wohnen-Prinzip« in der Küche ... ziemlich dekadent. Selbst die auf vielen Speisekarten angebotenen gefüllten Zucchiniblüten halte ich eher für einen Deko-Einfall, denn der Geschmack dieses Gerichts stammt meiner Erfahrung nach eher von der Füllung als von der – zugegeben sehr zarten und dadurch gaumenschmeichlerischen – Blütenseidigkeit.

Zwei Ausnahmen kenne ich allerdings aus meiner Kindheit: Kapuzinerkresseblüten für den Salat: Die schmeckten sehr gut und hatten ein unverwechselbares Aroma! Und gebackene Holunderblüten. Deren Blütendolden wurden in schaumigen, also leichten Pfannkuchenteig getaucht und in Fett gebacken. Mit Puderzucker bestreut serviert – einfach köstlich. Auch Holunder-»Kracherl« (Limonade) wurde mit Hollerblüten angesetzt. Manchmal explodierten die Flaschen im Keller während der (Flaschen-)Gärung – das gab immer eine Riesenschweinerei. Aber ich muss gestehen, dass der fein-süße, irgendwie altmodische Duft von blühendem Holunder sich nicht nur in der Nase, sondern auch auf der Zunge spüren lässt. Und dann habe ich irgendwann kandierte Veilchen entdeckt und probiert. Schmeckt tatsächlich so wie Veilchen riechen …

Sieht so aus, als wäre ich in Sachen Blüten schon wieder mal einem Vorurteil aufgesessen. Aber Chrysanthemen?

Stiefmütterchen wurden mir mal im Hummersalat serviert, einer recht großzügigen Portion mit einem halben Hummer und einem ganzen Stiefmütterchen. Es hinterließ einen bitterblumigen Geschmack, der nicht wirklich gut zum Krustentier passte. Begeistert war ich nicht. Doch wahrscheinlich essen wir mehr Blumen, als wir uns vorstellen.

Schließlich blühen auch unsere essbaren Kräuter wie Borretsch. Salbei, Lavendel, Schnittlauch, Thymian … Essbare Blüten ziehen sich jedenfalls durch das gesamte Alphabet: Begonie (Begonia), Borretsch (Borago officinalis), Chrysantheme (Chrysanthemum morifolium), Dahlien (Dahlia), Flieder (Syringa vulgaris), Fuchsien (Fuchsia), Gänseblümchen (Bellis perennis), Gladiolen (Gladiolus), Knoblauch (Allium sativum – auch der hat Blüten), Lavendel (Lavandula officinalis), Löwenzahn (Taraxacum officinalis), Magnolie (Magnolia), Malve (Malva),

Nelke (Dianthus), Petunien (Petunia hybrida), Rosen (Rosa), Veilchen (Viola), Vergissmeinnicht (Myosotis), Ysop (Hyssopus officinalis), Zucchini (Cucurbita pepo) und viele mehr.

Viele bei uns verfügbare Blumen wurden schon im Mittelalter gegessen oder wanderten in Kräuterliköre; alte Kräuterbücher bieten entsprechend detaillierte Beschreibungen. Dazu zählt etwa das »Antidotarium Mesue«, eigentlich ein medizinisches Fachbuch aus dem 12., 13. Jahrhundert, dessen viertes Kapitel mit Namen »Conditis« Rezepte für Rosen und Veilchen ebenso wie für Zitronenschalen und Ingwer enthält. Als Autor des Antidotariums gilt ein italienischer Arzt, der sich als Pseudonym den Nachnamen seines arabischen Berufskollegen Yuhanna Ibn Masawayh (777–857) ausborgte.

Doch Achtung: Essbar ist manchmal nur die Blüte, nicht die gesamte Pflanze. Akazienblüten können wir verzehren, den Rest sollten wir besser nicht anknabbern. Es ist sozusagen genau umgekehrt wie bei der Kartoffel, deren Blätter ja giftig sind, während die Knollen im Boden zum Grundnahrungsmittel avancierten.

Bitte jetzt nicht zum Blumenladen rennen, um ein paar Gaumenschmeichler zu kaufen! Unsere Zierblumen wurden mit allerlei Pestiziden traktiert und sind damit zum Verzehr ungeeignet. Auch selbst gesuchte Blumen möchte ich nicht empfehlen: Man muss sie nämlich fehlerlos einer bestimmten – essbaren – Art zuordnen können.

Sicher werden viele Blumen und Blüten höchstens als Zierde eingesetzt. Blumen bieten für uns eher ungewohnte Geschmacksnoten. Die alte Regel, dass etwas so schmeckt, wie es riecht, gilt hier nur selten. Einige verfügen über ein vollkommen neutrales Aroma, andere schmecken leicht süß, wieder andere ein wenig »grasig« – das mag nicht jeder.

Einige Blüten verfügen über echte kulinarische Qualitäten: Einmal habe ich einen Couscous mit getrockneten Rosenblüten gekostet. Zugegeben, die süße, fast marmeladenartige Sauce hatte der Rose ein wenig geholfen. Aber Rosen lassen sich auch als Tee nutzen oder als »Rosenzucker« mit im Mörser zermahlenen Blüten.

Das Veilchen (Viola odorata) war fester Bestandteil mittelalterlicher Küchen und wird heute, mit Eiweiß bestrichen und mit Zucker bestreut, kandiert. Auch auf Blattsalaten machen sie sich gut.

Dahlien werden ebenso wie Malven als Salat serviert. Die frischen Blüten der Taglilie sorgen für Farbtupfer, sind knackig und schmecken ein wenig nach Nüssen. Geöffnete Gänseblümchen schmecken recht bitter. Sie können jedoch sauer eingelegt werden und dann Kapern ersetzen. Wir können einen ganzen Garten auf dem Teller anrichten: Die Tagetes-Sorte »Orange Gem« lockt mit Orangenaroma, Heliotrope schmecken ein wenig nach Vanille. Und die Salatchrysantheme (Chrysanthemum coronarium)? Die Blätter werden mit der Zeit immer bitterer und haben oft einen recht scharfen Geschmack. Blüten können in Teig eingetaucht und dann ausgebacken werden.

Genau wie Kräuter können Blumen getrocknet werden. Oder blanchiert oder gekocht oder kandiert oder frittiert. Leider haben sich in den letzten Jahrzehnten nur wenige gestandene Köche an Blumen versucht. Viele hingegen versuchten – mit großem Erfolg in den Medien – Zusatzstoffe der Lebensmittelindustrie in ihre Gerichte zu integrieren. Die gibt es fertig samt Rezepten zu kaufen, und niemand muss groß experimentieren, um scheinbar spektakuläre Gerichte auftischen zu können. Inzwischen will die Parfumindustrie der kochenden Zunft auch Blumen erschließen. Ratlos roch ich im letzten Herbst an einem

Begonienspray aus der Fabrik, »für den Einsatz in der modernen Küche« zum Aufsprühen auf Fisch, Fleisch und Krustentiere. Brauchen wir Genießer jetzt solche Hilfsmittel aus dem Chemiewerk?

Bottarga

Als mir das erste Mal Bottarga über meine Pasta gehobelt wurde, war ich misstrauisch. Und die Erklärung unserer italienischen Freunde, dass es sich um »sardischen Kaviar« handle, beruhigte mich nicht wirklich. Von getrocknetem und gepresstem Kaviar hatte ich noch nie gehört. Heute, mit diesem konservierten Fischrogen geschmacklich vertraut, möchte ich dieses »Erweckungserlebnis« nicht missen. Und kann nur jedem raten, es ebenfalls zu versuchen. Zumal es Bottarga inzwischen auch in Supermärkten mit exklusiven Fischabteilungen zu kaufen gibt. Man kann damit umgehen wie mit der weißen Trüffel, also als gehobelter »Drüberstreuer«, aber auch als hauchdünn geschabte, carpaccio-ähnliche Vorspeise mit Olivenöl, Zitrone und Tomaten angerichtet, oder auf Toast. Dieser Geschmack nach frischem, leicht rauchigem Fisch ist unverwechselbar und unvergesslich.

Wie der Fischrogen – von der Meeräsche, aber auch von Thunfisch und je nach Region auch von anderen Meeresfischen – in diese wachsüberzogene, trockenfleischähnliche Konsistenz kommt, weiß ich bis heute nicht. Wahrscheinlich gibt es wohlgehütete Betriebsgeheimnisse – sowohl in Italien wie auch in Frankreich und in Japan?

Der Bottarga ist wirklich eine fast mythische Zutat. Schon zur Zeit der Pharaonen soll er verzehrt worden sein, die Phönizier, so heißt es, hätten seine Herstellung im Mittelmeerraum ver-

breitet. André Castelot, ein 2004 verstorbener, französischer Autor und anerkannter Biograf Napoleons II., ortete ihn sowohl in den Aufzeichnungen des Geschmacksphilosophen Curnonsky als auch in den Erinnerungen Casanovas: Der legendäre Liebhaber soll ihn in Venedig genossen haben, dank eines Albaners, dem er einen Dienst erwiesen habe. Ganze zwölf Bottargas und »zwei Pfund exzellenten türkischen Tabaks« hätte er dafür erhalten. Für Curnonsky, den bekanntesten Schlemmer der Belle Epoque, soll Bottarga vom Thunfisch mit in Öl getunktem Brot ein Aphrodisiakum gewesen sein. Freilich gehörten in das Öl noch ein Glas Weißwein und eine Spitze Cayenne-Pfeffer.

Rabelais lässt 1534 seine Figur Grandgousier im »Gargantua« auch Bottarga verspeisen. In seinem »Quart livre« schließlich verzehrt Pantagruel wahre Hundertschaften der Delikatesse.

Pierre Jean Baptiste Legrand D'Aussy, ein Historiker, beschrieb 1782 in seiner »Histoire de la vie privée des Français depuis l'origine de la nation jusqu'à nos jours« (Geschichte des Privatlebens der Franzosen vom Ursprung der Nation bis in unsere Tage) »eine der besten Einkommensquellen« provenzalischer Fischer: »Die Art von Komposition, die sie Botargue oder Poutargue nennen. Um diese herzustellen, nutzen sie Eier der Meeräsche, die in der Sonne ausgebreitet und mit weißem, zerdrücktem Salz bestreut werden.« Danach wurde eine Holzplanke laut Legrand D'Aussy mit Steinen beschwert, bevor der Bottarga nochmals sonnengetrocknet wurde. Ein Autor namens Escard erwähnt 1886, dass Bottarga von den Fischern im provenzalischen Martigues schon morgens um acht auf Brot zu Kaffee mit gezuckerter Milch genossen wurde. Was kein Grund war, mittags auf den Bottarga zu verzichten, da wurde er nämlich mit Käse und Oliven gereicht.

Bottarga von der Großkopfmeeräsche wird u. a. auf Sardinien, in der Toskana, in Spanien, Griechenland, Tunesien sowie in Martigues und Port-de-Bouc in Südfrankreich hergestellt. Die Details gleichen dabei verblüffend verschiedenen Schilderungen aus dem 18. Jahrhundert. Von Juli bis September werden die Äschen in riesigen Netzen gefangen. Das Netz von Martigues, Calen genannt, ist 95 Meter lang und 40 Meter breit. Geht der Fisch ins Netz, werden die Weibchen auf dem Rücken in Kisten abgelegt. Das Stapeln des Fischs ist streng verboten, schließlich könnte es den späteren Bottarga beschädigen. Mit einem geübten Griff hinter die Kiemen erkennen die Fischer, welches Weibchen Eier trägt. Jetzt muss mit chirurgischer Präzision gearbeitet werden: Es gilt, den Rogen intakt, inklusive seiner dünnen »Schutzhülle« zu entfernen. In der Regel bleibt ein Stück Äschenfleisch am Schwanz erhalten: Es dient zuerst der Stabilität des fragilen »Rogenschatzes« und später zum Aufhängen bei der Trocknung. Mit Wasser werden die Rogentaschen abgewaschen und dann in Salz gepackt. Nach Größe geordnet werden die Fischeier fünf bis sechs Stunden zwischen zwei Holzplanken in Salz gelagert, wiederum gewaschen, nochmals gepresst. Es folgt eine weitere, tagelange Lagerung waagerecht auf Holz – ihre Oberflächen werden dadurch platt, die meisten Rogentaschen sind jetzt noch ca. 1,5 cm dick. Zum Schluss werden sie ein paar weitere Tage hängend getrocknet. Ihre Farbe ist jetzt gelb bis bernsteinfarben, geschützt wird der Rogen durch eine Schicht Wachs oder Paraffin. Wie guter Wein, sollte der Bottarga vor dem Verzehr ein wenig lagern.

Heute reicht der lokale Meeräschenbestand nicht mehr aus, um die Nachfrage zu decken. Europas Bottarga-Fabrikanten kaufen Fische in Florida, dem Senegal, Brasilien oder vor der

Küste Mauretaniens nach. Und, ja, es gibt ein japanisches Äquivalent namens Karasumi.

Hier und da beschweren sich Fischfans über »gefälschten Bottarga« auf Thunfischbasis. Rogen vom Thun- oder Schwertfisch sind freilich separate Arten, die als Bottarga di pesce spada (Schwertfisch) und Bottarga di tonno angeboten werden. Für Letzteren sind auch die kalabrischen und die sizilianischen Fischer berühmt. Seriöse Händler zeichnen ihre Ware korrekt aus und machen keinen Hehl daraus, dass sie auch Rogentaschen z.B. vom Kabeljau, anderen Äschensorten oder Marlin verarbeiten. Aufgrund von Farbe und Form ist die Verwechslungsgefahr gering.

Wer in Bottarga beißt, der hat immer ein Stück Meer im Mund, mit würzigen, rauchigen Noten. Nur zu viel Salz sollte man nicht durchschmecken.

Butter

Als vier- oder fünfjähriges Mädchen saß ich als natürliche »Beschwernis« auf der Butterkiste meiner Großmutter und konnte verfolgen, wie mit jeder ihrer Umdrehungen der Schaufelkurbel im Inneren der Kiste aus dem anfänglichen Plätschern allmählich ein leises Poltern wurde – immer dann, wenn aus der Sahne Butter geworden war. Danach gab es ein Butterbrot, wie ich es später im Leben nie mehr gegessen habe. Oft auf noch ofenwarmem Brot mit fein geschnittenem Schnittlauch auf der nicht allzu sparsam aufgetragenen Butterschicht.

Zu dieser Zeit wurden sich die Ärzteschaft und die Pharmaindustrie der nachkriegsbedingten Wohlstandsbäuche als Umsatzbringer bewusst, die bisher erlaubten Cholesterinwerte wurden nach unten

abgesenkt – Pflanzenmargarine wurde »hui« und Butter »pfui«. Ich konnte mich mit »Rama« und Konsorten nie anfreunden. Aber da das ewige Gesundheit versprach – und Kinder damals kein Mitspracherecht in Fragen der Ernährung hatten –, träumte ich den Butterbroten meiner auf dem Land lebenden Großmutter hinterher. Aber die Zeiten und die Fördermittel ändern sich: Als mein Freund Wolf Uecker vor 30 Jahren eines der ersten großen Kochbücher über die deutsche Küche schrieb, wurde ihm von einer Marketinggemeinschaft viel Geld geboten, wenn er in seinen Rezepten wieder der Verwendung von Butter statt Margarine den Vorzug gab.

Ich liebe den Geschmack von Butter (eine gute Soße m u s s einfach mit eiskalter Butter aufmontiert werden, dann kann man auch auf Sahne verzichten) – wenn es ihn denn noch gäbe. Meistens kommt sie heute im Supermarkt recht geschmacksneutral und blass daher. Deshalb liebe ich irische Butter. Weil sie schön gelb ist (oder sind da auch schon wieder Farbstoffe im Spiel?) und einen feinen Eigengeschmack hat. Die gesalzene Variante ist ein Traum.

Die beste Butter, die ich bislang genießen durfte, stammt von Jean-Yves Bordier aus einem Vorort der französischen Stadt Rennes. Sicher, es gibt andere Premium-Brotaufstriche. So gut wie Bordier ist vielleicht noch manche Butter von Pascal Beillevaire aus Machecoul. Die Burro Beppino Occelli aus Italien etwa wirbt mit einem Vergleichstest der renommierten Weinzeitschrift »Wine Spectator« auf dem Cover, Verzeihung, dem »verplombten« Butterpapier. Nur »dufteten« meine beiden Pakete recht penetrant nach Sauerrahm. Es handelte sich wohlgemerkt um frische Butter, die ihren Geruch nicht irgendwelchen Fehlaromen im Kühlschrank verdanken kann. Bordiers Butter hingegen riecht milchig und frisch. Sie kommt noch mit Holz in Kontakt, was in unserer hygienischen, industrialisierten Le-

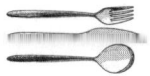

bensmittelwelt eigentlich verpönt ist. Und sie ist wirklich kostspielig und damit für den Küchenalltag definitiv ungeeignet. Aber: Man kann sie pur essen, denn solche Butter braucht keine Unterlage. Einmal habe ich den Buttermeister selbst besucht: »Alles, was dringend ist, befindet sich gerade im Versand. Im Moment tun wir gerade das Unmögliche. Bitte benachrichtigen Sie uns 48 Stunden im Voraus, wenn Sie ein Wunder erwarten«, sagte ein Plakat hinter Jean-Yves Bordiers Schreibtisch im bretonischen Dorf Noyal-sur-Vilaine. Und das war eine Untertreibung: Unmögliches hatte Jean-Yves Bordier nämlich schon längst vollbracht. Er stellt Butter wie zu Zeiten seines Großvaters her, mit viel Handarbeit, viel Holz und einer individuellen Prise Salz für jeden Kunden. Trotz aller Brüsseler Gesetze, die seinem Berufsstand das Leben schwermachen, trotz günstiger Konkurrenz, die sich zuhauf in jedem Supermarkt stapelt. »Konkurrenz?« Der ruhige, stämmige Bordier zuckte mit den Schultern »Die anderen üben nicht denselben Beruf aus. In der Fabrik schließt man irgendwo den Milchschlauch an und 15 Minuten später kommen an der Ausfahrt die Pakete an. Wir brauchen drei Tage, um unsere Butter herzustellen. Das Holz, auf dem unsere Butter ruht, wurde während bestimmter Mondphasen geschlagen. Das hat nichts Metaphysisches an sich: Jeder Käsemeister in der französischen Region Franche-Comté weiß, dass zum falschen Zeitpunkt geschlagenes Holz zu glatte Bretter für anständigen Käse ergibt. Und wer bei uns mehr als zehn Kilo bestellt, kann Salzgehalt, Feuchtigkeit und Form seiner Butter sogar selbst bestimmen.« Mehr als zehn Kilo bestellen freilich nur Profis, viele davon sind Köche und Inhaber der besten Restaurants in Frankreich. Der geniale Bretone Olivier Roellinger, früher im »Maisons de Bricourt« in Cancale, gehörte zu Bordiers ersten Kunden.

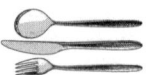

»1984 habe ich angefangen, verkaufte die ersten Pakete in meiner winzigen Käserei in einer Seitenstraße von Saint-Malo. Ein paar Monate später war Olivier bei mir Stammkunde. Lief das Geschäft mal schlecht, hat er auch moralische Unterstützung geleistet, mir stets versichert, dass ich auf dem richtigen Weg bin. Damals habe ich noch gelernt. Mein Großvater war Buttermacher. Doch all die kleinen Gesten, die aus guter Butter exzellente Butter machen, waren zwecks Zeitersparnis weggefallen. Die galt es wiederzufinden.«

Da ist zunächst mal die Milch: »Natürlich wirkt sich die Nahrung der Kuh auf den Geschmack der Milch aus. Wir arbeiten zu 90 Prozent mit Biomilch von Rindern aus natürlicher Haltung. Demnächst sollen es 100 Prozent werden.« Das aber sind keine Turbo-Kühe: »Sie geben etwas weniger als die Hälfte der Milch ihrer Artgenossen.«

Dann das eigentliche »Buttermachen«: Bei Bordier dreht sich die Milch zuerst 90 Minuten in der Baratte, einem horizontal gelagerten Metallfass. »Daraus werden dann Flocken in einer Art weißem Sud. Wenn wir den mit Eiswasser kühlen, ziehen sich die Flocken zusammen. Drei Tage ruht die Butter dann.« Schließlich die »Malaxage«, das Kneten. »Früher war Buttermachen eine ganze Abfolge von Kleinarbeit. In jedem Bereich gab es einen Experten. Nach dieser Logik bin ich ein Kneter.«

Bordiers Stolz ist seine Knetmaschine: Eine grobe Teakholzscheibe, die sich dreht, während über der Scheibe eine elektrisch betriebene Teakholzrolle die Butter durchwalkt – im sorgfältig gefliesten Labor wirkt sie wie ein Relikt aus vergangenen Zeiten, notdürftig mit Metall und Motor »aufgepeppt«. »Die Butter noch im Holz kneten zu dürfen – das war nicht einfach durchzusetzen. Wir sind da doppelt so sauber wie manche Kol-

legen.« Mit schwungvoller Handbewegung verteilt Jean-Yves einen 25 Kilo Klotz Butter auf dem Teakholzrad, schmeißt die Maschine an, salzt und knetet immer wieder per Hand nach, damit »la beurre« wirklich gleichmäßig durchgewalkt wird. »Hören Sie mal aufmerksam zu«, fordert Bordier auf. Am Anfang hört man tatsächlich, wie sich die Walze durch die Butter pflügt, das kräftige Klopfen wandelt sich langsam in einen sanften Wellenschlag. »Da höre ich meine Butter singen, sie weint« sagt der Buttermeister. Auf Französisch heißt das »quand j'entends chanter ma beurre, elle pleurt« und klingt fast wie ein Chanson von Jacques Brel. Das »weinende« Geräusch kommt vom Salz. Mindestens zwei Stunden muss »la beurre« jetzt noch ruhen, damit sich Letzteres setzt. Denn ganz frisch gekostet, schmeckt Beurre Bordier heillos übersalzen. Überhaupt, das Salz: »Jeder Koch möchte einen anderen Salzgehalt. Das hat noch viel mit Tradition zu tun. In Paris salzt man mit 1,6 bis 2,8 Prozent, nur in Rouen in der Normandie mögen die Leute mit sieben Prozent gesalzene Butter.« Den Beweis erbringt Bordiers Kundenliste: »Ritz, Paris: 2,8 Prozent Salz, Guy Savoy, Paris: 1,6 Prozent, Restaurant Gill, Rouen 7 Prozent.«

Die Malaxage, der aufwendige Knetvorgang, mischt nicht nur das Salz in die Butter: Sie wird cremiger, schmeckt voller, lässt sich leichter streichen.

Zwei Sorten Spezialbutter hat Bordier außerdem im Angebot: eine extratrockene Variante für Patissiers mit 12,5 Prozent Feuchtigkeitsgehalt: »Nur damit gelingen die luftigsten Feuilletés!« Und eine leicht grünlich schimmernde Algenbutter mit dem Geschmack der reinen Meeresluft. Bordier macht sie mit feinsten Streifen von Trockenalgen, die erst durch den Kontakt mit der Butter wieder angefeuchtet werden. »Die kann man

pur auf etwas Landbrot genießen, Seewolf oder Jakobsmuscheln darin anbraten oder einfach nur ein paar Kartoffeln darin schwenken.«

Der letzte Arbeitsgang wird wieder vom Kunden bestimmt. Wer Bordier die besagten zehn Kilo abnimmt, bekommt sie in jeder gewünschten Form, ob rund, quadratisch oder als »Motte«, jenem zylindrischen Haufen, der früher am Markt auslag. Flinke Hände formen heute zunächst gleichmäßige Kegel, die dann wiederum mit einem Holzstempel platt gedrückt werden. Wer möchte, bekommt auch seine Initialen in die Butter gepresst.

Dann aber ist es vorbei mit der Geduld: Sobald »la beurre Bordier« geformt ist, muss sie schleunigst zum Kunden. Auch mit dem Genuss sollte man nicht allzu lange warten: »So ist es eben mit der traditionellen Butter«, seufzt Bordier. »Natürlich ist sie drei Wochen problemlos haltbar. Aber schon nach sieben Tage verliert sie langsam ihren ursprünglichen Wohlgeschmack.« Damit ist sie für Supermärkte ungeeignet. Doch den Transport nach Deutschland übersteht sie allemal, wenn man sie an der Quelle kauft: »Beurre Bordier«, La Fromagée – Jean-Yves Bordier, 9, rue de l'Orme in 35 400 Saint Malo, Frankreich.

Camembert

Den wirklich guten Camembert habe ich erst sehr spät in meinem »Gut-essen-Leben« entdeckt. Und damit auch das Wissen, dass man Käse besser nicht in Billigheimer-Supermärkten kauft, sondern beim Käsespezialisten. Denn nur der fragt, wann man denn gedenkt, den

Burschen mit dem Samthäutchen zu verspeisen. Nur der gute Käse-
händler weiß den Reifegrad des Camembert so einzuschätzen, dass
er dann auf den Tisch kommt, wenn er dabei ist, laufen zu lernen. Mit
diesen Erfahrungen ausgestattet, ereilte mich ein großer Schreck, als
die Herrschaften in der EU anfingen, mit dem Gleichmacherkamm
durch unsere Speisekammern zu streichen und dabei auch den
Rohmilch-Camembert ins Visier nahmen: Es hieß, er solle aus gesund-
heitlichen Gründen verboten werden. Irgendwann habe ich diese
Dummheit wieder aus den Augen verloren und vermute – da es den
guten Rohmilch-Camembert in dieser Benennung immer noch gibt –,
dass Verbraucher-Protest vielleicht doch gefruchtet hat.

Beim Anblick von Camembert geht es mir immer noch so wie
ganz am Anfang des Kennenlernens – ich würde ihn am liebsten strei-
cheln. Irgendwann, zu später Fernsehstunde vor einem schönen, alten
Hollywoodfilm lagernd, habe ich die Seelenverwandte des Camembert entdeckt: die Birne. Die beiden zusammen ergeben nicht nur ein
sensationelles Mundgefühl, sie befeuern auch gegenseitig ihren Eigengeschmack zu einem einzigartigen Dritten. Das war eine echte Entdeckung. Und die wiederhole ich gerne immer wieder – auch mit einer
Camembertsorte, die mir bisher verborgen geblieben ist. Ich kann es
kaum erwarten!

»Hier, riechen Sie mal!« Philippe Olivier, ein Bonvivant mit
rundlichem Gesicht, reichte mir einen leicht braun schimmernden Käselaib herüber. Würzig und kräftig duftete der »Fromage«, ein ganz klein wenig aggressiv und doch harmonisch.
»Camembert in Calvados« meinte Olivier. »Und das hier, das
ist der Camembert, den wir in der Normandie machen.« Er
legte mir ein weiches, saftiges Stück Käse auf die Hand, mit
leicht milchigem Duft und einem undefinierbaren Aroma der
Wiesen und Weiden Nordfrankreichs. Olivier, das ist der »Af-

fineur« im normannischen Küstenstädtchen Boulogne-sur-Mer. Ein »Käsereifer«, der den Rohkäsen vom Bauernhof die erforderliche Pflege zukommen lässt, sie bei optimaler Temperatur lagert und gegebenenfalls mit Calvados oder Trester wäscht. Und weil Olivier die sensible Kunst des Reifens besser als die meisten anderen versteht, ist er einer der Käsepäpste der Grande Nation. Einer, der die besten Restaurants beliefert und die ausgefallensten Käse vom Saint-Winoc über den Crayeux de Roncq bis zum Crémet du cap Blanc-Nez im Keller hat. Sein Großvater eröffnete 1907 eine Fromagerie in Rouen, 1996 wurde ihm der Titel »meilleur ouvrier de France« (bester Handwerker Frankreichs) verliehen. Irgendwann hat er auch die Zeit gefunden, ein Standardwerk zum Thema »Käse des Nordens« zu schreiben: ein Leben für den Fromage. Exzellenter Camembert, das ist für den Mann aus der Normandie Alltag. Wer jedoch aus dem fernen Allemagne anreist, der schmeckt den Käse vielleicht zum ersten Mal so, wie er sein sollte.

Denn Camembert darf sich fast jeder Käse nennen: Ein kreideweißes Stück Kautschuk ohne Geruch und Geschmack, wochenlang haltbar und nur unter größten Anstrengungen an den Rand des Verderbens zu bringen – so zeigt sich der typische Supermarkt-Camembert von seiner besten Seite. Solche Käse haben mit dem Original in etwa so viel gemeinsam wie ein Hamburger mit einem Filetsteak, wie ein Fischstäbchen mit einer fangfrischen Seezunge.

»Echter Camembert kommt heute genauso wie vor zweihundert Jahren aus der Normandie, wird aus rund zwei Litern frischer Milch glücklicher Kühe hergestellt, nach alter Art mit dem Schöpflöffel in die Form gegossen, mit trockenem Salz behutsam aromatisiert«, erklärte mir Olivier. Während seines

Reifemonats wacht ein strenger »Maître-fromager« (Käsemeister) täglich über sein Wohlergehen. Mit mindestens 45 Prozent Fettgehalt und 300 Kalorien auf 100 Gramm ist er zwar kein ausgesprochenes Fliegengewicht, gilt aber zusammen mit dem Brie und dem Coulommiers noch als eher »leichter« Käse.

Möchtegern-Camembert hingegen wird aus pasteurisierter Milch hergestellt, was den leidigen Nebeneffekt hat, dass beim Pasteurisieren genau die Bakterien, die den Käse reifen lassen und letztlich seinen Geschmack entwickeln, abgetötet werden. Nachrichtenmann Ulrich Wickert, ein Mitglied der französischen »Käsebruderschaft« Compagnons de Saint-Uguzon, hat das mal so ausgedrückt: »Ein deutscher Käse entspricht einem Putzmittel: Der steht da, riecht sauber, sieht auch so aus und läuft nicht fort … Ein französischer Käse ist ein Lebewesen. Von einem Handwerker wird er – so er besondere Qualitäten erhalten soll – nach alten Rezepten aus roher Milch geformt, und seine Güte erhält er erst durch einen ständigen Reifungsprozess …«

Die Wissenschaft hat Wickert recht gegeben. So veröffentlichte Sophie Nicklaus vom französischen Agrarforschungsinstitut in Dijon Studien zum Reifezustand von Camembert im »Journal of Agricultural Food Chemistry«. Enzyme aus der Schimmelschicht tragen demnach maßgeblich zum Entstehen der delikaten Bitterstoffe bei. Eiweißverbindungen zerlegen bei der Alterung Proteine und Fett, der Käse wird zähflüssig. Im Laufe des Reifeprozesses verändert sich die Struktur des Käses, die Bitterstoffe werden freigesetzt. Mit Ausnahme der Tatsache, dass die meisten Aromastoffe des Käses wasserlösliche Moleküle sind, hätte Käsemeister Olivier das auch gewusst: »Gut gereift muss er sein!«

Der Legende nach soll Marie Harel, Bäuerin im Dorf Ca-

membert bei Vimoutiers, den Käse 1791 erfunden haben. Kein Wunder, schließlich stammte Madame ursprünglich aus dem Örtchen Brie, und dort stellte man schon seit dem siebten Jahrhundert den gleichnamigen, wohlschmeckenden Weichkäse her. Das Rezept hinterließ sie ihrer Tochter und deren Mann Victor Paynel. Jahrzehntelang fristete der heute weltbekannte Normanne ein schlichtes Schicksal als lokale Abart des Brie. Zur Einweihung der Eisenbahnlinie Paris–Granville wurde er immerhin von Napoleon III. gekostet, der angeblich überglücklich über diesen Genuss der Serviererin um den Hals fiel und sie küsste. Wir gehen davon aus, dass der Camembert nicht nur ein Vorwand war.

Der eigentliche Siegeszug des berühmtesten Käses der Grande Nation begann erst, als ihn 1890 ein gewisser Monsieur Ridel in eine runde Holzkiste packte. Der Camembert, der früher auf einem Strohbett allenfalls bis nach Paris befördert wurde, war jetzt »reisefertig«, gehörte ins Marschgepäck von Bauern, Künstlern oder auch Soldaten – und kam ganz nebenbei zu seiner gegenwärtigen Form: Rund, 250 Gramm schwer, mit elf Zentimeter Durchmesser und drei Zentimeter Höhe. Bald schon wurde er auch außerhalb seiner normannischen Heimat fabriziert. Ausgerechnet ein amerikanischer Unternehmer pilgerte in den 1920er-Jahren nach Vimoutiers, um auf dem Grab von Käse-Erfinderin Harel einen Kranz niederzulegen. Aber niemand in der Region wusste, wo Madame zur letzten Ruhe gebettet war. Zurück in der Heimat hielt der Herr unter seinen Mitarbeitern in der Käserei eine Kollekte ab: 2800 Dollar kamen zusammen, genug, um beim Bildhauer Eugène L'Hoëst eine Skulptur in Auftrag zu geben. 1928 wurde das Käsedenkmal mit einer rustikal-energisch dreinblickenden Marie eingeweiht, »zum Ruhme der normannischen Bäuerinnen« und als

Geschenk von »400 Männern und Frauen, die in Van Wert, Ohio, Käse fabrizieren«.

Obwohl die Käsehersteller von Borden später das im Zweiten Weltkrieg übel beschädigte Monument ersetzten, geriet Madame Harel schnell in Vergessenheit. Als die französischen Käsereien schließlich die Namensrechte am Camembert schützen lassen wollten, war es zu spät. Marie Harels delikate Erfindung wurde inzwischen in der halben Welt hergestellt. Die Franzosen wehrten sich mit einer Appellation d'Origine Contrôlée, der vom Wein bekannten kontrollierten Erzeugerabfüllung. Das Original heißt jetzt »AOC Camembert de Normandie«, und die besten Käse kommen nach wie vor aus der Umgebung von Camembert, dem Pays d'Auge. Der einzige Erzeuger echten Camemberts aus Camembert ist ein junger Mann mit Brille namens François Durand. Man trifft ihn auf den Märkten in Vimoutiers, Livarot oder Gacé.

Industrielle Fabrikanten ignorieren gern die Tradition und versuchen mit aller Kraft, Camemberts aus pasteurisierter Milch auf dem Markt durchzusetzen: Während der sogenannten »Camembert-Kriege« kämpfte der französische Gastronomiekritiker Périco Legasse gegen Lactalis, Europas größten Produzent von Käse mit 32 000 Mitarbeitern, 8,5 Milliarden Euro Jahresumsatz und 125 Standorten weltweit. Der wollte seine Produktion umstellen und statt Rohmilch jetzt mikrogefilterte, pasteurisierte Milch verwenden. Kurz und schlecht: Aus gutem alten Camembert sollte ein industrielles Kreidestück werden, natürlich versehen mit dem begehrten AOC-Siegel. Rund 80 Prozent des gallischen Camembert waren in Gefahr! Nach über hundert Jahren sollte Camembert aus Rohmilch plötzlich eine Gefahr für die Gesundheit darstellen.

Legasse entlarvte, wie dem Verbraucher Industriekäse als

Traditionsware untergejubelt wurde und wie Lobbyisten das einst gerühmte Camembert-Regelwerk verwässert hatten. Und das Wunder geschah: Nach einem Film mit dem Titel »Der Käse wird ermordet«, ausgestrahlt 2007 auf »France 3«, boykottierten die Franzosen den Kautschuk-Camembert. Sogar eine Fabrik musste schließen.

Doch wie oft in solchen Fällen war der Sieg von kurzer Dauer. Viele Käsefreunde ließen sich von der Lactalis-Werbung einlullen: glückliche Kühe, Großvater mit Hut, Landschaftsfotos aus der Zeit, als die Welt des Camemberts noch heil war. Das reicht, um Menschen begierig zu gummiartigem Fabrikkäse greifen zu lassen. Solche »Fromages« sind alles – außer Camembert.

»Guter Camembert hat eine samtig weiße Rinde und schimmert in den Falten rostrot. Hüten sollte man sich vor zu weißen oder stark geröteten Exemplaren«, erklärt Käsemeister Olivier »Er riecht frisch, vielleicht ein wenig nach Pilzen, niemals aber nach Ammoniak. Falls doch, sticht er nicht nur in der Nase, sondern schmeckt wie ein Stück Seife oder prickelt unangenehm auf der Zunge. Weich sollte er sich anfassen, aber beim Anschneiden trotzdem nicht auseinanderlaufen.« Quillt der Camembert nämlich nach dem Schnitt halbflüssig unter der Kruste hervor, wurde er während des Reifeprozesses nicht korrekt getrocknet. Ungenießbar ist er deswegen nicht. Den »Weichetest« zwischen Daumen und Hand nehmen Experten stets an der Außenseite, nie an der Mitte vor. Camembert reift nämlich von außen nach innen. Weil die echte Variante nur begrenzt haltbar ist, werden die Käse gerne ein wenig zu jung verkauft, kommen also mit einem etwas »härteren« Zentrum zum Genießer. Zu Hause kann man ihn problemlos ausreifen lassen und erst dann anschneiden, wenn er sich optimal anfasst. »Fait

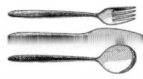
à coeur«, bis zum Herz gereift, heißt so ein Käse in Frankreich. Nur ein solcher Camembert hat vielleicht die Chance, einmal in Oliviers weltberühmter Käsehandlung in Boulogne zu landen. Und von dort könnte er auch auf unseren Tisch kommen.

Ente (Blutente)

Um diese Ente ranken sich unglaublich viele Gerüchte. Das hat mich natürlich neugierig gemacht. Zum ersten Mal bin ich diesem Ententier in einem französischen Spielfilm mit Philippe Noiret in der Hauptrolle begegnet; es ging um unerklärliche Morde an Sterneköchen, wenn mich nicht alles täuscht. Da wurde eine Ente »mit Haut und Haaren« in eine Presse gesteckt. Über ihre Weiterverarbeitung wurde in dem Film der Mantel des Schweigens gebreitet. Und dann hörte ich, dass es in Paris ein Restaurant gäbe, dessen Spezialität diese »Blutente« sei. Jeder, der sie bestellt, bekommt ein nummeriertes Zertifikat, damit er weiß, der wie vielte Esser dieser Rarität er ist. Gezählt wird wohl von Anbeginn, eben seit dieses Gericht zum ersten Mal serviert wurde. Stimmt das? Ich wüsste zu gern, was es mit dieser Zubereitungsart auf sich hat.

Überhaupt umgibt die Ente – küchentechnisch gesehen – so manches Rätsel. Stimmt es beispielsweise, dass die weibliche Entenbrust zarter und wohlschmeckender ist als die männliche? Etwas anderes hatte ich eigentlich auch nicht erwartet. Und dass deshalb nur sie es »verdient«, in Cognac eingelegt zu werden? Und welchen Trick wenden die Köche in chinesischen Restaurants an, um die Haut der Ente dermaßen knusprig zu kriegen? Zur berühmten Ente à l'Orange gibt es übrigens eine interessante Salat-Variante: Geschälte Orangen in dünne Scheiben schneiden, hauchdünn geschnittene Zwiebelringe

dazu geben und dann mit einer Vinaigrette zum Salat »mutieren« lassen. Eine wunderbare Salat-Beilage, die traumhaft schmeckt und hervorragend zu jeder Sorte dunklen Fleisches passt.

Ente à l'Orange, das war sozusagen das Fusion Food unserer Urgroßväter. Federvieh und Zitrusfrucht fanden nur über geografische Umwege zueinander. Enten wurden im England des 15. Jahrhunderts gezüchtet, über Spanien gelangten die Flügeltiere an den Hof von Sonnenkönig Ludwig XIV. Dort hatte der königliche Hofgärtner La Quintinie schon eine recht säuerliche Orangensorte gepflanzt. Das Urrezept wird dem legendären Antonin Carême (1784–1833) zugeschrieben und beruht auf zwei verführerischen Ideen: Einerseits waren Orangen damals selten und teuer, also eine Delikatesse. Andererseits gleichen sie mit ihrer erfrischenden Säure ein wenig das Fett der Ente aus. Denn eine schützende Fettschicht tragen die Enten auch dann noch unter der Haut, wenn sie schon seit Generationen domestiziert leben.

Zu Beginn des 19. Jahrhunderts ist die Ente à l'Orange schon auf dem Weg zum Klassiker: Gernesser Alexandre Dumas, Autor der »Drei Musketiere«, nahm sie in sein kulinarisches Wörterbuch auf und empfahl zur Krickente ausdrücklich »eine noch grüne Orange«. Im noblen Restaurant »Les Frères Provençaux« wurde die köstliche »Canard aux perles«, die Ente mit Perlen, serviert. Dieses Gericht wurde 1833 nach einem Essen mit Prinz Gallitzin, einem russischen Adligen im offenbar ganz komfortablen Exil, von Roger de Beauvoir so beschrieben: »Stellen Sie sich eine gebratene Ente vor, jedoch bereichert durch eine Farce aus Coulis von Flusskrebsen, Périgord-Trüffeln und Pilzen. Sie präsentiert sich unseren Augen mit einem Rosenkranz von Perlen, die um ihren Hals, rund um

den Körper und den Schwanz festonnieren. Das ist ein origineller Effekt, nicht wahr?«

Das Entengeheimnis kann nur lüften, wer sich weniger von Effekten beeindrucken lässt und zuerst die verschiedenen Entensorten und -arten betrachtet. Schon Dumas hat sich ja ausdrücklich auf die Krickente, in Frankreich Sarcelle genannt, bezogen. Da gibt es zunächst mal Wildvögel, die in der Nähe von Wasser mit Hunden gejagt werden: Gründelenten wie Stock und Krickenten, Tauchenten und Meerenten sollten nur geschossen werden, wenn für den Jäger die Farbe des Schnabels deutlich erkennbar ist. Damit soll sowohl das »Anbleien«, die bloße Schussverletzung der Tiere, als auch Schüsse auf geschützte Arten vermieden werden. Wer Enten an ihren Schlafgewässern erwartet, der jagt übrigens auf dem »Entenstrich«, so der Jargon der Waidmänner.

Derart gejagte Enten sind echte Wildvögel, schmecken aber nicht immer. Sie ernähren sich von kleinen Fischen, Krebsen, Krabben, Würmern. Und danach können sie schmecken. Ihre Keulen sind oft zäh. Bleibt die Brust, die gegrillt werden kann.

Enten gehören also zu den wenigen Tieren, wo die Zucht eine Reihe von Sorten hervorgebracht hat, die geschmackvoller sind als das wild lebende »Original«. Eine Zuchtvariante der Stockente zum Beispiel hat in Frankreich unter dem Beinamen »colvert« die besten Restaurants erobert. Zuchtfarmen gönnen den Vögeln auch Zugang zu Wasser und ernähren sie mit Mais und Mehl.

In Deutschland bekannt und beliebt ist die Barbarie-Ente, eine magere Sorte mit rotem, festem Fleisch. Drei Kilo und mehr wiegt das männliche Tier, zwischen 1,8 und zwei Kilo das schmackhaftere Weibchen. Auf Deutsch heißt das Tier übrigens wenig schmeichelhaft »Warzenente«.

Pekingenten sind domestizierte Stockenten. Mit ihrem weißen Gefieder und dem gelben Schnabel entspricht sie sozusagen dem »Modell Donald Duck«. Züchter mögen sie, weil sie nicht nur viel Fleisch auf die Waage bringt, sondern auch ordentlich Eier legt. Diverse Züchtungen der Pekingente bevölkern die Geflügelregale unserer Supermärkte und Kaufhäuser.

Die Vierländer Ente ist eine norddeutsche Züchtung aus Peking- und Stockente, die es über Jahre nur in einem Hamburger Spitzenrestaurant gab. Es handelt sich also nicht um eine alte, traditionelle Sorte. Aylesbury-Enten trifft man hierzulande eher selten auf dem Teller. Besonders die Erpel können mit über fünf Kilo ziemlich gewichtig ausfallen. Diese weiße Mastente nimmt schnell an Gewicht zu. Ein Mulard ist eine Kreuzung aus männlicher Barbarie-Ente und weiblicher Peking-Ente. Dieser Hybrid wird leicht fünf Kilo schwer und 80 cm lang. Außerdem ist der Mulard als »Foie gras-Ente« beliebt.

Enten mit Herkunftsbezeichnung, wie z. B. Challans-Enten, Nantaiser Enten oder Enten aus Rouen stammen oft aus Regionen, die eine lange Tradition in der Entenzucht haben, und verfügen manchmal über ein staatliches, also offizielles Label (etwa: Label Rouge). Auch sie schmecken alle unterschiedlich.

Generell gelten bei den Enten die weiblichen Tiere als schmackhafter. Für den Hausgebrauch sollten die Enten nicht zu fett ausfallen, dann nämlich haben sie wenig Fleisch. Außerdem sollte das Geflügel keine Flecken aufweisen: Flecken auf der Haut erscheinen, wenn die Enten durch viele Hände gehen.

Schließlich gibt es noch die Magrets oder Stopfentenbrüste. Sie stammen ausschließlich von Enten, die zur Herstellung von Foie gras (siehe dort) gestopft wurden. Solche Magrets sind

tiefrot und werden mitsamt Haut und Fett verkauft: Fehlt die Fettschicht, könnte es sich um »normale« Entenbrust handeln, die auch in feine Scheiben geschnitten angeboten wird.

Weil das Magret im vakuumierten Plastikbeutel zum Kunden kommt, erschließt sich die Qualität erst beim Öffnen. Die Fettschicht sollte durch eine Pappe geschützt sein. Bei direktem Kontakt mit dem Kunststoff nimmt Fett nämlich schnell den Plastikgeruch an oder entwickelt eine säuerliche Note. Wichtig außerdem: Das Fett muss frisch riechen. Ranzige, saure oder stechende Gerüche sind Alarmzeichen.

Pekingenten kann man daraus nicht machen. Die stammt nämlich von der gleichnamigen Sorte und benötigt eine dünne Haut. In China wird sie deshalb in den letzten beiden Lebenswochen an zu viel Bewegung gehindert. Die Tiere werden gerupft, jedoch nicht ausgenommen, auch Kopf und Füße bleiben. Durch einen Schnitt in der Halsregion wird die Haut straff aufgeblasen. So trennt sie sich vom Fleisch. Innereien entfernt der gute Koch dann durch einen winzigen Schnitt unterhalb des Flügels. Nun werden die Füße entfernt. Die Ente wird abgebrüht, mit Honig, Zucker und Ingwer bestrichen, stundenlang an der Luft getrocknet und schließlich am Halse hängend im Spezialofen gegrillt. Wieder wird die Haut aufgeblasen. Kross und braun wird sie, in feinste Scheiben geschnitten, serviert und in zarte Crêpes eingerollt. Dazu gibt es eine Sauce (z. B. eine Mischung aus Hoisin-Sauce, Sojasauce, schwarzer Sojasauce, Sesamöl und Zucker) mit Frühlingszwiebeln. Echte Pekingente ist ein Gericht aus der Kategorie »Don't try this at home«. Man muss sie vorbestellen.

Film- und fernsehbekannte Blutenten stammen aus Challans nahe Nantes. Sie werden nicht geschlachtet, sondern erwürgt. Dadurch verbleibt das Blut in der Ente und kann z. B. zur Sau-

cenbasis werden. Eine ähnliche Praxis wendet man auch bei Tauben an, den »Etouffée-Tauben« aus Rouen oder der Vendée; die sind allerdings inzwischen eine echte Rarität.

Das Pariser Lokal »La Tour d'Argent« hat auf seine Blutenten-Spezialität eine Legende gegründet: Am Anfang steht eine sechs bis acht Wochen alter Vogel. Diese Ente wurde traditionell dem Esser erst roh präsentiert. Ein »Zeremonienmeister«, offizieller Titel: Canardier (von canard, Ente), legt die gehackte Entenleber auf ein Silbertablett, gießt etwas alten Madeira, ein wenig Cognac und einen Schuss frischen Zitronensafts darauf. Anschließend trennt er die Keulen ab und schickt sie in die Küche. Dann werden Haut und Filets abgehoben. Die Karkasse wird mit einer Geflügelschere zerschnitten. Der Canardier steckt sie in die Entenpresse und dreht heftig am Rad. Die Ente wird buchstäblich bis auf den letzten Blutstropfen ausgepresst. Dieses Blut kommt zu Filets und Leber auf das Tablett. Bei Tisch brät unser Canardier abschließend die Filets über einem Rechaud und rührt dabei gleichzeitig die Sauce an. Letztere überzieht das Entenfleisch sanft und dunkel, bis es fast wie Geflügel unter Schokoladensauce ausschaut; dazu gibt es soufflierte Kartoffeln. Die gebratenen Keulen kommen als zweiter Gang. Diese »Caneton Tour d'Argent« wurde seit Ende des 19. Jahrhunderts mehrere hunderttausend Mal zubereitet und von gekrönten Häuptern, Staatschefs, Filmschauspielern und Industriekapitänen dieser Welt verzehrt. Ein gewisser Frédéric, der erste »Entenmeister«, hatte die Idee mit dem werbewirksam nummerierten Zertifikat. Heute spart man sich leider die ganze Zeremonie bei Tisch: Die Ente kommt, die Sauce kommt, die Rechnung kommt (derzeit 130 Euro), und schließlich erhält der Gast eine Art Postkarte nebst Entennummer. Au revoir, ist es nicht schön in Paris?

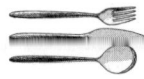

Doch wie schmeckt sie, die Blutente? Sowohl das Ritual als auch ihr Aroma dürften für die politisch korrekten Esser von heute etwas Animalisches an sich haben. In ihrer Originalversion wartet die Sauce mit einer wonnigen Schwere auf, die Ente nähert sich geschmacklich ein klein wenig einem guten Wildvogel ohne Hautgout von Meerestieren an. Freilich bekommt man das Originalgericht eigentlich nirgends mehr in annehmbarer Qualität, da bleibt nur der heimische Herd. Entenpressen zumindest gibt es auf jedem gut sortierten französischen Flohmarkt, sie werden meist lediglich als dekoratives Mitbringsel erstanden.

Entenmuscheln

Ein hübscher Name für ein Schalentier, das ich nie gegessen habe, das zudem schön anzusehen ist, wenn die Bilder, die ich dazu gefunden habe, nicht täuschen. Auch dieser Wasserbewohner gibt mir Rätsel auf. Wieso heißt das Tier Muschel und ist laut Lexikon doch ein Krebs? Und hat aufgrund seiner Zwittrigkeit sogar etwas mit Schnecken gemeinsam? Ist das vielleicht sogar die »Muschel«, die sich an Schiffsrümpfen festsetzt, wie man es oft in Filmen sieht, wenn die Boote aufs Trockendock kommen?

Die Entenmuschel heißt zwar Muschel, ist aber keine. Und mit Enten hat sie nur den Namen gemeinsam. Tatsächlich ist sie ein Krebstier aus der Klasse der Rankenfußkrebse (Pollicipes pollicipes), das auf Meeresfelsen oder Treibgut lebt. Seit die Schiffe eher aus Metall sind, dürfte sie es auf ihren Rümpfen schwieriger haben als früher.

Dank ihrer »Zementdrüse« kann sich die Krebslarve am Fels festsetzen. Zementdrüse ist der richtige Ausdruck, denn das erwachsene Krustentier kann sich nicht bewegen und ist von einem regelrechten Steinpanzer umgeben. Auf mich wirkt der ein wenig wie ein versteinerter Dinosaurierfuß. Das Tier filtert das Meerwasser und ernährt sich von Plankton. Als Köstlichkeit gilt der Stiel der Entenmuscheln, nicht genießbar ist der gesamte Rest mit Verdauungstrakt, Geschlechtsorganen und Bauchmark. Gefunden werden die Tiere von der europäischen Atlantikküste bis Nordafrika. In Frankreich nennt man sie pouces pieds. Geerntet werden sie besonders in der Bretagne, etwa auf der Insel »Belle-Ile«. Dort, im Hotel Castel Clara, ließ Francois Mitterand sich regelmäßig Entenmuscheln schmecken. Die Basken nennen sie »lanperna« und exportieren sie nicht. In Spanien heißen sie »percebes«. Besonders in Galizien gibt es einen regelrechten percebes-Kult mit wahren Volksfesten und großen Krebsessen. Auch die Portugiesen lieben ihre »perceves«.

In Großbritannien schließlich heißen sie »Barnacle« oder »goose barnacle«, was den Namen teilweise erklärt: Barnacle nennt man im Englischen die Nonnengänse. Die wiederum sah man nie in Europa nisten. Es war ein populärer Volksglaube, dass sie aus den Muscheln schlüpfen, die in Wahrheit Krebse sind. Giraldus Cambrensis, ein walisischer Mönch, hielt dies im zwölften Jahrhundert in seiner »Topographia Hiberniae« fest. Im Deutschen »mutierte« die Gans dann sprachlich zur Ente.

Das Sammeln von Entenmuscheln ist bis heute riskant. Besonders in Galizien schrecken die »percebeiros«, die Fischer, dabei vor nichts zurück. Manche binden einfach ein Seil am Boot fest und springen mit einem Messer oder einer kleinen

Metallharke im Mund ins Meer. Manchmal hält ein anderer percebeiro die Sicherheitsleine, während der Schwimmer so schnell wie möglich die Krebse mitsamt ihrer harten Schale vom Fels löst.

Entenmuscheln können bis zu 20 Jahre alt werden und wachsen recht langsam. Ihre Vermehrung kann mit der Nachfrage nicht mithalten. Deshalb sind sie geschützt. In Frankreich etwa müssen die gesammelten Exemplare mindestens zehn cm lang sein, die Fischer dürfen sie nur 100 Tage lang zwischen Oktober und Februar »ernten«. In Galizien hingegen darf von November bis März gefischt werden. Ab vier cm ist die Muschel »erntereif«, allerdings darf kein Fischer pro Tag mehr als sechs Kilo sammeln. Überwachen lässt sich das freilich kaum.

Und wie schmeckt er, der Krebs, für den die percebeiros ihr Leben riskieren? Wie ein Biss in den Ozean, mit starker Jod-Note und einem feinen Krebsaroma. Deshalb werden Entenmuscheln in der Regel roh, gedämpft oder gekocht, serviert. Ein Topf voller Meerwasser wird erhitzt, ein paar Algen gibt man herein, dann werden die Entenmuscheln 30 Sekunden gegart – so lautet ein simples Rezept. Mal wird das Meerwasser mit Leitungswasser, mal mit Weißwein gemischt. Oder man gart sie in einer Court-Bouillon aus Lorbeerblättern, geschälten Zwiebeln und Piri-Piri, einer portugiesischen Chili-Würze. Bleiben sie zu lang im Topf, werden sie kautschukartig.

Dazu gibt es Gemüse, Vinaigrettes, Petersilienbutter oder Mayonnaise. Die weitaus meisten Genießer mögen es nicht, wenn ihre Entenmuscheln durch fremder Leute Hände gegangen sind, und essen sie daher pur. Selbst das »Heraussaugen« des Krebstiers aus seinem Steinpanzer gilt als sinnliches Vergnügen.

Felchen/Renke aus kühlen Alpenseen

Die vielbesungene »Fischerin vom Bodensee« hat wohl von diesen feinen, wohlschmeckenden Fischen gelebt, die man nur an den kühlen Alpenseen genießen kann, weil sie selten weit transportiert, sondern vorwiegend in den Fangregionen verzehrt werden. Das Felchen an sich ist übrigens Streitobjekt, weil die Säuberung der Seegewässer und die damit verbundene Abnahme der Algenbildung von den Fischern mit schlechteren Fangquoten in Verbindung gebracht wird. Die Theoretiker der Umweltverbände verweisen jedoch auf die Maschenweite der Netze. Ein Felchen-Spezialist vom Bodensee erzählte mir, dass die Felchen – in Bayern und Österreich auch Renke genannt – in unzähligen Arten vorkommen. Sie seien während der Eiszeit aus Skandinavien zu uns gelangt und mit der großen Schmelze in den so zustande gekommenen Alpenseen bei uns geblieben. Egal, ob Weiß- oder Blaufelchen, damit sind sie Grüße aus einer lang zurückliegenden Zeit.

Ich liebe diese Fische in jeder Zubereitungsart – ich habe sie immer in schönen Landgasthöfen oder auf Seehotel-Terrassen genossen und bringe sie damit automatisch in der Erinnerung mit herrlichen, besonderen Tagen in Verbindung. Wir sollten diesen Fisch unbedingt noch einmal genießen, bevor er uns »abhandenkommt«.

Zuerst die schlechte Nachricht: Viele Felchen-Arten (Coregoni) sind vom Aussterben bedroht. Aber, und jetzt kommt die gute Nachricht, das Bodenseefelchen (Coregonus wartmanni, auch Blaufelchen) erfreut sich anscheinend guter Gesundheit. Zumindest wird es auf der traurig berühmten Roten Liste gefährdeter Tierarten des IUCN *(International Union for Conser-*

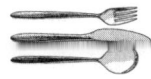

vation of Nature) als »least concern« geführt: »Die Spezies lebt allein im Bodensee (451 km²), wo sie ausgiebig gedeiht, gegenwärtige oder zukünftige Bedrohungen sind nicht bekannt«, heißt es wörtlich. Der Bodensee gilt dem IUCN als Beispiel guter »Fischverwaltung«.

Es ist schön zu sehen, dass solche Maßnahmen greifen: Auch im Genfer See lebte nämlich einmal eine Felchenart namens Coregonus fera. Die als Féra oder als Féra du lac léman (Felchen vom Genfer See) bezeichneten Felchen wurden intensiv bejagt, Wasserverschmutzung verringerte ihren Lebensraum zusätzlich. Sie starben in den 1920er Jahren aus. Felchen gelten eben als gute »Bio-Indikatoren«, die viel über den Zustand eines Sees aussagen. Im Genfer See wurde nach dem Verschwinden der Féra jedenfalls die Art Coregonus albula bzw. »kleine Maräne« ausgesetzt. Märkte und Restaurants boten sie weiter als Féra an. Auch dieses Felchen ist ein ganz fantastischer Speisefisch und deshalb so gefragt, dass es in allen größeren Seen des französischen Départements Jura ausgesetzt wurde.

Bodenseefelchen genießen viele Feinschmecker ja gern in der Zubereitung »Müllerin Art«, grenzübergreifend existieren jedoch viele interessante Felchenrezepte, etwa Felchentatar mit jungem Lauch, Felchenfilets in Weißweinsoße, in Nusskruste oder mit hauchfeinen Streifen von Zitrusfrüchten. Würde ich am Genfer See oder Bodensee leben, dann kämen garantiert zweimal in der Woche Felchen auf den Tisch, gelegentlich auch Seesaibling. Bei dem muss man leider ein wenig aufpassen, weil er Schadstoffe wie Polychlorbiphenyl (PCB) und Schwermetalle speichert. Im Genfer See wurde 2008 der Fang solcher Saiblinge wegen hoher PCB-Belastung vorübergehend untersagt. Der »Omble chevalier« verschwand damals von den Speisekarten.

Flusskrebse

Wer brauchte Hummer, wenn ein heimisches, ebenfalls äußerst wohlschmeckendes Scherentier vor der Haustür zu fangen war? Leider eben: »war«. Das war so, bevor wir unsere Flüsse und Bäche bedenkenlos verschmutzt haben. Die Jungs sammelten die nachtaktiven »Saubermänner« – Flusskrebse sind die Gesundheitspolizisten in den Gewässern – mit großem Eifer, die kleinen Mädchen bewunderten sie dafür, und die tapfersten, die keine Angst hatten, von den kleinen, aber kräftigen Scheren gezwickt zu werden, machten sogar mit. So ist es auch in dem alten »heile Welt«-Heimatfilm »Die Heiden von Kummerow« nach dem wunderbaren, und ganz zu Unrecht vergessenen gleichnamigen Roman von Ehm Welk zu sehen: Der Dorfpastor – Paul Dahlke – ist darin hocherfreut über das Eimerchen mit den köstlichen Flussbewohnern.

Das ist lange her. Gibt es sie denn wieder, die heimischen Flusskrebse? Zunächst hieß es, sie seien wegen der allgemeinen Wasserverunreinigung rar geworden oder von einer aus den USA importierten und bei uns ausgesetzten Krebsart verdrängt worden, die es mit dem Sauberkeitsgrad des Wassers nicht so genau nimmt. Da wär mir unser alter heimischer Freund schon lieber …

Diesmal zuerst die gute Nachricht: Der europäische Flusskrebs (Astacus astacus), in Frankreich auch pattes rouges, Rotfüßler genannt, lebt noch. Und jetzt die schlechte Nachricht: Die wenigen Menschen, die wissen, wo man ihn findet, verraten es in der Regel nicht. Tatsächlich ist der Bestand dieses Raubtiers, das mit seinen Zangen Würmer, Muscheln, Fische und gern auch Artgenossen zerreißt, akut bedroht. Doch in Süd- und Mittelschweden, naturbelassenen Flüssen Österreichs sowie in den Vogesen und im französischen Südwesten sind gegenwärtig

Flusskrebsbestände verbürgt. Der erwähnte Invasor stammt aus den USA und heißt mit vollem Namen Pacifastacus leniusculus oder Signalkrebs. Als unsere heimischen Krebsbestände ab den 1960er Jahren durch die Krebspest, eine Pilzerkrankung, dezimiert wurden, führte man ihn hierzulande als Ersatz ein. Signalkrebse sind zwar selbst gegen die Krebspest resistent, übertragen sie aber an unsere heimischen Flusskrebse. Noch dazu sind sie ein Fressfeind der lokalen Krebsarten: Er wächst schneller, verfügt über eine höhere Vermehrungsrate und gilt als »aggressiver«. Die Fachliteratur bezeichnet ihn als »biologisch den heimischen Flusskrebsarten überlegen«. Ganz ohne Krebspest verdrängt er spielend die lokalen Arten. Häufig findet man bei uns auch den ebenfalls »eingewanderten« kleinen Kamberkrebs (Orconectes limosus), der es in schmutzigeren Gewässern aushält und sich ebenfalls schneller als sein europäischer Artgenosse vermehrt.

Der Flusskrebs wäre also ein abgeschriebenes Auslaufmodell, gehegt lediglich von einigen Naturschützern, wenn sein Verschwinden nicht in kulinarischen Kreisen für Aufregung sorgen würde: Er gesellt sich in der klassischen Küche zum Huhn – beide sind in erstklassiger Qualität rar geworden. Der große Pariser Koch Bernard Pacaud hat diese traditionellen Gerichte im legendären Lokal von Mutter Brazier in Lyon als 14jähriger Kochlehring noch selbst kennengelernt: »Wir verließen uns stets nur auf beste Produkte, da wurde nichts gekünstelt und verfremdet. Es war eine tolle Zeit: Damals grillten wir noch Drosseln und Schnepfen und fertigten aus den ecrevisses pattes rouges, den Flusskrebsen, Gratins und Klöße – so viele, dass wir die Krustenpanzer an die anderen Restaurants von Lyon verkauften, damit sie Krebsbutter machen konnten. Damals haben wir noch nach Herkunft eingekauft. Poularden aus

der Bresse, Tomaten aus Marmont ... Und auf dem Teller wurde nicht gemalt. Der Bluff auf dem Teller, das ganze Wortgeklingel auf der Speisekarte ist wirklich simpel. So pur wie möglich zu kochen, kann schwer sein.« Es ist eine Ironie der Krebsgeschichte, dass diejenigen, die sie am liebsten essen, sich am meisten um ihr Wohlbefinden sorgen. Denn für frisch gefangene europäische Krebse bieten weder die Zuchtware aus der Türkei und Osteuropa noch der Amerika-Krebs wirklichen Ersatz. In Lothringen etwa züchtet eine kleine Farm namens »Le Moulin aux écrevisses« (Die Krebsmühle, route de Nancy, 52 300 Thonnance-les-Joinville) den europäischen Flusskrebs. Jean-Pierre Geeraert begann 1998 mit ganzen fünf Krebsen der Sorte Astacus astacus und besitzt heute die einzige funktionierende Zucht Westeuropas. Einige Krebse hat er in Wildbächen ausgesetzt, viele verkauft er an Restaurants. Vor Ort erklärt er Besuchern den Lebensrhythmus des Flusskrebses.

Es gibt noch einen weiteren hartschaligen Artgenossen, den Yabby, auch bekannt unter dem bedrohlichen Namen Cherax destructor. Er kommt aus Australien, ist größer als europäische Krebse und vermehrt sich in Zuchtfarmen. Ich habe Yabbies mehrfach verspeist und empfand sie, verglichen mit dem Original, als fad und wässrig. Möglicherweise hatten sie aber auch beim Transport gelitten. Unter Australiens Feinschmeckern hat die frische Ware jedenfalls einen guten Ruf – aber von denen kennen ja nur wenige »unseren« Krebs.

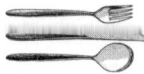
Froschschenkel

Schon wieder so ein niedliches Tierchen aus Kindertagen, das man eigentlich nicht verspeisen möchte. Was wäre wohl passiert, wenn die Prinzessin aus dem »Froschkönig« dem kleinen, grünen Krönchenträger die Hinterbeine grausam ausgerissen hätte, bevor sie es an die Wand warf? Nicht vorzustellen!

Allerdings muss ich zugeben, dass ich einmal »kein Frosch« war und mich in weinseliger Stimmung in der Wachau überreden ließ, gebackene Froschschenkel zu bestellen. Sie schmeckten wie Backhendl. Allerdings habe ich in der folgenden Nacht von kläglich quakenden Fröschen geträumt. Irgendwie hängt mir dieser Alptraum seitdem nach. Nachbarn von Gartenteichbesitzern, vom ständigen Gequake genervt, mögen anders darüber denken.

Frösche wurden auch schon zu Zeiten der Gebrüder Grimm verzehrt. Damals übrigens auch in Deutschland, was heute die Bundesartenschutzverordnung streng untersagt. Alte französische Kochbücher führen die Quaker unter der Rubrik »Fische und Krustentiere« – vielleicht weil die Autoren kein eigenes Kapitel »Amphibien« schreiben wollten. Nun muss man den Froschverzehr im historischen Kontext sehen. Einfach gesagt: Hühner züchten kostet Geld, Frösche konnte man fangen, sie waren einfach da, eine verfügbare Nahrungsquelle. Alexandre Dumas, der nun schon öfter erwähnte Autor der »Drei Musketiere«, widmet sich ihnen ausführlich in seinem »Wörterbuch der Küche«: »Es gibt viele Arten von Fröschen unterschiedlicher Größe, Farbe und Stellen, die sie bewohnen ... Nur Wasserfrösche sind gut zu essen, sie müssen im klaren Wasser gelebt haben. Man wähle Wohlgenährte, Fette, Fleischige aus, von grünem Körper mit kleinen schwarzen Punkten. Viele Ärz-

te des Mittelalters waren gegen den Verzehr dieses Fleisches, das dennoch weiß und delikat ist, eine Art flüssiges Gallert enthält und weniger nahrhaft als andere Fleischsorten ist … Im sechzehnten Jahrhundert wurden jedoch die Frösche am besten Tische serviert … Ein Mann aus der Auvergne namens Simon machte ein beträchtliches Vermögen mit Fröschen, die man ihm aus seiner Heimat schickte, die er mästete und dann in die ersten Häuser in Paris verkaufte, wo das Essen sehr in Mode war.

In Italien und Deutschland ist ein großer Verbrauch dieser Amphibien zu verzeichnen … und die Engländer, die sich davor ekeln und deshalb wahrscheinlich vor 60 Jahren Karikaturen von Frösche verzehrenden Franzosen machten, sollten diese Passage aus der Geschichte der Insel Santo Domingo von einem Engländer namens Atwood lesen: ›Es gibt‹, sagte er, ›auf Martinique viele Kröten, die wir essen. Die Engländer und die Franzosen ziehen sie den Hühnern vor …‹«

Dumas erklärte, dass Froschschenkelsuppe gern von Damen verzehrt wird, um den Teint frisch zu halten, und empfiehlt eine Zubereitung wie ein Hühnerfrikassee, womit wir wieder in der Nähe des Backhendls wären.

Nach zartem Hühnchen schmeckt der Frosch im besten Fall. Oft wird es ein ganz zartes Hühnchen sein, ein Wundertier an der Grenze dessen, was unsere Papillen noch einordnen und wahrnehmen können. Denn viele Froschschenkel verfügen stets über das Aroma von Kräuterbutter oder Gewürzen, mit denen sie großzügig abgepudert wurden. Was auch kein Wunder ist, schließlich haben sie, bis sie auf unseren Tischen landen, heutzutage oft schon Hunderte von Kilometern zurückgelegt – wenn auch nicht auf den eigenen Froschbeinen. Die weitaus meisten Amphibientreter stammen aus Indien, Bangladesch

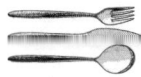
und vor allem Indonesien. Sie reisen als Tiefkühlware um die Welt. Woher die im Einzelnen stammen, ob sie z. B. wild aufwachsen oder gezüchtet werden, scheint niemanden zu interessieren. Eine entsprechende Anfrage (»Interpellation«) der Schweizer Nationalrätin Maya Graf beantwortete der Bundesrat mit den Worten: »Ob und in welchem Ausmaß Frösche zur Lebensmittelgewinnung gezüchtet werden, ist nicht bekannt.« Angeblich handelt es sich um Fänge wild lebender Frösche.

Gefangen werden Amphibien verschiedenster Größe. Einmal setzte man mir im Restaurant Froschschenkel vor, die waren etwa halb so groß wie Hühnerbeine und schmeckten nach Brackwasser. Kein tolles Esserlebnis.

Kleinere Froschschenkel kann man einmal essen. Nur um zu wissen, dass der weitere Verzicht auf sie keine lebenslange kulinarische Selbstkasteiung bedeutet.

Fugu

Die Vorstellung, dass in den Meerestiefen ein Fisch haust, der so giftig ist, dass er nicht ohne verheerende Folgen genießbar ist, die hat mir immer schon gefallen. Wie langweilig wirkt dagegen eine Regenbogenforelle! Andererseits passt es gut zu uns Menschen, dass uns die Existenz dieses gefährlichen Tieres nicht ruhen und nicht rasten lässt – bis wir eine Lösung für das Problem gefunden haben. Ein Fisch, der für seine Zubereitung ein eigenes Studium erforderlich macht, das dazu noch die Geschicklichkeit eines Nanochirurgen erfordert, der muss wahrhaft göttlich schmecken! Oder nach seinem Genuss ein solches Glücksgefühl über das eigene Überleben auslösen, dass kaum etwas anderes an diese Hormonausschüttung herankommt.

Die Köche mit einer solchen Spezialausbildung erinnern mich an Jedi-Ritter und diejenigen, die sich diesem Nervenkitzel durch Verspeisen aussetzen, an Kriegsberichterstatter: Koch mir das Lied vom Tod. Oder ist das doch alles übertrieben?

Grill mir den Fisch vom Tod! Oder zerschneide ihn mir. Fugu (Takifugu, meist der Unterart rutripes), der giftige Kugelfisch, wird in Japan gern als Sashimi serviert. Hauchdünn geschnittene Fischblättchen, die mal wie ein Kranich, mal wie eine Chrysantheme auf dem Teller angeordnet werden. Für uns Europäer schmeckt Fugu so fein und »delikat«, dass er fast schon unter die Rubrik »fad« fällt. Japaner jedoch mögen die Konsistenz seines eher harten rohen Fleisches – und alle lieben den Grusel des russischen Roulettes am Fischteller. Gegen Tetrodotoxin, das Nervengift des Fugu, existiert kein Gegenmittel. Es ist nicht nur 500mal giftiger als Zyankali, es soll auch 160 000mal anregender als Kokain sein. Die Zahlen schwanken je nach Quelle. Einige Fugu-Esser berichten, dass auch mikroskopisch kleine Mengen des Giftes, die sich in fachkundig ausgenommenen Fischen befinden, ihnen das Gefühl bescheren, »high« zu sein. Möglicherweise beruht dieser Glückszustand auch auf der Tatsache, dass man rein theoretisch tot sein könnte, aber immer noch unter den Lebenden weilt.

Das Gift, das zu Atemstillstand führen kann, sitzt bei den meisten der gut 20 Fugu-Arten in den Eierstöcken der Weibchen und in der Leber. Je nach Sorte können auch Auge oder Galle »kontaminiert« sein. Fugu-Hoden hingegen gelten als Delikatesse. Ein Verkauf an Privatleute ist streng verboten. Manche Fischhandlungen lassen Fugu fachgerecht ausnehmen und exportieren tiefgefrorene Filets, meist in die USA. Erfahrene Köche schneiden nach Abschluss einer zwei- bis dreijährigen

Ausbildung und einem schriftlichen sowie praktischen Examen die giftigen Stellen heraus, ohne die Gefäße zu verletzen. Nur ein einziger falscher Ritzer – und der Rest des Fisches ist ungenießbar, weil todbringend giftig.

Dutzende von Essern kann so ein Fugu theoretisch ins Jenseits befördern: Der bekannte Kabuki-Schauspieler Bandō Mitsugorō VIII soll 1975 mit seinen Freunden in einem Restaurant in Kyoto gewettet haben, er könne das Gift von vier besonders toxischen Fugu-Lebern überstehen. Der Koch wollte dem Prominenten, der in Japan als »lebender Staatsschatz« galt, diesen Wunsch nicht verweigern. Angeblich erzählte Bandō noch, er fühle sich, als würde er schweben. Dann fiel er um und starb sieben qualvolle Stunden später durch Asphyxie. Das nämlich trägt auch zum Fugu-Grusel bei: Die tödliche Portion lähmt zuerst nur – bei vollem Bewusstsein erlebt der »Genießer«, wie ärztliche Hilfe zu spät kommt und Freunde, Verwandte und natürlich der Wirt trauern, während er gleichzeitig realisiert, dass dieses Festmahl sein letztes war.

Das Spiel mit dem letzten Mahl hat selbst in der Poesie seinen Niederschlag gefunden. Etwa mit diesen tragischen Liebesversen:

> Ich kann sie heute nicht sehen
> Ich muss sie aufgeben
> Also werde ich Fugu essen.

So schrieb der japanische Poet Yosa Buson (1716–1783) in einem Senryu, einem haikuähnlichen Gedicht.

Die ganze Fugu-Romantik ist freilich jetzt ihrerseits dem Tod geweiht: Schon seit Jahren gibt es Fugu aus der Fischfarm, der nicht giftiger als Regenbogenforelle ist. Forschungsarbei-

ten, u. a. von Tamao Noguchia, Osamu Arakawa und Tomohiro Takatani bewiesen, dass Kugelfische einen Großteil des Giftes Tetrodotoxin mit ihrer Nahrung aufnehmen. In Zuchten, bei kontrollierter Wasserqualität und Futter, zogen die Wissenschaftler 5000 Fugus auf. Weder in der Leber noch in den Eierstöcken wurde Gift nachgewiesen.

Anfangs lästerten Japan-Gourmets noch, Farm-Fugu würde nach Makrele schmecken, und die frisst er schließlich auch. Mit der Ankündigung, künftig auch die Leber auf den Markt zu bringen, die früher nur Gourmets angeboten wurde, die den Tod nicht fürchteten oder das Leben verachteten, brachten die Fugu-Farmer die Fischer gegen sich auf. Es hieß, die Kugelfische aus dem Becken würden das Naturprodukt zur Strecke bringen. »Wenn die Fischleber nicht mehr töten kann, ist der Fisch dann noch eine Delikatesse?«, fragte die *New York Times* im Mai 2008.

Ein Unternehmen namens Optima Foods aus der Präfektur Ehime will jetzt die Zucht optimiert haben. Die Fische leben in eigens hergestelltem Salzwasser und bekommen unter anderem lebende Sandaale zu fressen, was laut Geschäftsführer Toshiyasu Yoshimura zu »einem festeren Stuhl der Tiere und damit leichter zu säubernden Becken« führte. Zudem wären die Zuchtfische mit etwa einem Kilo Lebendgewicht deutlich schwerer als Artgenossen aus freier Natur. Fester Stuhl? Leicht zu säubernde Becken? Redet man so über einen Massenmörder? Der Fugu des Feiglings wird sogar online angeboten (http://torafugu.in/shop/lp3/), auch wenn der Import in Deutschland wohl erst einmal verboten bleibt. Es ist vorbei mit der Liebe auf den letzten Biss.

Gänsestopfleber

Allein die Erwähnung des Wortes Gänseleber – von »stopfen« muss dabei noch gar nicht die Rede sein – löst bei 99 Prozent aller Menschen geradezu hysterische Entrüstung aus. Nur die Reaktion auf das Wort »Froschschenkel« oder Igel in Lehm gebacken ist noch schlimmer! Selbst für in der Wolle gefärbte Frankophile wirft diese esstechnische Köstlichkeit einen moralischen Schatten auf ihr »gelobtes Land«.

Als ich vor vielen, vielen Jahren diese fette Leber zum ersten Mal mit geschlossenen Augen aß, war ich entzückt, um nicht zu sagen wie entrückt, wobei auch der Geschmack der dazugehörigen roten Johannisbeer-Portweinsauce – mit einem Hauch Orangengeschmack, vielleicht sogar mit ein paar Zimt- und Nelkenanklängen – das Ganze zu einem unvergesslichen »Mouthfeeling« machte. Wenn ich eine Katze gewesen wäre, hätte ich ziemlich laut geschnurrt. Dieser Genuss widerfuhr mir – noch völlig unschuldig und ganz ohne schlechtes Gewissen – in einem der edlen Fresstempel, die sich ein Mensch mit normalem Gehalt schon damals in den Achtziger Jahren nicht leisten konnte. Man war also auf die Einladung von Leuten angewiesen, die sich so viel Sündiges gönnten. Das Schwärmen über diese herrliche Geschmacksexplosion am ansonsten an eher Bodenständiges gewöhnten Gaumen haben sich die meisten Menschen, denen solches Glück vergönnt war, aber schnell verkniffen. Ich auch. Die Beschimpfungen, mit dem Verzehr von solch einer widernatürlich zustande gekommenen »Lebensmittelperversion« der Tierquälerei Vorschub zu leisten, waren enorm und sehr nachdrücklich. Auch der Einwand, dass schon die alten Römer davon wussten, so hatte ich irgendwo gelesen, es sich also um keine neuzeitliche Dekadenz handelt, sondern um traditionelle Esskultur, half natürlich gar nichts. Foie gras-Gerichte auf Speisekarten überblättere ich deshalb noch heute. Wenn auch mit

großem Bedauern. Nein, das ist untertrieben: mit *sehr* großem Bedauern. Aber irgendwie habe ich den Verdacht, dass ich einem Gerücht aufgesessen bin. Ein guter Geflügelzüchter quält seine Tiere doch nicht, oder?

Den Stopfleber-Streit werden wir beide nicht schlichten können. Für die einen ist die Fabrikation von Foie gras Tierquälerei in Reinform, für die anderen bleibt das Produkt ein Hochgenuss. Schauen wir uns doch zuerst einfach mal an, was Foie gras überhaupt ist: Für unsere französischen Nachbarn ist sie das klassische Festtagsessen und besonders zur Zeit des Réveillon an Weihnachten und Neujahr nicht vom Tisch wegzudenken. Das Haupterzeugungsgebiet liegt heute zwischen Eymet und Dax, historisch gesehen kommt Foie gras aber von sehr weit her: Genauer gesagt aus dem Tal des Nils, wo alte ägyptische Fresken das Stopfen von Gänsen zeigen. Die alten Römer fütterten ihr Geflügel dann mit getrockneten und gemahlenen Feigen. Heute bevorzugt man Mais, der einst mit den Spaniern aus Südamerika kam und in der Region gut gedieh. Gänse werden dreimal täglich gestopft, Enten nur zweimal.

Auf alten Bildern kann man immer noch die Bauersfrau im blauen Kittel bewundern, die, mit der Gans zwischen den Knien auf einem niedrigen Hocker sitzend, eine Art Trichter in den Gänseschlund einführt, mit einem Holzstück den Maisbrei hineinstopft und anschließend mit einer »Halsmassage« das Futter besser rutschen lässt.

So wurde früher, bis in die 1930er Jahre, von Hand gestopft. Heute ist die Foie-gras-Industrie hochprofitabel: Allein der Marktführer macht fast eine halbe Milliarde Euro Umsatz mit seinen Geflügelprodukten. Im Rahmen der Profitmaximierung

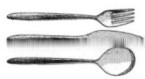

muss das Geflügel möglichst schnell möglichst viel Gewicht zulegen und soll dabei so wenig Arbeit wie möglich verursachen. Gestopft wird maschinell, die Gänse oder Enten hocken dabei in winzigen Käfigen, bekommen einen Schlauch in den Hals gezwungen und werden mit Futter buchstäblich vollgepumpt. Wer das einmal gesehen hat, kann diese Produktionsmethoden nur als Tierquälerei bezeichnen. Problematisch scheint mir auch die offizielle Position des Herstellerverbandes COFIG, der die absolute Harmlosigkeit des Stopfprozesses betont. Mal lässt die COFIG das Stresshormon Corticosteron in den Vögeln messen, um nachzuweisen, dass die Tiere dieses Stopfen gewissermaßen gelassen hinnehmen. Und INRA, ein nationales Institut, das sich mit agronomischer Forschung beschäftigt, veröffentlichte ein Gutachten, in dem es heißt, kein Indikator ließe darauf schließen, dass diese Operation, das Stopfen, Tierquälerei darstelle. Als zentrales Argument bringen die Wissenschaftler vor, dass Fettlebern sich bei Vögeln auf Normalmaß zurückbilden können. Ein Tier könnte sich also gewissermaßen selbst heilen, wenn, ja wenn es denn Gelegenheit dazu bekäme. Das klingt, höflich ausgedrückt, sehr zynisch. Tierschützer behaupten zudem, hierbei handele es sich um gekaufte Gutachten.

Leider wird gerade diese maschinell gestopfte Leber aus Industrieproduktion massenhaft nach Deutschland exportiert. Wenn Sie die kosten möchten, sollten Sie unbedingt das Etikett lesen. Da stellt sich nämlich zunächst die Frage, ob auch wirklich viel Geflügel in den vermeintlichen Geflügelprodukten ist. Gelegentlich helfen Hersteller mit Schweinefett nach, vermischen sogar Schweineleber mit Foie gras. Vereinzelt mussten sich die Gerichte auch bei renommierten Herstellern schon mit solchen Praktiken beschäftigen. Ist die Leber als »d'Oie« ge-

kennzeichnet, stammt sie von der Gans, als Foie gras de canard von der Ente. Sie wird cru (roh) oder mi-cuit (bei 80–90° leicht vorgegart) angeboten, eventuell vakuumiert in Folie verpackt. Guter Foie gras ist weiß-rosa bis blassgelb. Vorsicht bei zu harten, sehr grauen oder sehr roten Lebern. Die harten sind trocken, die roten könnten schlecht gekühlt worden sein. Auch von Lebern mit Hämatomen sollte man die Finger lassen. »Foie gras entier« ist eine ganze Leber, nur gewürzt. Gesetzlich kann sie trotzdem aus zwei Leberstücken von verschiedenen Tieren bestehen. Heißt ein Produkt hingegen nur »Foie gras«, kann es aus Leberstücken bestehen. »Blocs de foie gras« sind »zusammengesetzte«, gewürzte Leberzubereitungen, ein »Parfait de foie gras« basiert auf Basis von mindestens 75 Prozent Foie gras, der Rest muss magere Enten- oder Gänseleber sein. »Médaillon«, »Paté«, »Galantine« oder »Mousse« müssen 50 Prozent Foie gras enthalten, der Rest ist Farce, oft auf Basis von Schweinefleisch. Ein »morceau de lobe« meint ein mindestens 20 g schweres Foie gras-Stück, ein »morceau« ein mindestens 10 g schweres Foie gras-Stück.

Ehrlich gesagt klingt auch die Schweinefarce sehr nach dem unbedingten Willen, sich die Lebern vergolden zu lassen und neugierige Feinschmecker mit teuren Worten zu locken …

Im französischen Südwesten hingegen gibt es inzwischen eine Gegenbewegung, die sich freilich nicht mit den Großen der Branche anlegen möchte und schon deshalb keine PR betreibt: Diese Züchter gönnen ihren Gänsen und Enten viel Auslauf, halten die Vögel in Herden statt in Käfigen. Sie sind der Meinung, dass Geflügel »sanft« gestopft werden muss, denn gestresste oder misshandelte Enten und Gänse geben keine guten Lebern. Die Malaise rund um die Stopfleber scheint, wie so oft, in Profitgier und Massentierhaltung zu liegen.

Wer den französischen Südwesten besucht, kann sich vor Ort, aber auch nur dort, eine eigene Meinung bilden: Stellen Sie einfach die Frage, ob Sie das Geflügel sehen dürfen. Wird jetzt der Sicherheitsdienst gerufen, dann ist das, wieder höflich ausgedrückt, ein ganz schlechtes Zeichen. In einigen Betrieben öffnet sich jedoch die Tür, der Bauer wird Ihnen die Feinheiten der Herstellung erklären und natürlich die Tiere zeigen. Ich habe mehrere dieser Betriebe besichtigt: »Wir kaufen die Küken, wenn sie einen Tag alt sind«, erläuterte der Züchter bei »Darrigade«. »Dann wachsen sie hier auf unserer Wiese auf, 14 Wochen lang. Schließlich wird zwei Wochen lang mit Mais gestopft. Aber Foie gras ist nur ein Teil unserer Produktion.« Herr Darrigade stapelte Dosen auf einem Tischchen: Entenrillettes, Entenconfit, Ententerrinen, gefüllte Entenhälse, Pasteten, eingelegte Entenmägen (gésiers), Entenbrust gefüllt mit Foie gras oder mit grünem Pfeffer ... »Die Bauern sagen: ›Tout est bon dans le cochon‹ (Am Schwein ist alles gut). Bei uns gilt dasselbe für Geflügel. Nichts, absolut nichts wird weggeworfen.« »Und wo gibt es Gans?«, fragte ich. »Enten werden zwei Mal, Gänse müssen drei Mal täglich ernährt werden, sie sind empfindlicher. Nur wenige Höfe ziehen sie noch auf.« Auch bei Luxusessen versucht man zu sparen. Jedenfalls gilt: Ein guter Züchter misshandelt sein Geflügel nicht. Aber nicht alle Züchter sind gute Züchter.

Glasaale

Wahrscheinlich gibt es viele Menschen, die ein ähnlich gestörtes Verhältnis zu Aalen haben wie ich: Unauslöschlich ist mir die Pferdekopf-Szene aus der Grass'schen »Blechtrommel«-Verfilmung im Gedächtnis – und seitdem habe ich eine Schlucksperre bei Aal. Und ein anderes Erlebnis hat mir die Köstlichkeit der Glasaale im wahrsten Sinne des Wortes madig gemacht:

Als James Mitcheners Hippie-Roman »Die Kinder von Torremolinos« in deutscher Sprache erschien, veranstaltete der Verleger eine PR-Reise für Buchhändler und Journalisten nach Spanien. Als noch sehr junge PR-Chefin war ich mit an Bord. Der Verleger wollte seinen Gästen etwas Besonderes bieten und lud zum Glasaal-Essen, von dem er schon im Vorfeld schwärmte und erzählte, dass er bereits mehrmals um dieses kulinarischen Vergnügens willen auch privat an Spaniens Südküsten geflogen sei. Mir war – sowieso damals noch keine große Fischliebhaberin – etwas mulmig, und auch an einigen anderen Gesichtern konnte ich sehen, dass die Skepsis größer war als die Neugier auf das Unbekannte. Die kleinen durchsichtigen Babyaale wurden in einer großen Glasschüssel in der Mitte unseres runden Tisches abgestellt, und dann geschah mindestens 15 Minuten gar nichts. Die Konversation wurde immer schleppender, weil alle auf den Inhalt der riesigen Schüssel starrten – zappelte da noch was? Ich weiß es nicht mehr – und der Dinge harrten, die da nun kommen sollten. Schließlich ergriff der Gastgeber die Initiative und forderte uns auf, zuzugreifen. Wir schöpften also die durchsichtigen, rohen Winzlinge auf unsere Teller und wollten gerade die Gabeln zum Munde führen, als ein aufgeregter Kellner auf unseren Tisch zustürzte und uns in einem spanischen Wortschwall Einhalt gebot. Wenig später kamen Rechauds auf den Tisch, und es war klar, dass die armen kleinen »Würmer« frittiert werden sollten. Ich aber hatte genug, ich war – so wie mein Boss,

der angebliche Kenner – zuvor zu schnell gewesen, wollte wohl zeigen, wie tough, mutig und weltgewandt ich bin. Mir war nicht mehr nach Glasaalen. Auch nicht frittiert. Wie die rohen schmecken, kann ich nicht sagen, ich habe sie mit Todesverachtung und ohne Einsatz meiner Zähne hinuntergewürgt – Hauptsache, sie waren weg. Da gibt es wohl eine Geschmackserfahrung nachzuholen?

Ja! Die Feinschmecker der Region Bordeaux und ganz Spaniens hoffen inständig, dass der Anblick dieser weißen, wurmähnlichen Tiere uns ausreichend abschreckt, um auf eine Kostprobe zu verzichten. Mit Olivenöl und Knoblauch gebraten sind diese Tierchen ein Hochgenuss. Es können dazu auch noch etwas Chilipulver oder baskische Guindillas (eingelegte grüne Chilischoten) in die Pfanne wandern.

Glasaale sind nichts anderes als »Babyaale«, die eine kuriose Geschichte haben: Die Aallarven lassen sich vom Golfstrom 6000 Kilometer treiben. Gut ein Jahr brauchen sie für die Reise nach Europa. Ihr Instinkt gibt ihnen vor, jetzt einen Flusslauf zu finden, um im Süßwasser neuen Lebensraum zu finden. Selbst kleinere Schleusen und Wasserfälle können sie dabei überwinden. Erwachsene Aale, so heißt es, können sogar kilometerweit über feuchten Boden »schlängeln«, um sich in Seen niederzulassen. Der fast geschlechtsreife Aal macht sich fünf bis 20 Jahre später auf die Rückreise, über Flüsse ins Meer und dann bis hin zur Sargassosee südlich der Bermudas. Nach erfolgter Reproduktion sterben die Elterntiere.

So steht es in jedem Lehrbuch seit Johannes Schmidt, einem dänischen Ichtylogen, der die Aalwanderungen hin zum und zurück vom maritimen Kreißsaal 1922 erstmals erforschte. Und am Anfang steht ebenjener Glasaal, der nach seiner Wanderung in den Ästuaren Europas landet.

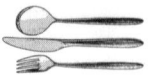

Glasaale heißen auf Französisch pibales oder civelles und auf Spanisch angulas. Die Bezeichnung gilt den jungen Tieren, die gerade an Europas Ufer drängen. Zwischen November und April werden sie im Ästuar, der Flussmündung der Gironde, gefangen. Dieser Fang unterliegt strengen Auflagen: Einige Fischer dürfen mit spezieller Lizenz an begrenzten Uferarealen die Glasaale mit einem Netz von weniger als 50 cm Durchmesser fangen. Profis dürfen mit einem Boot ausrücken: So ein Aalfischerboot muss kürzer als acht Meter sein und darf maximal mit 100 PS betrieben werden. Zwei Netze von maximal 1,2 Meter Durchmesser filtern das Wasser nach Jungaalen. Diese Art des Fangs gilt als besonders produktiv und ist deshalb umstritten. Selbst der Aal, früher ein Allerweltsfisch – siehe »Blechtrommel« –, ist inzwischen eine bedrohte Spezies. Und gerade die als Delikatesse bei uns verspeisten Jungaale fehlen natürlich später beim nächsten Fortpflanzungszyklus in der Sargassosee.

Bei Kilopreisen um 200 bis 300 Euro (es kann auch wesentlich mehr sein) kommt es zudem oft zu Wilderei. Zum Vergleich: Mitte der 1970er Jahre kostete ein Kilo civelles gerade mal 20 Euro. Zehn Jahre später waren es etwa 30 Euro, dann, wieder zehn Jahre später, kam der erste große Preissprung: Gut 100 Euro zahlten Großhändler für ein Kilo der fast transparenten Aale Mitte der 1990er Jahre. Im Restaurant waren sie entsprechend kostspieliger. Die Nachfrage steigt mit dem versiegenden Angebot – so ist es ja immer.

Selbst im Lough Neagh, Europas größtem Fischereigebiet für wilde (erwachsene) Aale, sind die Fischer besorgt. Dort bezog man Glasaale seit Mitte der 1980er Jahre aus dem Severn Ästuar in Großbritanniens Südwesten. Doch seit kurzem finden sich im Severn keine Jungaale mehr ein. Zwei Ton-

nen importierte Jungaale aus Frankreich retteten die Saison 2010.

Sicher, der Fisch gedeiht auch in Aquakultur – nur pflanzt er sich dort in der Regel nicht fort. Erste Zuchterfolge bei den Larven gab es schon. Andererseits weiß man über die komplexen Lebenszyklen des Aals und die Fortpflanzung in der Ferne nicht wesentlich mehr als im Jahr 1922. Neben Überfischung stehen Parasiten, Bakterien, Veränderungen in Wassertemperatur und Klima oder Veränderungen in der Nahrungskette als Ursachen für den Rückgang der Glasaale in der Diskussion. Im Rahmen des europäischen Projektes »Eeliad« bemühen sich derzeit Forscher aus sechs Ländern darum, dem Aal seine Geheimnisse zu entreißen, um ihn – falls überhaupt noch möglich – zu retten: Wo genau in der Saragassosee paaren sich die Aale? In welcher Wassertiefe und bei welcher Temperatur? »Eeliad« vertraut u. a. auf Satellitenortung der Fische.

Die hohen Preise von Glasaalen ziehen zudem Food-Fälscher an: In Spanien existieren Pseudo-Glasaale, die einfach aus gepresstem Surimi bestehen, einer entaromatisierten Pampe aus zu grätenreichen oder für den Verzehr ungeeigneten Fischen. Sie werden grau bemalt und sogar mit einem schwarzen Auge versehen, damit ahnungslose »Feinschmecker« diese Fälschung für echte Angulas halten. Ich jedenfalls esse lieber eine gute Bachforelle als ein mieses Angula-Substitut.

Granatapfel

Diese Frucht kannte ich, lange bevor ich sie zum ersten Mal real gesehen habe. Sie spielt eine große Rolle als religiöses Symbol und als Zeichen der Fruchtbarkeit. Deshalb ist sie auf vielen Gemälden zu sehen. Granada trägt die Frucht im Stadtwappen. Außerdem wurde sie zum Färben von Textilien, zum Beispiel der Wolle von Perserteppichen, verwendet. In meiner Kindheit bezeichnete man ein starkes Rot als »granatenrot«, in meinen Ohren klang das jedenfalls so, und ich wunderte mich immer, wieso man eine so schöne Farbe von einer Waffe ableitet. Später wurde mir klar, dass mich die falsche Phonetik fehlgeleitet hat.

Mehr weiß ich über diesen seltsamen Apfel – der sicher keiner ist, stimmt's? – nicht. Ich hab noch nie Granatapfelkerne gegessen – dafür den Saft des weichen Gelees, der sie umgibt, ganz bestimmt schon in diversen Cocktails getrunken, zum Beispiel im »Tequila Sunrise«. Grenadine, der Granatapfelsirup, ist angeblich ein Lieblingskind von Barkeepern, weil man mit ihm so schöne Roteffekte im Glas erzeugen kann.

Diese Frucht sieht wirklich fantastisch aus: Im milchweißen Inneren schimmern Hunderte halbtransparente, blitzrote Granatapfelsamen. Ihr Farbstoff ist so intensiv, dass sie Teppichen dieses tiefe Rot geben können. Und auch die Waffe namens Granate kommt wohl vom Faktum, dass diese runde Frucht in der Hand regelrecht zerplatzen kann, wenn sie sehr reif ist.

Nur um Missverständnisse auszuschließen: Gegessen werden die kleinen roten Samenkerne, nicht der Granatapfel als ganzer. Momentan finden wir in Europa häufig die ursprünglich spanische Sorte »Gordo de Jativa« mit einem Durchschnittsgewicht von 325 Gramm, relativ feiner Haut und etwas säuerlichem Saft. Falls Sie Granatäpfel kaufen, bevorzugen Sie

große, schwere Früchte mit matt schimmernder Haut ohne braune Stellen. Ihre Außenfarbe ist tiefdunkelrot bis braun. Und klopft man auf die Frucht, sollte sie, falls sie wirklich reif ist, einen fast metallischen Ton von sich geben.

In ihren Ursprungsländern »massiert« man die Frucht mit Daumen und Fingern vor dem Öffnen, dabei zerplatzen die Kerne, der Saft kann danach direkt aus der Frucht getrunken werden – eine natürliche Alternative zum Softdrink aus der Dose und zudem mit hohem Gehalt an Vitamin C. Zur Dekoration etwas farbloser Gerichte ist der Granatapfel wie geschaffen, egal, ob zu Reis, zur Lammschulter, zur Ente, zu Mascarpone oder Gambas.

Niemand hat den Abkömmling des Punica granatum, eines Mitglieds der Familie der Weiderichgewächse, so gut erforscht wie Gregory Moiseyevich Levin, der in 40 Jahren Arbeit in den Kopet Dag Bergen Turkmenistans ganze 1117 Varianten des Granatapfels aus 27 Ländern sammelte. Nach dem Zusammenbruch der Sowjetunion blieb die staatliche Finanzierung des Projektes aus – die turkmenische Regierung ließ Levins Garten Eden planieren. Lange bevor er 2002 nach Israel auswanderte, beschrieb er in seinen Memoiren seine Zeit als »Indiana Jones des Granatapfels«, als er selbst wild wachsende Arten zusammentrug, sich dabei vor Schlangen hüten musste und sogar Höhlen erkundete. Und natürlich legt ein Mann mit solch einer Vergangenheit nicht einfach die Hände in den Schoß und lässt sein Lebenswerk platt walzen. Levin rettete viele Granatapfel-Arten, indem er sie an botanische Institute – darunter die israelische Ben Gurion Universität und die amerikanische University of California – versandte. Gut 90 von Levins Granatäpfeln gedeihen dort noch immer, im »Wolfskill Experimental Orchard«.

Fachleute schwärmen von den Aromen der teils recht großen Früchte mit Namen wie Parfyanka, Sirenevyi, Kunduzski und Sakerdze, die irgendwann auch unsere Tische bereichern könnten – dann wahrscheinlich mit eingängigen Namen, die sich die Marketingabteilung eines Früchtegrossisten ausgedacht hat.

Grouse (Moorschneehuhn)

Das Moorschneehuhn, das ich in meinem Buch der Vogelarten gesehen habe, sieht ein bisschen so aus wie der ausgestopfte Auerhahn, den mein Großvater besaß. Als Kind bewunderte ich den prachtvollen Vogel an der Wand und natürlich auch meinen Großvater, der ein großer Jäger war – wovon auch die beiden Hirschgeweihe zeugten, die links und rechts vom radschlagend präparierten Auerhahn platziert waren. Großmutter erzählte mir, dass das Auerhuhn dieselbe Lieblingsspeise hätte wie ich: Heidelbeeren. Echte natürlich, muss man heute wohl betonen, denn das weißfleischige, nachgezüchtete Beerenzeug, das inzwischen in den Supermärkten angeboten wird, verdient ja diesen Namen nicht. Es als schlechte Kopie zu bezeichnen wäre sogar noch zu viel der Ehre.

Vom Moorhuhn habe ich das erste Mal gehört, als das gleichnamige Computerspiel auftauchte. Übrigens schon zu einer Zeit, als ich noch immer nicht wusste, wie man diesen elektronischen Zauberkasten, ohne den wir heute alle nicht mehr sein könnten, bedient. Inzwischen ist das Moorhuhn-Spiel wahrscheinlich genauso out of time wie das Tamagotchi oder Rubik's Cube, der bunte Drehwürfel. Dass das Moorhuhn wohlschmeckend ist, macht mich allerdings neugierig. Es dürfte dann wohl nicht so trocken und faserig sein, wie die Fasane, die ich als Kind gegessen und in Erinnerung habe? Wahrscheinlich waren

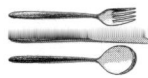
die aber nur nicht richtig gespickt oder einfach zu lange in der Bratröhre. Mein Vater hat immer vor den Schrotkörnern im Fasanenbraten gewarnt, weil er sich einmal eine Plombe daran ausgebissen hat.

Das Moorschneehuhn ist noch echtes Wildgeflügel aus Schottland. Lagopus lagopus scoticus heißt es mit vollem Namen. Wenn am »Glorious Twelfth«, dem 12. August, die Jagdsaison beginnt, treffen sich in den Highlands die Jäger. Einem gewissen Lord Walsingham wird nachgesagt, er hätte am 30. August 1888 nicht weniger als 1070 Grouses erlegt. Englische Jäger erwähnen heute noch mit Ehrfurcht in der Stimme, dass er dafür lediglich 1550 Kartuschen benötigte und 40 davon für Signalschüsse, die also nicht Vögeln bestimmt waren, verbraucht hat. Das war weit schwieriger als beim »Moorhuhn« aus dem Computerspiel: Zum einen hat die Grouse keine Glupschaugen. Zum anderen ist ihr Gefieder braun gescheckt, sie tarnt sich also hervorragend. Und drittens ist sie nicht dumm: Die Grouse fliegt schnell und schafft es sogar, Jagdhunde im Tiefflug über Wildbäche abzuhängen. Nicht selten müssen die Jäger ihr von hinten »nachschießen«.

Grouses schmecken dermaßen wild, dass ihr Fleisch nach Ende der Jagdsaison ein wenig penetrant riecht. Zu Anfang der Saison hat sie aber noch einen delikaten Beigeschmack nach Unterholz, nach Heidekraut, Heidelbeeren und Wacholderbeeren der Highlands, die auf ihrem Speiseplan stehen. Und je mehr Wildkräuter die Grouse frisst, desto kräftiger wird ihr Fleisch. Das ergibt, zumindest während der ersten beiden Drittel der Saison, einen umwerfenden Geschmack, und so eine Grouse riecht außerdem wie eine Mischung aus Wald und Geflügel. Ich habe sie immer nur im Restaurant bestellt. Meist wurde sie gegrillt oder schmurgelte im Schmortopf. Serviert

wird sie »saignant«, also noch blutrot im Innern. Dazu gab es Selleriepüree. Oder Steinpilze. Oder Toasts mit einer Creme aus der Leber der Grouse.

Mir schmeckt am besten die Brust, manchmal sind die Keulen nämlich ein wenig bitter. Das gilt besonders für den unteren Teil. Junges Geflügel – man erkennt es angeblich an einer weißen Feder am Flügel und einem hellroten Flecken im Augenwinkel – sind wesentlich zarter als alte Vögel und beim Esser deshalb beliebter.

Und noch etwas kann ich bestätigen: Die Angst um die Plomben ist beim Genuss von Grouses voll und ganz berechtigt.

Harissa

In meiner Volontariatszeit musste ich Tag für Tag für die Kollegen mittags Brotzeit oder Snacks besorgen. Der Personalchef verlangte oft nach Peperonischoten – aus heutiger Sicht, ausgestattet mit einiger Lebenserfahrung, meiner Meinung nach genau das richtige Gemüse für diesen Beruf –, die ich von zu Hause her nicht kannte. Als er das mitbekam, animierte er mich recht hinterhältig, in eine davon zu beißen. Diesen Schärfeschock habe ich bis heute nicht überwunden und mache seitdem um alles Scharfe einen großen Bogen – nur nicht um den Meerrettich, der ist eine Ausnahme.

Harissa-Paste habe ich noch nie gegessen, aber wenn ich mir so vor Augen führe, was darin enthalten ist, denke ich automatisch an die Feuerwehr. Allein der Chilianteil würde auf meiner Zunge Großbrände auslösen. Irgendwie scheinen die Geschmacksknospen der Nordafrikaner anders gebaut zu sein als die unseren bzw. zumindest meine. Harissa scheint für die Menschen dort eine Allerweltswürze zu sein,

so wie für uns früher Maggie, nur aus »natürlicheren« Zutaten. Man gibt es wohl zu fast allen Speisen und sogar als Brotaufstrich zum Frühstück scheint es zu munden.

Was hat es nur mit dieser Feuerpaste auf sich und wie wird sie gemacht?

Harissa habe ich in Tunesien, Marokko und Frankreich gegessen. In Frankreich hat sie den beschriebenen Großbrand auf der Zunge ausgelöst und mir die Tränen in die Augen getrieben – das war eine trockene Variante mit ganz, ganz viel Chili. Besonders in Tunesien wurde sie teilweise wie Marmelade aufs Brot geschmiert. Kann man diese Mischung aus frischen Chilischoten, Knoblauch, Salz und Olivenöl sowie manchmal weiteren Gewürzen wie Koriandersamen und Kreuzkümmel tatsächlich pur kosten? Natürlich, schon weil es nicht nur eine Harissa gibt. Der Name ist mehr eine Gattungsbezeichnung für zahlreiche Hausrezepte.

Zwei Varianten davon will ich kurz vorstellen. Für die erste Variante brauchen wir 2 Kilo süße bzw. milde Paprikaschoten, 100 g frische, scharfe Peperoni, 5 große Knoblauchzehen, Salz und Olivenöl. Paprika und Peperoni mit Wasser bedecken, ordentlich erhitzen, nach zehn Minuten Kochen beiseitestellen. Knoblauch schälen und eine Minute in kochendem Wasser blanchieren. Stängel der Paprika und Peperoni entfernen, vierteln, Kerne entfernen, im Sieb gut abtropfen lassen.

Im Mörser zu einer cremigen Paste zerstampfen, mit Salz abschmecken und durchrühren. In eine Schale füllen. Haltbar ist diese Harissa mit einer ordentlichen Schicht Olivenöl obendrauf.

Nun kann man die Harissa jedoch auch mit 2 Kilo getrockneten, milden Paprikaschoten und 200 Gramm getrockneten Peperoni sowie 5 Knoblauchzehen herstellen. Stängel abschnei-

den, Paprika und Peperoni halbieren, Kerne entfernen. Knoblauch häuten, abspülen, gut trocknen lassen. Alle Zutaten müssen sehr trocken sein, denn Feuchtigkeit ist der große Feind dieser Harissa. Im Mörser wird sie fein zerstampft, es wird eine Spur Olivenöl benötigt, um sie haltbar zu machen. Das sind nur zwei von vielen Rezepten, dazu können wie gesagt Kreuzkümmel und Koriander und weitere Gewürze kommen.

Das Resultat passt als Würze zu Lamm, Huhn, Fisch oder vegetarischen Gerichten, zudem kann man sie in vielen Rezepten als »Scharfmacher« einsetzen.

Der Status als Nationalgericht Tunesiens ist relativ neu. Zwar kamen die scharfen Schoten schon im 16. Jahrhundert mit den Spaniern nach Tunesien, allerdings wurden die Anbauflächen erst im 20. Jahrhundert gründlich erweitert.

Die führende Harissa-Marke in Europas Supermärkten, »Phare du Cap Bon«, erhältlich in Tuben und Dosen, wird seit 1946 hergestellt. Angeblich beruht die Mischung der SCAPCB (Société des conserves alimentaires des producteurs du Cap-Bon – Gesellschaft für Nahrungskonserven der Produzenten von Cap Bon) auf einem Großmutterrezept mit roten Paprika, Knoblauch, Kreuzkümmel und Salz.

Hase und Wildkaninchen

Dem armen Meister Lampe wurde kürzlich – rein zoologisch – die Ehre gerettet: Er wird seit Neuestem offenbar nicht mehr zu den Nagetieren gezählt, ist demnach ganz offiziell nicht mehr mit Ratten, Mäusen & Co verwandt, sondern hat eine eigene Arten-Namen-Schublade bekommen: Er zählt zur Familie der Hasenartigen. Das ist

schön für ihn. Sonst hat er wenig Freuden zu genießen: Allein die Tatsache, dass sein süßes Abbild aus übrig gebliebenen Weihnachtsmännern zum Schoko-Osterhasen umgegossen wird, ist ein respektloser Akt. Dass man ihm unterstellt, feige und ängstlich zu sein, entspricht sicher nicht den Tatsachen. Und ist zudem widersprüchlich: Einerseits ist ein »Hasenfuß« eben ein »Angsthase«, andererseits soll eine Hasenpfote Glück bringen. Und früher soll sie sogar – in der Hosentasche getragen – benutzt worden sein, um stramme Männlichkeit vorzutäuschen.

Hasenbraten scheint jedoch etwas aus der Mode gekommen zu sein, man findet das Löffeltier selten auf Speisekarten. Ich habe lange Zeit kein Fleisch von einem »hasenartigen« Tier mehr gegessen, erinnere mich jedoch an köstliche Ragouts und an ein besonders würziges, aber dennoch mildes Fleisch – dem Kalb nicht unähnlich, aber eben individueller. Aber eines muss ich unbedingt bei dieser Gelegenheit endlich erfahren: In alten Geschichten hieß es, wenn man Pferden Hasenleber unter den Schweif steckt, liefen sie schneller, ja könnten sogar vor Temperament durchgehen. Was hat es damit auf sich?

Hasenleber kenne ich nur gebraten oder gegrillt, nicht aber an Pferdehinterteilen. Hase ist eigentlich Jagdwild, auch wenn die heimischen Bestände stark geschrumpft sind. Echte Kenner unter den Jägern können selbst beim Blick auf eine Auslage beim Wildhändler erkennen, aus welcher Gegend der Hase stammt: Nahrung und Klima wirken sich nämlich auf den Pelz aus. Der Jurist Jean Anthelme Brillat-Savarin (1755–1826) hat das in seiner »Physiologie des Geschmacks« folgendermaßen beschrieben: »Der Werth des Wildpretes hängt auch größtenteils von der Natur des Bodens ab, wo es sich nährt. Der Geschmack eines rothen Rebhuhnes von Périgord ist ein anderer, als derjenige eines rothen Rebhuhnes von der Sologne; ein Hase, der in

den ebenen Umgebungen von Paris geschossen wurde, ist eine ziemlich unbedeutende Schüssel ...«

Das Universalkochbuch »Ali Bab, praktische Gastronomie«, eine Art »Weltkochbuch«, erschienen Anfang des 20. Jahrhunderts aus der Feder des weit gereisten Minen-Ingenieurs Henri Babinski, äußert sich auf seinen gut 1280 Seiten auch zum Hasen: »Die besten Wildhasen sind solche, die sich von aromatischen Kräutern wie Thymian und Feldthymian ernähren. Der Hase darf nicht abgehangen werden, solche, die zum Grillen bestimmt sind, sollten jung sein ...«

Wie immer bei Fleisch und Geflügel schmeckt das weibliche Tier besser als das zähere, festere männliche. Je heller das Fleisch ausfällt, desto jünger ist das Tier, rote bis rotschwarze Farbe deutet buchstäblich auf einen »alten Hasen« hin. Gefragt sind Tiere im Alter von drei bis acht Monaten. Der junge Hase ist zarter, eignet sich wie gesagt als Braten, der alte zum Marinieren oder als Ragout. Im November und Dezember fallen die Hasen besonders fett aus. Ob der Löffelträger mit dem kalbsartigen Geschmack nicht vielleicht ein Wildkaninchen war? Es gibt ausgesprochen »wild« und kräftig schmeckende Hasen. Und jede Menge Rezepte dazu: Mariniert und gespickt am Spieß gebraten, als Ragout mit Speck. Vielleicht das berühmteste ist der »königliche Hase«, den es in Frankreich in vielen besseren Restaurants gibt. Zwei Varianten davon haben sich durchgesetzt: »Lièvre à la royale nach Art des Senator Couteaux« wird stundenlang in gutem Rotwein geschmort und mit einer Sauce aus seinem Blut serviert. Paul Bocuse hat die verschiedenen Arbeitsschritte mal in seinem Rezept in einen Zeitrahmen von sechseinhalb Stunden dargestellt und empfiehlt als Kochwein einen mindestens fünf Jahre alten Chambertin.

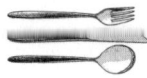

»Mit Foie gras und Trüffeln gefüllter königlicher Hase«
klingt köstlich, fällt aber in der Praxis meist so füllig-schwer
aus, dass sich die meisten Gäste nach dem Essen selbst wie eine
Stopfgans fühlen.

Wem es jetzt bei der Vorstellung eines mit Gewehren gejag-
ten Löffelträgers graut, der sollte bedenken, dass die weitaus
meisten Jäger nicht wild drauflosballern, sondern durchaus
verantwortungsvoll agieren. Besonders Schwarz- und Rotwild
kann sich mangels natürlicher Feinde schnell ausbreiten und in
Weinbergen und auf Äckern beträchtliche Schäden anrichten.
In Westeuropa wird auch zur Vermeidung solcher Wildschäden
gejagt. Selbst in der »Deutschen Jagdzeitung« erörtern Autoren
die Frage, wie den durch Flurbereinigung arg mitgenommenen
Beständen von Hase und Rebhuhn aufgeholfen werden kann.
Und nicht wenige Jäger würden auf den Hasen freiwillig eine
Zeit lang verzichten, damit er sich wieder ordentlich vermeh-
ren kann.

Haselnüsse

Haselnüsse sind irgendwie »altmodisch« – und eine schöne Kind-
heitserinnerung. Man kennt sie vielleicht noch aus der amerikanischen
Version des Aschenputtel-Märchens, aber in der modernen Küche
spielen sie im Gegensatz zu früher keine große Rolle mehr. In den
zahlreichen TV-Küchenshows werden für exotische Gerichte andau-
ernd irgendwelche Nüsse angeröstet. Solche, die von weither kommen – Haselnüsse sind da nie dabei. Und da es den weihnachtlichen
Hausfrauen-Wettstreit um die besten Vanillekipferl auch nicht mehr
gibt, scheint die letzte Haselnussbastion gefallen. Warum selber ma-

chen, wenn man diese Weihnachtsfreude doch fertig kaufen kann? Ach, es ist schon traurig!

Die Vanillekipferl meiner Mutter und meiner Tante werden für immer unvergessen sein – unerreicht sowieso! Das Haselnussreiben war eine von uns Kindern sehr ernst genommene Aufgabe, den elektrischen Zerkleinerer gab es damals noch nicht. Und dann war da auch noch die herrliche Haselnusscreme, die sich mit dem Schokoladenpudding – nicht aus der Packung! – als Dessert ablöste. In meinem Geburtsort gab es eine Konditorei, die für ihre Haselnusscremeschnitten über die Stadtgrenzen hinaus berühmt war. Selbst Leute, die weit weg wohnten, in anderen Bundesländern sogar, kamen mindestens einmal im Jahr, um mit dieser Köstlichkeit ihre Heimatgefühle kulinarisch aufzufrischen. Und keiner verließ die Stadt ohne eine große Kuchenschachtel, gefüllt mit Haselnusscremeschnitten für die Daheimgebliebenen, die schon sehnsüchtig des süßen Mitbringsels harrten. Haselnuss-Feeling ist in jeder Variante großartig. Gibt es ein Haselnuss-Geheimnis irgendwo? Da fahr ich sofort hin!

Ja dann: Auf geht's nach Italien! Ganz leise klingelt jetzt ein Werbeslogan in meinem Hinterkopf: »Nichts geht über die Piemont-Nüsse.« Dann habe ich mich erinnert, dass die Werbung immer die mir bis heute unbekannte Piemont-Kirsche rühmte. Da haben wohl Popkultur und Faktenwissen eine unselige Allianz gebildet. Aber es stimmt: Nichts geht über Piemont-Nüsse. Die dortig heimische Sorte »Tonda gentile delle Langhe«, auch »Runde aus dem Piemont« genannt, überragt ihre Artgenossen geschmacklich wie der Kirchturm des Duomo San Lorenzo in Alba die Häuser der 31 000 Bewohner des Städtchens. Hier in Alba nahm an einem schönen Tag im Jahre 1946 ein gewisser Pietro Ferrero (1898–1949) die lokalen Ha-

selnüsse in beide Hände, um, so inspiriert, eine neue Nuss-Nougat-Creme zu erfinden. Pietro arbeitete als Zuckerbäcker und Chocolatier, doch Schokolade war im Nachkriegs-Italien ein knappes Gut. Was liegt da näher, als Kakaobohnen durch Haselnüsse zu ersetzen, die rund um Alba in Hülle und Fülle wachsen? »Giandujot« hieß das fertige Produkt aus Haselnüssen, Milch und ein wenig Kakao. Es sah wie ein Brotlaib in Alufolie aus und wurde in Scheiben geschnitten. Mit Bruder Giovanni arbeitet Pietro dann an einer cremigeren Version. Und die hieß natürlich: »Supercrema«, erkennbar am roten Deckel und am goldenen Etikett. Dank Supercrema konnte Pietro angeblich sein Team von fünf Angestellten auf 995 Mitarbeiter aufstocken – und das innerhalb von gerade mal drei Jahren. Freilich gab es da noch ein italienisches Gesetz, das Wörtchen wie »super« in Lebensmittelnamen untersagte. So wurde 1964 aus Supercrema die heute bekannte Nutella. Mit Blick auf den internationalen Markt schielte Familie Ferrero bei der Taufe auf das englische »Nut« statt auf das italienische »Tonda« oder den Begriff »Gianduja« (Nougat). Das Beispiel Nutella zeigt, wie eng Handwerkskunst und industrielle Fertigung beieinanderliegen können. Pietro Ferrero senior war mit ziemlicher Sicherheit nur von der guten Absicht getrieben, ein leckeres und erschwingliches Produkt zu schaffen, schließlich waren seine Erzeugnisse zu Supercrema-Zeiten etwa sechs Mal günstiger als eine vergleichbare Menge Schokolade. Und: Er nutzte damals die besten Haselnüsse, die auf dem Markt zu haben waren.

Eine weitere italienische Sorte könnte freilich ebenfalls Anspruch auf den Haselnuss-Thron erheben : Die Tonda Romana aus dem Norden Roms schmeckt exzellent, jedoch sind die Bäume in der Pflege ein wenig anspruchsvoller. Oft wird sie in

Pralinémassen verwendet. Schließlich gibt es auch noch die recht große Tonda di Giffoni aus der Umgebung von Neapel, elfenbeinfarben und besonders aromatisch.

Noch vor Italien ist allerdings die Türkei das wichtigste Exportland von Haselnüssen. Dort wächst u. a. eine kleine, aromatische Sorte namens »Tombul«. Aus Spanien kommt die »Négret«, eine sehr feste, dichte Haselnuss, die vielen industriellen Schokoerzeugnissen zugefügt wird. Nicht ganz auf dem hohen Niveau der Konkurrenz sind die Früchte der französischen Haselnussbauern. Viele hatten sich zum Pflanzen der amerikanischen Sorte Ennis überreden lassen. Die ergibt dicke Nüsse, allerdings von mäßigem Geschmack. Zwischen anderen, geschmacklich hochwertigeren Sorten empfahl die schon erwähnte INRA, das »Nationale Institut für agronomischer Forschung«, die hauseigene Sorte »Corabel«. INRA-Unterlagen zeugen von einem gewissen Zynismus, mit dem solche Institute unsere moderne Nahrungsmittelwelt beglücken und beeinflussen: Große Früchte wie die Ennis sind demnach für den häuslichen Tisch geeignet, während die Sorten Pauetet und Segorbe, die bei Fachleuten für besseren Geschmack stehen, künftig »für die Herstellung von Haselnüssen für die Industrie« dienen sollten. So etwas erstaunt mich nicht mehr wirklich, schließlich hat die INRA seit Jahren auch die Verbreitung der extrem zusatzstoffreichen »Molekularküche« nach Kräften unterstützt – natürlich mit Steuergeld. Inzwischen geben auch INRA-Mitarbeiter zu, dass Haselnüsse aus anderen Ländern schlicht und einfach über mehr Aroma verfügen, als die französischen.

Bezüglich der Molekularküche warte ich auf dieses Eingeständnis noch, auch wenn die klare Interessenlage der chemischen Industrie, die natürlich mehr Zusatzstoffe absetzen

möchte, samt deren Verbindungen diesbezüglich nicht mit Hoffnung erfüllt.

»Altmodisch« finde ich Haselnüsse überhaupt nicht, schließlich wurden mir in jüngster Zeit mehrfach Fisch und Kalb in Haselnusskruste serviert. Mit pudrig fein geriebenen Nüssen schmeckte jedes dieser Gerichte nach mehr.

Heidelbeeren

Sie waren – neben Walderdbeeren und Pilzen – häufigster Anlass dafür, dass in meiner Kindheit die ganz Familie mit alten Milchkannen und anderen Henkelgefäßen ausrückte. Nach erfolgreicher Beerensuche kamen wir alle mit blauen Händen – die kleinen Geschwister mit schwarz verschmierten Kindermäulchen – zurück. Der größte Teil der Beeren blieb in Mutters Gewahrsam und harrte der Saft- und Marmeladeverarbeitung. Wir aber, nicht ganz so nachhaltig orientiert, warteten am Tisch, das Besteck erwartungsvoll in der Hand, auf etwas anderes: auf die frisch gebackenen Heidelbeer-»Datschis«, die aus Pfannkuchenteig gemacht und mit Puderzucker überstreut serviert wurden. Ein Festmahl. Lang, lang ist's her.

Als ich dieses Kindheitsfestessen vor ein paar Jahren wiederholen wollte, erlebte ich eine herbe Enttäuschung: Die Heidelbeeren, die ich im Supermarkt entdeckt und natürlich sofort erstanden habe, waren viel größer als ich sie in Erinnerung hatte. Das hätte mich eigentlich schon warnen müssen. Und sie waren innen weiß, mit einem Geschmack, der dieser Farbe entsprach. Warum dürfen die eigentlich auch »Heidelbeeren« heißen, obwohl sie doch mit dem unvergleichlichen Aroma der wild wachsenden Heidelbeere so gar nichts mehr zu tun haben? Seitdem weiß ich: Alles ist heute möglich, auch diese

wunderbaren Blaubeeren kann man offenbar inzwischen züchten. Nur wozu? Sie haben keine Ähnlichkeit mit dem Original, aber auch nicht die Geringste.

Mutter hat die professionellen Sammler, die mit einem Stahlrechen in die niedrigwüchsigen Stauden fuhren, um die Beeren zu ernten, immer verachtet (»Die reißen durch dieses Verfahren zu viele Blätter mit ab und verletzen die Pflanze!«), aber selbst diese Hauruck-Methode war den Lebensmittelerzeugern scheint's zu viel Arbeit. Es musste um jeden Preis eine schlechte Kopie her. Und wir Irren kaufen sie auch noch.

Diese Kopie ist die Kulturheidelbeere. Es gibt rund 100 Neuzüchtungen, die in großem Maßstab in Chile, Argentinien und den USA wachsen, aber auch in Spanien, Polen, Neuseeland oder Australien angebaut werden. Oft werden sie immerhin noch von Hand geerntet, auch wenn in den USA und Kanada die »over-the-row-machines« (Erntemaschinen, die über die Sträucher hinwegfahren) Beeren herunterschütteln oder abstreifen. Unreife Beeren werden gleich mitgesammelt, und zuweilen beschädigen solche Maschinen die Früchte.

Gerade an den Kulturheidelbeeren wird deutlich, dass beim Essen heute die Optik zählt, nicht der Geschmack – egal, ob im Handel oder im Restaurant. Kulturheidelbeeren sehen aus, als hätte ein Designer die prallen, vollfleischigen Früchtchen entworfen. Einfach perfekt! Und dann dieses weiße Fruchtfleisch – was für ein schöner farblicher Kontrast. Nur ist diese Zuchtware extrem aromaarm und hat mit wahren, wild wachsenden Heidelbeeren nichts gemeinsam.

Heidelbeeren, auch Blaubeeren genannt, müssen wild gepflückt werden. Sonst schmecken sie nicht wie sie selbst. Solche Beeren sind durchgehend blau, höchstens halb so groß wie die

Zuchtpflanzen und inzwischen äußerst selten geworden. Manchmal findet man sie noch im Juli/August. Der ultimative Luxus ist dann eine hausgemachte Konfitüre von selbst gepflückten, wilden Heidelbeeren. Natürlich mit Fruchtstücken.

Hering (fetter Hering)

Der Hering scheint wieder in Mode gekommen zu sein. In meiner Kinderzeit war er »nichts Besonderes«, eine Art Notfall-Essen: Der Rollmops diente den Erwachsenen entweder zur Bekämpfung von Alkoholnachwirkungen oder er befriedigte Schwangerschaftsgelüste, ähnlich der sauren Gurke, als Bestandteil von Labskaus war er mir sowieso ein Graus (norddeutsche Leser mögen mir verzeihen, aber Hering und Rote Bete, das ist für einen Gebirgler eine unvorstellbare Mischung) und in der Fischsemmel auf dem Münchner Oktoberfest soll er wieder dem Alkoholkonsum dienlich sein, diesmal nicht nachwirkend, sondern vorbeugend. Allerdings erinnere ich mich, einmal eine solche Fischsemmel auf der Wiesn mit Hochgenuss verspeist zu haben – was ich aber nach einer Maß Bier als eine Art beschwipste Geschmacksverirrung verbucht habe. Immer Alkohol im Spiel – wo bleibt denn da das Begehrliche, das den Luxus-Genuss kennzeichnet?

Dass es fetten Hering gibt, setzt ja voraus, dass auch eine magere Variante existiert. Was hat es denn damit auf sich? Der Hering wird doch hoffentlich nicht auch schon gezüchtet, also industrialisiert sein?

Noch ist der Hering günstig und recht leicht zu fangen. Sein Gewicht und die Fettfrage hängen einfach mit der Laichzeit zusammen. Vom Januar bis mindestens März ist er mager und

»leer«, ein trister Schatten seiner selbst, zumindest geschmacklich gesehen. Im »Viandier« aus dem 14. Jahrhundert empfiehlt
der Koch Guillaume Tirel, genannt Taillevent, den Verjus, Saft
unreifer Trauben, zum »Harens«. Alexandre Dumas hingegen
rät in seinem Lexikon der Küche für den November zu »milchigen Heringen«: »Die gewöhnliche Methode, sie zuzubereiten, ist gegrillt, mit einer Buttersauce, verschärft mit feinem
Senf.« Später erklärt er, der »frische Hering« sei »ein exzellenter Fisch, um den man viel Aufhebens machen würde, wenn er
teuer und rar wäre; man muss ihn mit roten Kiemen, glänzenden Schuppen und rundem Bauch wählen.«

Der Heringsfreund mit den »Drei Musketieren« erzählt,
dass »der Heringsfang der wichtigste von allen sei« und
800 000 Menschen Arbeit gäbe, dass »Salzheringe von großer
Nützlichkeit für die Arbeiter und die Armen sind« und dass die
Engländer während der Karwoche raue Mengen davon nach
Italien verkaufen würden. Er empfiehlt frischen Hering in Senfsauce oder mit Fenchel, Hering als Matrosentopf mit Pilzen
und Knoblauch und diverse saure Heringe. All diese Tipps sind
heute noch nützlich.

So ein Hering kann sogar ein Heiliger sein: Es gibt ein französisches Gedicht aus dem 15. Jahrhundert zum Ruhme des
Saint Harenc. Er kann Adelstitel erwerben, schließlich gibt es
im Englischen einen »King of Herrings« (der mit unserem Hering nicht identisch ist und den Riemenfisch *Regalecus glesne*
bezeichnet). Und er kann Gold wert sein, zumindest diente er
eine Zeit lang nicht nur niederländischen Seeleuten als Wäh-
rung.

Neben frischem Hering mag ich besonders den Matjes, das
Original aus den Niederlanden, auch Hollandse nieuwe genannt. Ein gewisser Willem Beukelszoon soll um 1380 die Me-

thode erfunden haben, Hering mit Salz im Holzfass zu konservieren. Beukelszoons Trick war ausgeklügelt, nicht nur für die damalige Zeit: Er ließ beim Ausnehmen die Bauchspeicheldrüse im Fisch. Deren Enzyme fermentieren das Heringsfleisch und machen es noch zarter – das ist die Reifung.

Heute gelten für so einen Hollandse nieuwe allerlei Vorschriften, angefangen bei der Verkaufstemperatur, die 7° betragen sollte. Der Matjes muss von Mitte Mai bis Ende Juni gefangen worden sein. Damit ist er weder richtig mager noch ausgesprochen fett. Außerdem heißt er ja maatjesharing, also maagdenharing und damit Jungfrauenhering: Die Weibchen tragen beim Fang keine Eier. Tatsächlich liegt sein Fettgehalt bei 16 bis 25 Prozent – Letztere sind begehrter und werden von einem von mir besonders geschätzten Kollegen immer als »die kleinen Fettbomben« bezeichnet. Weil in Fischen wie dem Hering ein verdammt unangenehmes Wurmtier namens Anisakis lauert, das sich auch sehr gern im menschlichen Körper entwickelt, muss das Wirtstier aus Sicherheitsgründen 24 Stunden tiefgefroren werden. Exit Anisakis, jetzt darf aufgetischt werden. Holländer packen den Matjes kurzerhand am Schwanz und lassen ihn Stück für Stück in den Mund gleiten. Wieder einmal hat der gute Dumas recht gehabt: Über diesen Fisch würde mehr Aufhebens gemacht, wenn er teurer und rarer wäre. Denn nur das ist immer noch vielfach die Definition der »Delikatesse« – ein Glück für den Heringsfreund.

Huhn (Bresse-Huhn)

In meiner österreichischen Kindheit war Huhn ein traditionelles Sonntagsessen. Allein die Erinnerung an »Steirisches Backhendl« – also paniert wie ein Wiener Schnitzel – oder an Mamas berühmtes Paprikahuhn, in einer köstlichen Paprika-Rahmsauce, in der man mit höchster Lust Kartoffeln zermantschen durfte, lässt mir das Wasser im Mund zusammenlaufen.

Jahrzehntelang kamen diese Köstlichkeiten nicht mehr auf meinen Tisch – zu viel Arbeit für gestresste Berufstätige. Und in meiner neuen bayerischen Heimat kannte man diese typisch österreichischen Köstlichkeiten nicht. Deshalb waren sie auch in Restaurants und Wirtshäusern nicht zu bekommen. Als ich mich wieder fürs Selberkochen zu interessieren begann, weil ich bemerkt hatte, dass es auch außerhalb von Büro und Karriere ein gutes Leben gibt, das durchaus mit lustvoller Ernährung zu tun hat, wurde ich durch einen TV-Bericht geschockt: Er zeigte, wie »übrig gebliebene« Tiefkühlhühnchen um den Globus gekarrt und verschifft werden, immer wieder halb aufgetaut und umgepackt. Widerlich und zum Grausen. Ob die Supermarktkunden wohl wussten, dass man sie dadurch zu Aasfressern degradierte? Das hat mir jede Lust auf Huhn wieder verdorben.

Bis mein Liebster im Internet ein Rezept für ein »Zitronenhuhn« fand. Was für ein herrliches Gericht! Allerdings hieß es da: »Kaufen Sie dafür ein Huhn-Huhn!« Ein Huhn-Huhn? Inzwischen wissen wir, was damit gemeint ist, und bestellen beim Feinkostladen Mais-Hühner. Es wäre gut, ein bisschen mehr über gesundes Hühnerfleisch zu wissen. Ich bin ganz begierig darauf.

O je, die Hühnerzucht! Mit den Hühnern zu Bett gehen will heute ernsthaft keiner mehr. Dann müssten wir nämlich auf weniger als einem Blatt Papier schlafen.

Ich habe auch so meine Zweifel am Geflügelbusiness, seit vor 15 Jahren vor mir mal ein Herr aus dem fernen Amerika den Meeresfluten entstieg und mich, die Badehose zurechtrückend, schwungvoll begrüßte: »Hi. I'm Bill. I'm in the chicken wing business. 80 000 bucks a year.« Bill war also im »Hühnerflügelgeschäft«, bekam dafür 80 000 Dollar jährlich, was vor 15 Jahren noch weit mehr als heute war, und hatte, wie sich bald herausstellte, keine Ahnung, was mit den Hühnerteilen passierte, die keine Flügel waren. Der »Stern«-Redakteur Bert Gamerschlag hat die angebliche Zartheit des Batteriehuhns einmal demonstriert, indem er eines dieser traurigen Exemplare vor laufenden Kameras mit bloßen Händen regelrecht zerriss. Mit einem muskulösen Mistkratzer aus Freilandhaltung gelang ihm das nicht.

Ein Batteriehuhn kann keine Muskeln entwickeln, weil es nicht laufen darf. Ernährt wird es mit tristem Brei oder Fischmehlen, was sich in einem Geschmack nach Brackwasser oder altem Karpfen niederschlägt. Dafür ist ein Batteriehuhn schön billig.

Liegt Geflügel erst einmal verpackt unter Plastikhüllen im Supermarkt, dann ist schwer zu erkennen, ob es letztendlich wirklich schmecken wird: Je nach Ernährung und Rasse wird die Haut der Hühnchen maisgelb, zartrosa oder cremefarben schimmern. Ein Qualitätszeichen ist das noch nicht. Ist die Hühnerbrust oben eher spitz als gerundet, sticht also das Brustbein hervor, wurde das Tier falsch ernährt und wird auch auf dem Teller weniger Vergnügen bereiten. Matte Haut und hervorstehende Fettkugeln sind ebenfalls keine guten Zeichen. Falls Sie unbedingt einzelne Hühnerbrüste oder -keulen erwerben möchten, sollte das Fleisch nicht unangenehm riechen und nicht an den Fingern kleben.

Das ist, zugegeben, Schadensbegrenzung und schützt nicht vor dem Erwerb des geschilderten Batteriehuhns. Also, wo finden wir denn jetzt das Huhn-Huhn?

Geflügelhändler und seriöse Züchter nahmen früher die Tiere direkt vor den Kunden aus: Das war eine optimale Gelegenheit, anhand von Füßen, Schnabel oder der Größe des Magens auch etwas über das Leben des Huhns zu erfahren: Käfighühner haben nun mal keine Krallen, und Geflügel, das täglich mit Brei gestopft wird, entwickelt keinen großen, kräftigen Magen. Verfügt das Tier beim Geflügelhändler noch über Krallen, stammt es sicher aus Freilandhaltung. Batteriehühnern werden die Krallen nämlich geschnitten, damit sie sich nicht gegenseitig verletzen. Ein anderes Qualitätszeichen: Wird ein Zwei-Kilo-Huhn ausgenommen, zeigt die Größe des Magens, wie es gelebt hat: Ist er haselnussgroß, handelt es sich wieder um ein Batteriehuhn, das nur mit Brei auf sein Gewicht hochgemästet wurde. Ein Magen von der Größe zweier Haselnüsse für ein Huhn von 1,5 bis 1,7 Kilo ist genau richtig. Je mehr das Tier frisst, desto größer entwickelt sich halt der Magen. Falls möglich, sollte man beim Geflügelhändler ein gerade von seinen Innereien befreites, frisches Huhn kaufen und innerhalb eines Tages zubereiten. Ist das Hühnchen erst mal ausgeweidet, verliert es schnell ein wenig an Geschmack.

Als inoffizielle »Hühnerkönige« gilt das Geflügel aus der französischen Bresse. Bleu blanc rouge wie Frankreichs Nationalfarben ist es, das echte Bresse-Huhn. Blaue Füße, weißes Gefieder, roter Kamm. Bresse-Geflügel darf, wie der Name schon sagt, nur in der Bresse, einer 100 km langen und 40 km breiten Region im Nordosten von Lyon aufgezogen werden, verfügt über eine kontrollierte »Erzeugerabfüllung« (AOC – Appellation d'origine controlée) wie edler Wein und führt ein

komfortables Leben: 10 m² müssen pro Huhn für artgerechten Auslauf zur Verfügung stehen, das Tricolore-Huhn frisst dabei Wiesenkräuter, Mais und Buchweizen. Wahrscheinlich landen seine Flügel auch nicht im Chicken Wing Business, aber wer weiß das heute schon so genau?

Große Köche servieren meist Tiere vom Züchter Miéral aus Bourg-en-Bresse, der als besonders qualitätsbewusst und zuverlässig gilt. Neun Wochen lang genießen die Bresse-Hühner ihren Auslauf.

Anschließend wird im Käfig nachgefüttert: ein bis zwei Wochen für die Hühner. In der Bresse wird später als anderswo geschlachtet: Hühner werden fünfzehn bis sechzehn Wochen alt. Bresse-Geflügel ist muskulöser als seine Artgenossen aus Käfighaltung und kann deshalb beim ersten Ansetzen des Messers schon mal zäh wirken. Dafür strotzt gutes Bresse-Geflügel nur so vor Wohlgeschmack; das Fleisch der Hühner, Poularden und Kapaune ist nämlich von feinem Fett durchzogen. Und, nun ja, es schmeckt nach Huhn. Nach Huhn-Huhn.

Rund 1,3 Millionen Federtiere verlassen pro Jahr die 500 Farmen der Bresse – das klingt nach viel, ist aber extrem wenig, wenn man die großen Schlachtfabriken der Batteriehühner zum Vergleich heranzieht. Wer am dritten Samstag im Dezember in Bourg-en-Bresse vorbeischaut, kann das Geflügelspektakel live erleben: Dann werden in den Messehallen der Stadt die schönsten Kapaune, Poularden und Hühner gekrönt.

Leider ist das Bresse-Geflügel ein teures Vergnügen. Ich hege ein bisschen den Verdacht, der Wohlgeschmack der Bresse stammt weniger von der Rasse, als vielmehr von den Lebensumständen. Die beste Alternative zum »Knastgeflügel« sind dann auch Hähnchen aus Freilandhaltung, die während ihrer 81 bis 121 Tage Lebensdauer mit Kräutern und Cerealien er-

nährt wurden. Sie schmecken kräftiger, ihr Fleisch hat eine festere Konsistenz und, ganz allgemein ausgedrückt, mehr Charakter. Mit etwas Glück finden Sie einen Züchter solcher »Huhn-Hühner« auch in Ihrer Nachbarschaft.

Hummer (blauer Hummer)

Wer nicht mit Hummer aufgewachsen ist, und das sind unter uns wohl die wenigsten, bekommt beim ersten Mal, wenn das Tier serviert wird, einen Heidenschreck. Mir ging es jedenfalls so. Statt des üblichen Bestecks lagen da eine Art Nussknacker und ein Gäbelchen mit Dreispitz, als würde sich ein zwergenhafter Neptun gleich mit an den Tisch setzen. Nun hat es mir immer schon geholfen, zu schauen, was andere in gleicher Lage tun – und wie. Trotzdem mache ich um das wohlschmeckende Tier immer noch lieber einen großen Bogen – ich hab einfach Angst davor, mich ungeschickt anzustellen und danebenzunehmen. Das englische Wort – Lobster, stimmt's? – gefällt mir ausnehmend gut. Es klingt sympathisch, schmeichelt im Ohr und erinnert mich irgendwie an romantische Hollywoodfilme: Ich sehe Paare vor mir, die an rot karierten Tischdecken in einfachen Fischrestaurants mit Lampions sitzen – waren das vielleicht Rock Hudson und …?

Dass man die armen Tiere bei lebendigem Leib in kochendes Wasser wirft, schmälert meine Genussfreude zudem. Wobei mir neulich jemand erzählte, dass man das dem schönen, urzeitlich aussehenden Meereswesen, das sich in seiner Qual rot färbt, auch ersparen kann: Viele Fischhändler erlösen es angeblich mit einem Genickstich – allerdings muss es dann sofort in den Topf mit kochendem Wasser und schnell auf den Tisch. Von blauem Hummer habe ich noch nie gehört. Färbt der sich blau statt rot?

Rot oder blau, das ist hier die Frage. Die rote Variante stammt aus kanadischen Gewässern, der blaue europäische Hummer ist vom Polarkreis über England bis zu Marokkos Küsten zu Hause: Schwer bewaffnet mit zwei Riesenscheren schleppt er sich krustenrasselnd durchs Meer. Die Kanadier sind Zuchttiere. Der Blaue hingegen muss gefangen werden. Das ist nicht ganz einfach. Täglich legt jeder Hummerfischer mehrere Hundert Kisten, versenkt in ein bis zwanzig Meter Tiefe, mit Stücken von Rossmakrele und Knurrhahn aus. Jeweils zwanzig davon sind an einer Leine befestigt. Das ist der leichte Teil. Schwierig ist, die Kisten auch wieder an Bord der Fischerboote zu holen. Keine Boje markiert die »Hummerleinen«, die Fischer müssen sich auf ihren Orientierungssinn verlassen. Der Fang fällt heutzutage spärlich aus. Viele der europäischen Fischer fangen sechs Mal weniger Krustentiere als noch vor zwanzig Jahren. In besonders warmen Jahren wie 2003 sind es noch weniger. Sind die Tiere erst einmal gefangen, werden sie in einem Becken auf Nulldiät gesetzt. Das hat einen guten Grund: Wer einmal versucht hat, frisch gefangenen Hummer zu grillen oder zu pochieren, wird sich an die Duftnote des Köders erinnern.

Als Lohn der Fischermühe gilt das Urteil der Feinschmecker: Sie finden den blauen europäischen Hummer fester und wohlschmeckender. Und, ja, erst beim Kochen verfärbt sich der blauschwarze Panzer zum vertrauten Rot. »Verglichen mit dem Kanadier verhält er sich wie ein Fasan zu einem Hühnchen«, hat mir mal ein Händler anvertraut. Daneben gibt es natürlich noch den Maine-Lobster aus den USA, der, vor Ort genossen, dem Europäer in nichts nachsteht. Allerdings ist er in unseren Breiten kaum erhältlich.

Der Fasan-Hühnchen-Vergleich geht nicht daneben, tatsächlich handelt es sich um zwei verschiedene Produkte, die unter-

schiedlich behandelt werden müssen. Der Kanadier verträgt das Grillen nicht so gut wie sein europäischer Artgenosse. Gart man ihn zu stark, wird er kautschukartig. Wird er hingegen in einer Bouillon pochiert, kann auch dieser Hummer fantastisch schmecken. Ein Aufenthalt im Kühlschrank ist keiner Hummerart zuträglich – da geht schnell die Hälfte des Geschmacks verloren.

Alexandre Dumas empfiehlt in seinem »Wörterbuch der Küche« ein Rezept, das ich unbedingt einmal ausprobieren möchte. Dabei wird das Krustentier am Spieß gegrillt, zuerst mit Butter und Champagner und danach mit dem Bratensaft übergossen. Der wiederum wird schließlich gewürzt und mit Pomeranzensaft gemischt. Klingt das nicht lecker?

Köche müssen ihr Tellertier lebend kaufen, auch das meinte schon Dumas: Zangen, Augen, Beine, Antennen sollten sich lebhaft bewegen – nur daran sieht man, dass der Hummer wirklich frisch ist. Stumpfe Augen, Beine und Antennen zeigen, dass der Krustenkriecher auf dem Weg von der Küste zum Fischhändler ordentlich gelitten hat. Experten schwören auf Hummer zwischen 800 Gramm und 1,2 Kilo und verwenden wenn möglich Weibchen.

Das Geschlecht der Tiere kann man durchaus erkennen, ohne Zoologe zu sein: Hummermänner haben einen eher runden Leib und eine ihrer Scheren ist besonders kräftig entwickelt. Weibliche Tiere hingegen verfügen über gleich große Scheren und einen nach unten breit auslaufenden Leib. Während die kleineren Exemplare feiner und zarter schmecken, fallen ihre größeren Artgenossen wilder und kräftiger aus. Doch größer ist nicht immer besser: Riesenhummer sind stets alte Tiere, ihr Fleisch schmeckt oft faserig. Hummer als Weihnachtsessen ist ein weitverbreitetes Missverständnis: Am besten

schmeckt er im Juni und Juli. Später wird er nicht nur rarer, sondern kann auch innerhalb seines Krustenpanzers an Gewicht verlieren.

Wer einen solchen lebenden Hummer hat, der wird ihn töten müssen. (Ich möchte an dieser Stelle empfindliche Leser ausdrücklich dazu einladen, das Kapitel zu wechseln und vielleicht zu Steinpilzen oder Morcheln zu springen, die, soweit bekannt, keinen Schmerz empfinden.)

Die weitaus meisten Menschen haben mit dem Töten von Tieren kein Problem. Sie essen sie täglich, als Burger, Steaks, Koteletts. Nur achten wir gerade in Deutschland darauf, dass uns im fertigen »Produkt« – allein schon dieses Wort! – nichts an tote Tiere erinnert. Der Kalbskopf mit Petersilie in den Ohren, den man in Südeuropa noch in Metzgerauslagen findet – bei uns ist der inzwischen längst undenkbar.

Das Hummer-Dilemma entsteht, weil Küchenchef oder Hobbykoch – also im Zweifel wir selbst – das Tier im eigenen Zuhause töten müssen und diese Aufgabe nicht delegieren können. Da werden auch viele Menschen, die den Tag mit zwei Wurstbroten beginnen, vom Gewissen gebeutelt. Grob eingeteilt gibt es zwei »Schulen« des Hummergarens: Kochtopf oder Messer. Einige Köche werfen ihn in kaltes Wasser und bringen es langsam zum Kochen. Frösche sollen diese Temperaturzunahme nicht spüren. Aber Frösche sind Amphibien, keine Krustentiere. Andere werfen ihn drei Minuten in kochendes Wasser, ein Vorgang, der in manchen Küchenkreisen »kardinalisieren« genannt wird. Andere rammen ihm ein Messer zwischen die Augen oder trennen ihn der Länge nach auf. Der amerikanische Autor David Foster Wallace hat in seinem brillanten Text »consider the lobster« starke Zweifel angemeldet, ob dieser Messerschlag den Krustentieren wirklich Schmerzen

erspart: Das Nervensystem eines Hummers ähnelt dem unseren überhaupt nicht. Grob gesagt sind rund um den Hummerleib Ganglien, Nervenknoten, verteilt, die Schmerz mitteilen können. Durch den Schnitt wird nur der vordere Knoten eliminiert.

Rund um das schlechte Gewissen entstehen ganze Geschäftszweige. So bot die Rewe-Gruppe 2010 das neue Produkt »High Pressure Lobster« an. Der »Hochdruck-Hummer« sei eine »Animal welfare Initiative«, die mit »artgerechter Tötung« und, natürlich, »neuen kreativen Möglichkeit« wirbt. Ein High Pressure Lobster von Rewe wird sozusagen durch Überdruck aus dem Krustenkleid gezwungen. Ob dies eine »artgerechte Tötung« ist, können die betroffenen Tiere nicht mitteilen. Die Spezies Mensch jedenfalls braucht so nicht im eigenen Heim bei der Tötung Hand anzulegen.

Eine Unsitte ist für mich auch das Halten von Hummern in Vivarien im Restaurant: Kann sich jemand vorstellen, dass der Oberkellner mit einem Käfig voller lebender Häschen und Kaninchen durch den Saal streift und die Esser fragt, welches sie denn jetzt gerne serviert hätten?

Werden die Tiere in diesen kleinen Aquarien nicht richtig ernährt, magern sie unter ihrem Panzer deutlich ab. Schlechtes oder zu salziges Wasser stresst sie. Wie lange die Krustentiere schon im Aquarium ruhen, kann man ihnen oft ansehen: Europäische Hummer sind Kannibalen und knabbern mit Vorliebe die Antennen ihrer Artgenossen an. Letztere waren beim Fang so lang wie der Leib. Sind die Antennen bis auf einen Zentimeter »weggefressen« wartet der Hummer schon sehr lange im Restaurant auf Kundschaft und hat definitiv gelitten – auch im Geschmack.

Jakobsmuschel

Meine frühere Austernphobie hat sich auch auf andere Muschelarten übertragen, und im Fall der Jakobsmuschel hab ich sie noch immer nicht überwunden. Mein kochender Mann hält mir regelmäßig vor, was mir da für ein Genuss entgeht. Wahrscheinlich hege ich dem orangeroten Corail gegenüber Misstrauen, obwohl gerade das ein besonderer Leckerbissen sein soll?

Bis ich so weit bin, erfreue ich mich an den Legenden und wahren Geschichten, die mit dieser Muschel zusammenhängen. Dass sie das Erkennungszeichen der Pilger auf dem Jakobsweg war und voller Stolz am Hut getragen wurde, dass die Pilger mit ihnen Wasser geschöpft und sie als Trinkgefäße benutzt haben und dass jeder, der nach Bewältigung dieser Pilgerreise nach Santiago de Compostela mit einer solche Muschel zurückkam, großes Ansehen in seiner Gemeinde genoss – wie es ja auch Hape Kerkeling nach Erscheinen seines Buches »Ich bin dann mal weg« ging.

Aber ich weiß, zu lange darf ich nicht mehr zögern, mich der Jakobsmuschel kulinarisch wenigstens einmal im Leben zu nähern – bevor ihr Ölfirmen endgültig den Lebensraum durch Meeresverschmutzung entziehen.

Die Ölfirmen berufen sich ja auch gern auf die Jakobsmuschel. Denken wir doch statt an Hape Kerkeling mal an »Shell«. Corail hingegen stört viele Esser. Geschlechtsorgane von Muscheltieren, isst man so etwas? Aber er ist schnell abgetrennt und kann obendrein zur Bindung von Fischsaucen dienen. Was bleibt, ist ein leckerer, ganz leicht süßlich schmeckender »Meeresmuskel«.

Früher, da war das Muschelkaufen noch einfach. Aus den kalten Wassern des Atlantiks kamen die Jakobsmuscheln in

ihrer Schale auf den Markt. Für den Kauf gibt es untrügliche Frischezeichen: Normalerweise sollte die Muschel geschlossen sein, hat sie sich geöffnet, klopft man leicht mit den Fingerspitzen auf den Deckel. Schließt sie sich prompt, dann ist sie frisch. Schließlich ist eine Jakobsmuschel sozusagen ein lebender Muskel. Rund sieben Kilo ganze Muscheln muss man erstehen, um zu Hause ein Kilo verzehrbares Jakobsmuschelfleisch auf dem Teller zu haben. Das Öffnen und Auslösen fällt dem Fischhändler zu. Wenn man auf eine frisch geöffnete Jakobsmuschel eine Prise Salz streut, sollte sie sich noch zusammenziehen.

Diese Muscheln der Gattung Pecten maximus wurden von Oktober bis Mai in Schottland, Irland und Frankreich gefangen. Der Fang der französischen Jakobsmuscheln ist streng reglementiert. Rund 11 cm Durchmesser ist für die Muscheln aus den Ärmelkanal vorgeschrieben, 10,2 cm sind es für den westlichen Ärmelkanal und die anderen Vorkommen. Zwei bzw. drei Jahre braucht so eine Pecten maximus, um zu voller Reife zu kommen. Wird sie nicht geerntet, kann die Muschel angeblich sogar 20 Jahre alt werden. Besonders ergiebig ist der Fang in der Bucht von Saint-Brieuc; im Winter schmücken die besten Restaurants ihre Karten mit »Saint Jacques« aus Erquy. Soweit die althergebrachte Jakobsmuschel-Romantik.

Wer hingegen die ausgelösten Muscheln kauft, der sieht ihnen Frische, Alter und Herkunft nicht an. Sie können tiefgefroren sein oder aus ganz anderen Gegenden der Welt stammen. Meist sind das kleine Muscheln der Gattung Placopecten magellanicus oder Chlamys islandica aus Kanada und Neuengland. Andere stammen aus Australien, Chile, viele wurden in Asien gefangen oder gezüchtet (Patinopecten yessoensis). Bereits 2005 gingen 80 Prozent der weltweit gefangenen Pecten-Muscheln in China an Land.

Über Fertiggerichte und Tiefkühlware kommen diese Muscheltiere auch zu uns. Einkäufer von Tiefkühlware kennen neben der Gattung weitere Fachbegriffe: »Dry Pack« zum Beispiel. Simpel ausgedrückt heißt das »ohne Beigaben aus der Chemiefabrik«. Tiefgefrorene Meeresfrüchte – bei weitem nicht nur Jakobsmuscheln – werden oft mit Phosphaten, besonders Sodium Tripolyphosphaten (STP), behandelt. Und natürlich erzählt uns die chemische Industrie, wie sicher und ungefährlich diese Zugabe für unseren Körper ist. Ganz bestimmt brandgefährlich ist sie jedoch für unser Portemonnaie. Ein wenig STP erhält die Feuchtigkeit in Meeresfrüchten. Ein wenig mehr sorgt dafür, dass sie sich mit Wasser vollsaugen. Bis zu 25 Prozent Gewichtszunahme sind dadurch möglich. Niemand muss ein großer Rechner sein, um zu wissen, dass Wasser günstiger als Jakobsmuschel ist. In den USA wurde deshalb ein Höchstwert von 80 Prozent für den Anteil von Feuchtigkeit am Gesamtgewicht der Muscheln festgelegt. Alle anderen sind »Jakobsmuschelprodukte mit Wasserzugabe«. Die Farbe verrät solche Praktiken manchmal: Mit STP traktierte Jakobsmuscheln können (aber müssen nicht) weiß wie Stärke sein, während ihr natürlicher Farbton eher elfenbeinfarben ist. Außerdem kann beim Auftauen eine milchig wirkende Flüssigkeit aussickern.

Inzwischen werden solche »Dry Packs« auch nach Europa exportiert. Beim Großhändler war das Kilo »American Dry« im Dezember 2010 gut drei Euro günstiger als einheimische Ware. Wegen dieser Ersparnis wird die Tiefkühlware auch in Restaurants mit gutem Ruf serviert. Und es geht noch günstiger: Jakobsmuscheln aus chilenischer Aquakultur sind im Großhandel gut 13 Euro pro Kilo günstiger als europäische Ware. Aber im Restaurant fragt ja niemand nach der Herkunft der Muscheltiere.

Fieser Dummenfang sind auch Muschel-Imitate aus Surimi, einer entaromatisierten und in Form gepressten Fischpampe. Letztere zumindest kann jeder mit bloßen Augen vom Original unterscheiden: Meist sind sie kreisrund, der orangene Corail ist nur »aufgemalt«, und die Konsistenz entspricht eher profaner Zuckerwatte als dem schmackhaften Meeres-Muskel.

Kabeljau/Skrei

Mit diesem Meeresbewohner habe ich zeitlebens gleich mehrere Probleme gehabt. Zunächst ist er daran schuld, dass ich bis zu meinem dreißigsten Lebensjahr keinen Fisch mehr gegessen habe: Meine Mutter fütterte mich als Kind mit Fischstäbchen (»Kabeljau ist gesund!«), und weil ich deren Geschmack nicht mochte, nahm sie mich auf den Schoß und hielt mich schraubstockartig fest. Ich wurde also quasi einmal die Woche mit diesen langweiligen Fischstäbchen »zwangsernährt« – mit dem Ergebnis, dass natürlich jedes Mal alles wieder hochkam und Terroralarm herrschte. Außerdem war es damals üblich, jüngeren Kindern vom Arzt verschriebene Wurmkuren zu verpassen. Und die funktionierten nur mit Lebertran. Dieser Löffel voll Lebertran war für mich der Ekel schlechthin. Allein die Vorstellung treibt mir noch heute den Angstschweiß auf die Stirn. Das alles brachte ich, so verkehrt es auch war, immer mit Kabeljau in Verbindung.

Als Erwachsene, an der Seite von Menschen, deren Geschmack ich vertraute, näherte ich mich Schritt für Schritt den Köstlichkeiten, die aus dem Wasser kommen, wieder an. Nur der Kabeljau hat es nicht geschafft, sich bei mir beliebt zu machen: Bei einem Spaziergang in Lissabon kamen wir durch eine Hafengasse, in der für meinen Geschmack ein bestialischer Gestank herrschte. Ich wurde darüber auf-

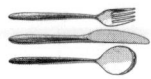

geklärt, dass der vom Stockfisch, Bacalhau genannt, käme. Dieser getrocknete Kabeljau hing wie Tabakblätter gebündelt vor allen Läden und war der Geruchsübeltäter. Man konnte mir fortan über die köstlichen Gerichte, die die portugiesischen Hausfrauen aus dem gewässerten Trockenfisch angeblich zaubern, erzählen, was man wollte – ich verschloss meine Ohren genauso wie meine Nase. Und was wurde beim Rückflug in der Maschine nach München serviert? Bacalhao. Um mir Kabeljau schmackhaft zu machen, müssten ihn mir Engelszungen preisen. Aber vielleicht würde es ja schon genügen, wenn ich den Burschen mal in frischer Form kennenlernen würde?

Nun konnte ich als Kind nie genug Fischstäbchen bekommen, und die bestanden damals halt aus Kabeljau. Für mich war er der alltäglichste Meeresbewohner überhaupt. Später, im Restaurant, wurde er mir für teures Geld als rare Delikatesse angeboten. Ein Luxusfisch, serviert in dicken Filets. Dann lernte ich, dass der Kabeljau, auch Dorsch genannt, seit Jahren lokal im Bestand bedroht ist. Der WWF sagt, »alle Kabeljaubestände im Nordatlantik mit Ausnahme der Nordost-Arktis und östlich Ostsee« gelten als »überfischt oder in unbekanntem Zustand. Die am stärksten dezimierten Bestände sind die in den keltischen Meeren, der Färöer Bank und im Kattegat.« Inzwischen wird Kabeljau in Norwegen gezüchtet, ein Geschäft, das freilich als wenig lukrativ gilt. Einige Zuchtbetriebe fangen wilde Fische, um sie nach der Saison quasi aus dem Bassin verkaufen zu können.

Von der Alltagskost zum Luxusfisch direkt auf die Liste gefährdeter Arten, und das alles in meinem bisschen bisheriger Lebenszeit – das gibt mir schwer zu denken. Dabei muss es diesen Fisch früher in rauen Mengen gegeben haben: »Man hat ausgerechnet, dass es nur drei Jahre bräuchte, damit das Meer

gefüllt wäre und man den Atlantik trockenen Fußes auf dem Rücken der Dorsche überqueren könnte«, sagt das »Wörterbuch der Küche« aus der Feder von Alexandre Dumas (1870), »falls kein Unfall das Schlüpfen der Eier verhinderte und wenn jeder Kabeljau zu seiner Größe heranreifte.« Dumas erzählt auch, dass zum Fangen der gefräßigen Fische jeder Köder taugt, »die flämischen Fischer verwenden besonders Frösche, die Basken Anchovis und Sardinen, die Fischer von Boulogne Heringe, Makrelen und sogar Regenwürmer. In Irland nutzt man Muscheln, in Holland Stücke vom Neunauge.«

Wie man den Kabeljau Fisch-Abstinenzlern schmackhaft machen kann? Nun, zuerst brauchen wir einen hervorragenden Kabeljau. Seine Trockenform, der Stockfisch, würde den Erst-Esser nicht begeistern. Er will stundenlang gewässert werden, das Wasser muss ständig ausgetauscht werden etc. etc. Kabeljau ist ein fragiler Fisch, bei dem man besonders auf Frische achten sollte. Ein glänzender Leib zeugt von Qualität, außerdem sollten die kleinen »Bärte« in den Mundwinkeln schön starr sein. Das feste Fleisch präsentiert sich in klarem Weiß. Besonders guter Kabeljau geht den Fischern von Januar bis Mai ins Netz. Er muss unbedingt frisch sein: Sein Aroma leidet schon, wenn er länger als einen Tag im Kühlschrank ruht.

Besser noch schmeckt der Skrei aus Norwegen: Das ist ein laichreifer, ausgewachsener Kabeljau, der von der Barentssee zu den Lofoten schwimmt. Fünf Jahre sind diese Fische alt und wiegen zwischen drei und fünf Kilo. Das Fleisch so eines Skreis schimmert wirklich schneeweiß. In Norwegen wird der Fisch gern pochiert, man kann ihn jedoch auch im Dampf garen oder braten.

Alexandre Dumas empfahl unter anderem »panierten Kabeljau«, mariniert mit Salz, Pfeffer, Petersilie, Schalotten, Knob-

lauch, Thymian, Lorbeer, Schnittlauch und Basilikum, dem Saft zweier Zitronen und geschmolzener Butter. Beim »Kabeljau nach Art von Hamburg« sollten die Franzosen dem deutschen Vorbild nachkochen und ihr Tellertier mit sechs Dutzend Austern und einer Béchamel, zu der auch das Austernwasser gehört, panieren und mit einer buttrigen Hummersauce servieren. In seiner italienischen Variante wird er mit Anchovis und Merlan gefüllt, mit Brotkrumen und Parmesan überhäuft und mit Weißwein angefeuchtet. Zumindest die beiden letzten Rezepte klingen so wuchtig und mächtig, dass man hier um das feine Aroma des Kabeljaus ernsthaft fürchten muss.

In der Küche des Spitzenrestaurants »Le Louis XV.-Alain Ducasse« in Monaco gibt es hingegen oft besonders naturbelassenen Kabeljau: Dazu werden dicke Scheiben aus einem Fisch von nicht weniger als sechs Kilo zuerst fünf Minuten in Kokosmilch und Zitronensaft mariniert, dann mit Olivenöl kurz angebraten, gepfeffert und gesalzen. Dazu gibt es »Rougail«, eine curryartige Würzmischung aus Réunion, hier in der Cuisine-Version mit roten Zwiebeln, Knoblauchzehen, eingemachten Tomaten, reifer und grüner Mango, Chili, Tomatensaft und Olivenöl. Allein daran zu denken, macht spontan Lust auf Fisch.

Kaktusfeige

Sie ist ein wenig umständlich zu essen, weil man sie pellen muss wie eine Weißwurst, damit sich einem die haarfeinen Stacheln nicht überall in die Haut bohren. Zudem habe ich beim ersten Probieren wohl eine unreife Kakteenfeige erwischt – sie war ziemlich sauer. Auf jeden

Fall war meine erste Begegnung mit der Frucht nicht dazu angetan, mich ihr erneut zuzuwenden.

Auf unseren Märkten und in Obstläden habe ich bisher nur gelb-grüne Varianten gesehen, dabei sollen die roten, die aus dem Ursprungsland Mexiko stammen, sehr viel wohlschmeckender sein, als die zum Teil wild wachsenden aus dem Mittelmeerraum. Stimmt es eigentlich, dass die Kakteenfeige Wirt für eine besondere Sorte von Läusen ist, aus denen rote Farbe gewonnen wird? Isst man die Tierchen dann womöglich mit, ohne es zu merken?

Man isst sie. Wenn auch als unfreiwillige Beigabe in anderen Lebensmitteln als der Kaktusfeige. Und man könnte es merken, wenn man denn das Etikett lesen würde. »Lausextrakt« ist unter dem Namen »echtes Karmin« oder »Cochenille« und der Kennziffer E 120 selbstverständlich als Lebensmittelzusatzstoff zugelassen. Der rote, wasserlösliche Farbstoff wurde angeblich schon von den Azteken genutzt. Wenn auch wohl nicht zum Essen. Er wird aus den befruchteten, getrockneten Weibchen einer Schildlausart gewonnen. Ein Kilo entspricht gut 140 000 gesammelten Läusen. Diese Tiere tötet man im Wasserdampf, trocknet sie an der Sonne, und aus dem Kilo werden dabei 300 g. Die zermahlenen Läuse färben traditionell Textilien, dienen als Pigmente in der Malerei oder für Lippenstifte. Und natürlich in modernen Lebensmitteln, in Milchprodukten, Bonbons, Alkoholika und wo sonst auch immer gleißendes Rot benötigt wird. Zwischenzeitlich stieg die Food-Industrie mehr und mehr auf sogenannte Azofarbstoffe um, doch seit Anfang 2010 kehrt die Cochenille verstärkt zurück, auch in Backwaren.

Cochenille kann in seltenen Fällen allergische Reaktionen ähnlich Asthmaanfällen oder Nesselsucht auslösen. Besonders

in den USA sind Fälle von schweren allergischen, sogenannten anaphylaktischen Schocks bekanntgeworden.

Die Notwendigkeit, unsere Lebensmittel mit Farbstoffen anzureichern, hat sich mir bisher nicht erschlossen. Irgendeine Farbe wird das Zeug, was da aus Glas und Tüte kullert, doch wohl haben? Vielleicht aber verkauft man ja wirklich signifikant mehr, wenn Lebensmittel auf einmal in schönem Rot schimmern.

Nun kann der Kaktus ja nichts dafür, wenn die Laus auf ihm nistet. Kaktusfeigen sollten jedenfalls ohne diese unfreiwillige Fleischbeilage verzehrt werden. Sie sind Früchte der Kaktusart Opuntia ficus-indica. Die stammt ursprünglich aus Mexiko, man nennt sie dort auch Nopal. Und sie wurde schon im 16. Jahrhundert in Nordafrika, z. B. in Marokko oder Tunesien, sowie auf Sizilien und Sardinien angesiedelt. Dort heißt sie fico d'india. Die gelbe, rote oder weiße Frucht verfügt über ausgesprochen viele Kerne, und wer zu viele von diesen Kernen erwischt, muss mit ganz üblen Verdauungsbeschwerden bis hin zu Darmverschluss rechnen – weshalb man diese Frucht am besten zusammen mit einem Stück Brot genießen sollte. Wegen der vielen, fast transparenten Stacheln heißt sie auch Teufelsfeige: in den Anbaugebieten kursieren wahre Horrorgeschichten von Pflückern, denen Kaktusfeigenstacheln die Augen perforierten. Aber es wird auch Segensreiches berichtet – zum Beispiel vom hohen Vitamin-C Gehalt und damit verbundenen »Anti-aging-Effekten«. Vielleicht passt in diesem Zusammenhang besser ihr englischer Name »prickly pear«? Oder das französische »figue de barbarie«?

Es gibt sizilianischen Sirup auf Feigenbasis, Säfte, Marmeladen, Gelees und Liköre, doch mit am besten schmeckt diese Frucht im Sommer roh, mit dem Löffel ausgeschabt. Tatsäch

lich schmeckt jede Farbvariante dieser Feige deutlich anders – gut gereift sind sie recht süß.

Die Kaktusfeigen sind vielseitig zuzubereiten: Man kann sie in Scheiben schneiden, mit etwas Butter in der Pfanne braten, mit Zimt würzen und mit etwas Orangenblütenwasser aromatisieren. Oder sie in Fruchtsalat schnibbeln. Oder ihren Saft mit ein wenig Ingwer und Limone mischen. In den USA ist die Kaktusfeige beinahe schon auf dem Weg zur Mode-Zutat: Dank Latino-Einfluss genießt man jetzt »prickly pear Margarita«. In Frankreichs Supermärkten finden sich mehr und mehr figues de barbarie. Irgendwann werden diese »angesagten« Früchte auch die deutschen Grenzen in größeren Mengen überschreiten ...

Kalbsbries

Diese feine Innerei habe ich noch nie gegessen, obwohl sie von allen Frauen unserer Familie hochgelobt und auf verschiedenste Weise zubereitet wurde. Gute Kalbsbries-Köchinnen hatten einen Ruf wie Donnerhall und verrieten ihre speziellen Rezepte auch nur innerhalb der Familie. Mir war Kalbsbries schon rein optisch immer etwas unheimlich – zu weiß und zu hirnähnlich. Kann es sein, dass sich an solche Innereien nur sehr ambitionierte Köchinnen und Köche heranwagen? Solche, die generell noch wissen, welche »Fleischregionen« ein Tier hat, wie sie heißen und wie sie verarbeitet werden? Diese Kenntnisse sind ja heute selten geworden. Und die Zubereitung von Kalbsbries ist wohl auch ziemlich zeitraubend und aufwendig, wie sich aus diversen Kochbüchern herauslesen lässt.

Dem Kalbsbries geht es wohl ähnlich wie der gekochten Lunge, in

Österreich »Beuschel« genannt. Ein wunderbares Gericht, das nur deshalb noch nicht vergessen ist, weil gute Metzgereien es fertig gekocht und gebeizt anbieten, so dass nur mehr die letzte, individuelle Würzung und Bindung von der Hausfrau vorgenommen werden muss. Ein wunderbares, wohlschmeckendes Arme-Leute-Gericht aus k.u.k.-Zeiten. Das Kalbsbries war und ist im Gegensatz dazu wohl immer schon eher etwas Besonderes gewesen?

»In Kalb gebunden sein« – der alte französische Ausdruck sagt, dass jemand gerade Autor geworden ist, und war stets hochachtungsvoll gemeint.

Kalb gibt es in verschiedenen Altersstufen: Milchkalb etwa wird mit Muttermilch ernährt, wird bis zu drei Monate alt und verfügt über festes, feines Fleisch. Von Dezember bis März findet man es auf den Märkten. Gelangt das Kalb erst mal auf die Wiese, wird sein Fleisch etwas rötlicher. Der Geschmack ist ausgeprägter als beim Milchkalb, jedoch noch nicht so kräftig wie beim ausgewachsenen Rind.

Kalbfleisch sollte weiß bis rosa schimmern. Manchmal täuscht die Beleuchtung der Metzgertheke den begehrten Farbton nur vor: Selbst optisch einwandfreie Kälber können zu den anabolikagestärkten Mastviechern gehören, die beim Braten viel Wasser abgeben und kaum Geschmack aufweisen. Man ist also mehr oder minder gezwungen, seinem Metzger zu vertrauen und nach den oben genannten »Rinderkriterien« auszuwählen. Milchkalb aus der französischen Corrèze hat mir oft hervorragend geschmeckt. Ein gutes Kalbschnitzel ist zart und mager, sollte maximal zwei Zentimeter dick sein und vor dem Braten sorgfältig zart und platt geklopft werden. Rund zwei Tage kann man es, unberührt und im Papier vom Metzger, zu Hause im Eisschrank lagern. Etwa dreißig Minuten, bevor es in

die Pfanne wandert, sollte man es freilich aus der Kälte holen. Wer über gutes Kalbfleisch verfügt, dem kann auch das legendäre Wiener Schnitzel gelingen. Klingt banal? Dann essen Sie mal das Original in Wien und versuchen, am heimischen Herd die Panade so hinzukriegen, dass sie das Schnitzel fast wie ein knuspriges Soufflé umgibt! Zuerst wird das dünne Schnitzel (4 mm reichen) im Schmetterlingsschnitt aufgefaltet, geklopft, gesalzen, in Mehl, verrührtem Ei und frisch geriebenen Semmelbröseln gewendet. Achtung: Brösel bitte nicht andrücken. Jetzt das Schnitzel in der Pfanne mit viel Schmalz bei 160–170° goldgelb backen. Nun kommt es auf den richtigen Handgriff an: Nur wer das Schnitzel mehrfach richtig schwenkt, vermeidet, dass die Panade förmlich am Fleisch klebt. Schließlich soll sie es locker umhüllen.

So kennen wir Kalb. Doch nicht jeder kennt Bries. Ob es schon immer etwas Besonderes war?

»Immer« ist ja bekanntlich eine lange Zeit: Urbain Dubois und Emile Bernard stellen in »La Cuisine classique« von 1856 gleich mehrere optisch anspruchsvolle Rezepte mit Kalbsbries vor. Beide waren typische Hofköche: Urbain Dubois lernte bei den Rothschilds und arbeitete bei Prinz Orlov in Russland, bevor er in die Dienste Kaiser Wilhelms I. von Preußen tritt. Dort traf er auf seinen Co-Autor Emile Bernard, ehemals Koch Napoleons III. »La Cuisine classique« ist seiner Hoheit von Preußen gewidmet. Kaiser Wilhelm war sich anscheinend nicht zu fein, Kalbsohren, wenn auch mit Trüffeln, oder Kalbskopf in Madeirasauce zu verspeisen. Kalbsbries, die Thymusdrüse des Kalbs, dient der Immunabwehr und bildet sich beim ausgewachsenen Tier zurück. Es ist von vergleichsweise weicher Konsistenz und verfügt über ganz zartes Kalbfleischaroma. Die

Hofköche spickten es mit Speck und Trüffeln »à la Montpensier«, servierten es »à la napolitaine« mit Macaroni, Hühnerbrüsten und Pilzen oder tischten es »à la Périgueux«, getrüffelt mit Trüffelsauce auf.

Warum nur mögen die Menschen heute diese Leckerei nicht mehr? Genauso wenig wie Lammbries, Kalbszunge oder Kalbskopf, Letzterer war immerhin Lieblingsgericht des französischen Präsidenten Jacques Chirac. Vielleicht liegt es daran, dass die Zubereitung von Kalbsbries aufwendiger ist als die von Schnitzeln? Es wird gewässert, abgebrüht, gesäubert, von Haut, Blut und Knorpeln befreit und muss dann, beschwert durch ein Küchenbrett, erst einmal auskühlen. Dann geht es zum Braten, Backen, Grillen, Dünsten, Schmoren ... Besonders der Kampf mit der feinen Membran wirkt auf Anfänger so, als müssten sie Hirn aus einem eng anliegenden Nylonstrumpf befreien. Es stimmt – für Kalbsbries braucht man ein wenig Zeit, es ist definitiv schwieriger zuzubereiten, als ein gebratenes Rinderfilet.

Nun muss ja nicht jeder am Herd ein Kalbsbriesprofi werden, aber auch im Restaurant bestellen nur noch wenige Menschen Innereien. Das ist schade, denn Köche, die Innereien servieren, trauen sich etwas zu und geben sich dabei oft besondere Mühe. Vielleicht liegt das Zögern auch an der Frage, »was das früher wohl war«? Es soll ja Menschen geben, die essen keine Nierchen, weil das Organ etwas mit tierischer Körperausscheidung zu tun hatte. Andererseits mögen viele auch weder Hirn noch Lunge. Vielleicht liegt die Abneigung an der ungewohnten Konsistenz mancher Innereien? Ungewohnt ist sie freilich nur, wenn man sein Leben lang nur Schnitzel und Filets verzehrt hat. Zumal die Leute allerlei Geleezeug der Süßwarenindustrie essen, wenn es nur hinreichend bunt schimmert – wor-

aus das besteht, soll man lieber gar nicht wissen wollen … Ich vermute mal, die Innereien-Abstinenz kommt vom generellen Unwillen der Menschen, sich mit dem ganzen Tier zu konfrontieren, verbunden mit einer durch die visuelle Anmutung des rohen Stücks verursachten Abwehrhaltung. Unsere Zeit ist optisch orientiert, Fleisch, das Schönheitsidealen nicht entspricht, wird sofort ausgesondert. So ist es ein leichtes, dem Verbraucher, diesem alten »Augentier«, immer wieder optisch perfekte Waren mit minderwertigem Aroma anzudrehen. Denn Geschmack sieht man nicht. Dabei schmecken Innereien – richtig zubereitet – wirklich hervorragend. Wer einmal Kalbsbries auf allerhöchstem Niveau probieren möchte, dem empfehle ich einen Besuch im Pariser Lokal »L'Ambroisie«. Bernard Pacaud, der Herr am Herd, lässt das Bries (ris de veau) »à la financière« mit Morcheln in Morchelcreme und Macaroni servieren. Wer dann immer noch nicht zum Innereien-Essen bekehrt ist, dem kann nur die Zeitreise helfen: Der Schweizer Fredy Girardet servierte in den 1980er Jahren ein fantastisches, sekundengenau gegartes Kalbsbries mit Gewürznelken. Und legendär, wenn auch heute leider nicht mehr zu haben, war das »Kalbsbries Rumohr« des deutschen Jahrhundertkochs Eckart Witzigmann, mit Lauch, Trüffeln, Stopfleber und Champagnersauce. Wer das erste Bries mit Genuss verzehrt hat, der wird irgendwann auch zum Genuss von Leber, Zunge oder Kopf vorstoßen. Und irgendwann einmal vielleicht sogar den Löffel in Beuscherl und die Gabel in Hirn senken.

Kapaun

So einen armen, um seine stolze Männlichkeit gebrachten Hahn habe ich noch nie gegessen. Was nicht auf meine Tierliebe zurückzuführen ist, sondern eher darauf, dass diese Art des Mästens bei uns gänzlich aus der Mode gekommen ist: In Deutschland werden angeblich pro Jahr nicht mehr als 1500 Kapaune verkauft – und die dürften importiert worden sein.

Ich kenne den Begriff Kapaun lediglich aus der Literatur: Kapaune waren zu Zeiten von Kaiserin Maria Theresia ein »Zahlungsmittel« für Beamte, Pachtherrn und bei Leibrenten. Und noch früher, bei fürstlichen und erzbischöflichen Festgelagen in längst vergangenen Zeiten – wo sich die Tische vor ausgefallenen Speisen bogen, aufwendig zubereitetem Schwanenbraten z. B. – war das fette, glänzende Fleisch der Kapaune ein unverzichtbarer Bestandteil, ja sogar Höhepunkt der Fressorgien. Und wer je von dem französischen Wunderkoch und -kämmerer Vatel gelesen oder den gleichnamigen Film mit Gerard Depardieu gesehen hat, kann sich das sehr gut vorstellen. Kapaune sind in Frankreich wohl heute noch ein typischer Weihnachtsbraten – und ich gebe offen zu, dass ich als Hühnervogelfleisch-Liebhaber zu gern wüsste, wie so ein gut gefütterter Kerl schmeckt.

Vor solchen Genüssen stehen heute wohl die Tierschützer, die die Kastration und das Entfernen des Hahnenkamms und der Backenlappen des Tiers als Tierquälerei anprangern. Sicherlich nicht ganz zu Unrecht. Aber die Sache mit der artgerechten Haltung – von Tieren an sich – ist ja sowieso ein Märchen aus uralten Zeiten. Wer sich das wirklich zu Herzen nimmt, muss ohnedies Vegetarier werden ….

Im Tierreich schmecken die Weibchen fast immer besser als die Männchen. Das ist beim Rind nicht anders als bei manchen Krustentieren. Nicht umsonst gibt es in der Stadt Charleston

»She-Crab Soup«. Die Ausnahme von der Regel sind die Kastraten – ich weiß, wie dekadent das klingt.

So ein Kapaun wurde im Alter von zehn bis zwölf Wochen kastriert. Das ist sicherlich Quälerei, besonders wenn der »Täter« nicht mit dem Körperbau eines Hahns vertraut ist. Wer sich darüber empört, darf freilich auch nicht das in Deutschland so beliebte Ochsenfleisch essen.

Kapaune setzen nach der Operation während ihres fünf- bis achtmonatigen Lebens kräftig an Gewicht an: Ihr Fett sammelt sich anders als bei der Stopfentenbrust (siehe dort) nicht nur unter der Haut, sondern durchsetzt das gesamte Fleisch, es dient als Geschmacksträger, macht Brüste und Keulen feiner und saftiger. Auf den Markt kommen sie eigentlich nur im Dezember – als Festtagsbraten.

Die kastrierten Hähne verdanken ihr Schicksal angeblich dem römischen Konsul Gaius Fannius Strabo. Der ließ 162 vor Christus ein Gesetz verabschieden, das die Kornreserven schonen sollte. Der Genuss des beliebten Hennenfleisches war fortan verboten. Denn Hennen ernähren sich von Körnern. Findige Bauern fanden schnell heraus, dass kastrierte Hähne zügig und mit verhältnismäßig wenig Korn an Gewicht zulegten. Und ein kastrierter Hahn ist halt keine Henne. So weit die Legende.

Viele Regionen Europas setzen die Tradition des Züchtens von Kapaunen fort: Der italienische cappone gilt in den Regionen Friaul-Venezien, den Marken und den Piemonteser Dörfern Monasterolo di Savigliano, Morozzo, San Damiano d'Asti und Vesime als »prodotto agroalimentare tradizionale«. In Portugal feiern Genießer mit capão aus Freamunde und in Spanien mit capón aus Vilalba und Cascajares.

Am besten ergeht es wohl den reputierten Kapaunen aus der Bresse: Sie dürfen sieben Monate lang auf Wiesen im Freien le-

ben und werden dann noch vier Wochen gemästet. Am Schluss wiegen sie etwa drei Kilo. So ein Kapaun ist ein fetter Brummer, ein Festtagsbraten für die ganze Familie. Und er schmeckt sozusagen nach doppeltem Huhn-Huhn (siehe dort). Auch in der Bresse existieren leider inzwischen riesige Schlachtfarmen, der Züchter Miéral ist jedoch für seine Qualität bekannt.

Schon wegen des Gewichts und der ungewöhnlichen Fettverteilung ist die Zubereitung zu Hause jedoch nicht ganz einfach. Eigentlich sollte man sie einem Fachmann überlassen. In Frankreich kannte ich einen Rôtisseur, einen hauptberuflichen Hähnchenbrater. Das Braten von Geflügel ist dort – meiner Meinung nach vollkommen zu Recht – ein Ausbildungsberuf, sogar einer mit Tradition. Schon 1248 gab es den Beruf des »Oyeur«, des Gänsebraters, nachdem König Ludwig zur Bildung von Berufsständen aufgerufen hatte. Unter Ludwig XII. ändert sich deren Name zum »Rôtisseur«. Gebraten wurden damals Geflügel, Wild und Hammel. Mit der Französischen Revolution geriet dieser Beruf in Vergessenheit, erst 1950 riefen Dr. Auguste Becart, die Küchenchefs Louis Giraudon und Marcel Dorin sowie die Journalisten Jean Valby und Curnonsky die »Chaîne de Rôtisseurs« ins Leben.

Der Rôtisseur hütet also die Flamme. Und meiner bestand darauf, Kapaune einen Tag vor der Zubereitung in Trüffeljus zu marinieren. Anschließend wurden sie gegrillt. Aber nicht irgendwie: Die offene Flamme heizt oben stärker als unten. Braunes Fleisch, wie z. B. Fasan, wird daher zuerst unten angegart, bevor der Rôtisseur zum Finish mit der Oberflamme ansetzt.

Ein Kapaun aus der Bresse wird relativ weit von der Flamme entfernt gegart. Würde er wie ein normales Huhn in die Hitze kommen, könnte er wegen seines Fetts regelrecht wegschmel-

zen. Weitere Akteure im Spiel der Flammen sind die Windrichtung und die Außentemperatur. Fünf Jahre seines Lebens hat mein Rôtisseur gebraucht, um die perfekte Geflügel-Garung zu meistern. Das bekommt man zu Hause wahrscheinlich nicht so richtig hin.

Wer es einfacher mag, sollte zu einer wirklich guten Bresse-Poularde greifen. Die ist zwar nur 1,8 Kilo schwer, lässt sich aber wie gewöhnliches Huhn zubereiten. In gewisser Weise ist sie eine Leidensgenossin des Kapauns. Das Wort Poularde bezeichnet für französische Bauern eine Henne, die niemals Eier gelegt hat: ein jungfräuliches Huhn ...

Kapern von Pantelleria

Was wären Königsberger Klopse oder Vitello Tonnato ohne Kapern? Nur schlechte Kopien der Originalgerichte. Dass es allerdings Qualitätsunterschiede auch bei diesen eingelegten Blütenknospen gibt, auf die Idee wäre ich nicht gekommen. So wie mir auch nicht bewusst war, dass Kapern von ganz bestimmten Sträuchern oder Bäumen stammen. Meine Großmutter machte beispielsweise aus den Knospen der Kapuzinerkresse Kapern, die sogar sehr markant schmeckten. Das hat mich vielleicht verführt zu glauben, man könnte das generell mit Knospen von Pflanzen so machen, die einen ausgeprägten Eigengeschmack haben. Was wohl ein Irrtum ist, wenn sogar geografische Lagen wie die der unbekannte Mittelmeerinsel Pantelleria eine Rolle spielen.

Dass es Kapern in den Küchen schon von je her gab, zeigt eine Erwähnung im Alten Testament: König Salomon benennt sie, um an ihrem Beispiel die Vergänglichkeit der Welt zu verdeutlichen.

Kapern nennt man die eingelegten Blütenknospen des Kapern-
strauchs – alles andere sind Ersatzprodukte, die man sicher auch
in Essig, Öl oder Salz einlegen kann. Und wie immer bei Obst
und Gemüse spielen Boden, Klima und Mikroklima eine nicht
zu unterschätzende Rolle. So wenig wie die Anbaugebiete von
Weintrauben einander gleichen, so wenig ähneln sich die »Ka-
pernregionen«, Spargelregionen, Böden der Orangenhaine etc.

Pantelleria ist eine Vulkaninsel, südlich von Sizilien gelegen,
der man ihre vulkanische Vergangenheit schon aufgrund ihrer
schwarzen Küstenfelsen deutlich ansieht. Von hier kommt übrigens ein Süßwein namens Passito, der auf der Basis getrockneter Muskat-Trauben (Zibeben, siehe dort) hergestellt wird.
(Die bekannteste Winzerin der Insel ist wohl die französische
Schauspielerin Carole Bouquet, deren Promi-Status auch den
Weinpreis »infiziert« hat.) Zwischen den Weinbergen wuchsen
seit jeher die Kapernsträucher, wie es Professor Calcara 1855
in der »Kurzen Darstellung der erdkundlichen Beschaffenheit
und der Landwirtschaft der Insel Pantelleria« im »Journal der
Kommission für Landwirtschaft und Viehzucht in Sizilien« beschreibt: »An der Südküste der Insel und auf den unfruchtba-
ren Felsenvorsprüngen wächst die Kaper wild, deren Knospen
von den Armen im Juli und August vor der Blüte eingesammelt
und an eine Gruppe von Personen verkauft werden, die diese
nach ihrem Kaliber sortieren, in Salzlake oder Essig einlegen
und dann vermarkten.«

Inzwischen warten keine Armen mehr auf zufällige Kapern-
funde im Weinberg – die »Pantelleria-Kaper« ist eine Stütze der
Inselwirtschaft und ihr Anbau wird entsprechend gesetzlich
reglementiert.

Angebaut werden Kapern der botanischen Gattung »Cappa-
ris spinosa«, und davon die Sorten »inermis«, Kultivar »nocel-

lara« – senfgrün und von besonders kräftigem Aroma. Zehn Prozent andere Sorten sind zulässig. Beim Wein gibt es einen Hektarertrag, der limitiert werden kann, für Pantelleria-Kapern existiert eine Höchstproduktion: 1,5 Kilo pro Strauch und 22,5 Doppelzentner pro Hektar. Die geernteten Blütenknospen müssen gut zehn Tage in Salzwasser reifen: Am ersten Tag werden 40 Prozent Meersalz zugesetzt. Das wird am zweiten Tag abgegossen, jetzt kommen 25 Prozent Meerwasser hinzu. Dieselbe Menge wird an jedem weiteren Tag nach dem Abgießen zugeführt. Nach jedem Aufgießen von Meerwasser fermentieren die Kapern leicht. Jedes Abgießen hingegen unterbricht die Gärung. Ein kompliziertes und diffiziles Verfahren, denn bei zu starker Gärung würden die Kapern nach Fäulnis schmecken. So entstehen unter erfahrenen Händen senfgrüne, hocharomatische Kapern, die entweder pur verwendet, aber auch vor dem Kochen gewässert werden können.

Neben den notwendigen Vorschriften gibt es noch altes Brauchtum rund um die Blütenknospen: Die Bauern wählen jeden Abend die größten, am stärksten gereiften Knospen aus und pflücken sie während der Nacht oder ganz früh am Morgen – denn tagsüber würden sie sich im gleißenden Sonnenlicht öffnen und der Produktion verloren gehen. Auch die Lese zur richtigen Stunde ist also ein Erfolgsgeheimnis der Kaper.

Übrigens haben sich traditionelle Kapern-Hersteller nicht nur in Pantelleria, sondern auch auf den Liparischen Inseln in Salina gehalten.

Kartoffel (Meerkartoffel)

Ohne Kartoffeln sähen die europäischen Speisekarten – egal, ob in privaten Haushalten oder in der Gastronomie – wahrlich traurig aus. Amerika musste entdeckt werden, allein schon um der Kartoffel willen, und gleich danach kommt die Tomate. Dieser »Erdapfel« hat die Welt verändert. Es würde sich lohnen, die Biografie der Kartoffel – oder noch besser: ihre Memoiren zu schreiben. Als Kind wurde mir erzählt, dass unsere Eltern noch per Hand gegen den Kartoffelkäferbefall vorgegangen sind und die Krabbeltiere von der Pflanze absammeln mussten. Und ich habe noch das »Kartoffelklauben« mit Hand erlebt. Den Geruch der Kartoffelfeuer nach der Ernte habe ich heute noch in der Nase – riecht fast so gut wie frisches Heu. Und gehört zum Herbst wie bunte Blätter und Drachensteigen.

Um gute Sorten habe ich mich erst spät gekümmert. Von Eckart Witzigmann kam der Tipp der köstlichen französischen Sorte Rattes und mein persönlicher Favorit ist das »Bamberger Hörnchen«. Gott gebe, dass sie beide nicht im Besitz eines Gen-Konzerns landen! Aber dass es Meerwasser-Salzkartoffeln gibt, habe ich noch nie gehört .... Klingt nach Gaumenfreude.

Im Pariser Auktionshaus Drouot hat der Maler Gauguin einst sein Atelier versteigert. Zumindest einmal, im Mai 1996, kam dort ein ganz anderer, unvermuteter und besonderer Artikel unter den Hammer: Kartoffeln, kiloweise. Bis zu 450 Euro wurden für ein Kilo geboten, was sicher auch damit zu tun hatte, dass der Erlös der Kartoffelversteigerung einer Organisation zukam, die Restaurants für Bedürftige betreibt. Die Wunderkartoffeln mit dem Rekordpreis heißen Bonnottes und stammen von der französischen Atlantikinsel Noirmoutiers. Es ist eine alte Sorte, die bereits 1879 urkundlich erwähnt wird. Ne-

ben rund 500 Bauern wurde sie auch von Seeleuten auf Landgang angebaut. »Marin-Patates«, ganz frei übersetzt »Kartoffelkapitäne« wurden sie ironisch genannt. Doch um 1965 verschwand die Bonnotte vom Markt. Der Grund: Sie war zu fragil für die maschinelle Ernte und musste von Hand gelesen werden. Gut dreißig Jahre lang wuchsen auf Noirmoutiers die Sorten Sirtema, Lady Christi und Charlotte, bevor die Bonnotte ihr Comeback feierte.

»Sie war nicht an den Markt angepasst. Die Genossenschaft von Noirmoutiers hat sie sogar verboten«, sagt Gérard Sémelin. Sémelin ist heute Direktor besagter Genossenschaft und lässt nichts unversucht, die Bonnotte wieder ins Gespräch zu bringen. Da gab es die erwähnte Versteigerung, den Überschallflug der Concorde, auf dem Bonnottes mit Kaviar gereicht wurden, oder die Bonnotte-Kochkurse in New York. Meerkartoffeln heißen die Bonnottes und die anderen Sorten von Noirmoutiers, weil sie in Meeresnähe wachsen und manche Bauern sie mit Seetang düngen. Etwa hundert Tonnen davon werden jährlich per Hand gelesen. Inzwischen führen nicht nur Auktionshäuser, sondern auch ganz normale französische Supermärkte die einst so kostspielige Knolle.

Nun gibt es Kartoffeln in zahlreiche Sorten für jeden denkbaren Zweck, von Fritten über Suppen bis zu Gratins und Salaten. Es sind wirklich ganz besondere Knollen, ein Kapitel in ihrer Biografie könnte man dem Pariser Spitzenkoch Joel Robuchon widmen, der ein äußerst buttriges Kartoffelpüree zu einem gefragten Gericht für Feinschmecker machte. Für dieses schlichte Kartoffelpüree mietete der Herdmeister bei einem Monsieur namens Jean-Pierre Clot in Villegagnon ein eigenes Kartoffelfeld, wo nach seinen Vorgaben u. a. die Sorten »La Ratte« und »Agria« angebaut wurden. Snobismus? Purismus!

Und Perfektionismus. Nun stammt die Kartoffelsorte »Agria« aus der Werkstatt von Europas größtem Produzenten Agrico-Hollande. Der große Koch lobt an ihr, dass sie nicht mehlig ist und beim Frittieren nicht an Geschmack verliert. Das richtige Frittenrezept verriet er gleich dazu: Seine Kartoffelstäbchen blanchiert er drei Minuten in kochendem, ungesalzenem Wasser. Danach lässt er sie abkühlen und frittiert sie anschließend 10 Minuten in 160° heißem Erdnussöl. Anschließend heißt es Abtropfen und einen zweiten Fritiergang bei 180–190° einlegen. Jeffrey Steingarten, ein bekannter New Yorker Autor, empfiehlt in seinem Buch »The man who ate everything«, Kartoffeln in Rinder- oder Pferdefett zu frittieren, was rege und nicht unbedingt schmeichelhafte Reaktionen unter seinen Lesern auslöste. Allerdings muss man wissen, dass die USA zu den größten Exporteuren von Pferdefleisch gehören.

Ich selbst esse selten Fritten und greife lieber zum Bamberger Hörnchen, einer alten fränkischen Sorte, die genau wie die Bonnotte von Hand gelesen wird. Sie wirkt knollig-verwachsen und schmeckt würzig, mit ganz leichtem Nuss-Aroma. Hier und da kann man immer noch lesen, das Bamberger Hörnle heiße auf Französisch »La Ratte«, die beiden Sorten seien identisch. Letzteres ist grundfalsch: Das Bamberger Hörnchen hat eine weiße Blüte, eine rosa Schale und hellgelbes Fleisch, während La Ratte eine rosa-violette Blüte, gelbes Fleisch und eine gelbe Schale besitzt. Und noch einen wichtigen Unterschied gibt es: »La Ratte« ist ertragreicher als der deutsche Konkurrent. Es lohnt sich also, solche Kartöffelchen als Bamberger Hörnchen zu verkaufen.

Kaviar

Um diese sündteuren schwarzen Kügelchen genießen zu können, habe ich mindestens so lange gebraucht wie für die Entdeckung der Auster. Für mich als klassenbewusstes »Arbeiterkind« war Kaviar ganz lange der Inbegriff von Dekadenz – obwohl ich mich dunkel erinnere, dass es zu Hause auf kalten Platten »falschen Kaviar« gab, allerdings weiß ich nicht mehr, woraus diese getürkte Variante bestand. Doch irgendwann schlug auch mir aus irgendeinem beruflichen Anlass die Stunde der Erkenntnis, und ich freundete mich mit dem echten Kaviar an. Auf Kartoffelschnee serviert ist er wirklich eine geschmackliche Besonderheit – und meistens mit Champagner verbunden, was auch nicht traurig macht. Dennoch sollte man mit diesem »schwarzen Gold« äußerst maßvoll umgehen – nicht nur der Kosten, sondern der ausgeräuberten Fische wegen.

Ich habe mich übrigens – was Kaviar betrifft – der Farbe Orange und damit dem Lachs- und Forellenkaviar zugewandt. Abgesehen davon, dass diese Fischeier milder schmecken, sind sie auch nicht vom Verschwinden bedroht. Lachskaviar auf Kartoffelschnee, mit saurer Sahne und geschmolzener Butter serviert, ist seit ein paar Jahren zu einem schon Tage vorher herbeigesehnten und besprochenen Weihnachtsessen an einem der Feiertage geworden. Und: Man erzielt mit geringstem Aufwand einen maximalen Genuss! Aber wo nehmen die Schwarzkügelchen-Hardliner heutzutage überhaupt ihren Kaviar her, nachdem sie den Nachwuchs des Störs verfuttert haben?

Der Fall der UdSSR hat zwei Opfer gefordert: Den Kommunismus und den Stör. Was den Kommunismus betrifft, können wir nicht wirklich sicher sein, dass er für immer von der Weltbühne abgetreten ist bzw. abtreten wird. Der Bestand an Wildstören jedoch erscheint ernsthaft gefährdet. Ohne das wachende

Auge zentraler Aufsichtsbehörden wurden die Störe von Wilderern geschlachtet, ihre Eier, ihr Fleisch, sogar ihre Haut und ihr Knochenmark wurden verschachert. Dies war der Anfang vom Ende für den Kaviar von wild gefangenen Stören. Sicher, man findet ihn noch im Iran und einer Handvoll anderer Länder, aber politische Spannungen und die vom CITES (Übereinkommen über den internationalen Handel mit gefährdeten Arten freilebender Tiere und Pflanzen) diktierten Verkaufsquoten erschweren den Handel deutlich. So entfiel auf iranischen Beluga von Stören der Sorte Huso huso zur Saison 2010–2011 ganze 800 Kilo für den Weltmarkt. Kasachstan erhielt eine Lizenz, um 1500 Kilo zu exportieren. Zu wenig für eine steigende Nachfrage und zu viel für Umweltschützer, die bemängeln, dass die CITES-Quoten noch zu großzügig sind, um den Stör ausreichend zu schützen

Was bleibt, ist Zuchtkaviar, der angeblich per »Kaiserschnitt« nach Ultraschall-Untersuchungen in Mini-Krankenhäusern für Störe ans Tageslicht und damit auf den Markt befördert wird. Züchter rühmen sich deshalb gern des Respekts vor der Natur oder bieten sogar »Bio-Kaviar« an. Tatsächlich gebietet schon die wirtschaftliche Vernunft, die Tiere zu schonen. Weibliche Störe brauchen sieben Jahre bis zur ersten Kaviar-»Ernte«. Während dieser Zeit müssen sie gepflegt und gefüttert werden.

Zuchtkaviar gilt als großes Geschäft der Zukunft, immer neue Exporteure drängen auf den Markt. In den USA wird die Störsorte Acipenser transmontanus gezüchtet. Sie gilt als besonders ergiebig. Südamerika, Griechenland, Spanien, Italien, Frankreich, auch Deutschland – überall entstehen Zuchtfarmen. Kaviar ist nicht mehr ein lokales Produkt, sondern ein globales Ergebnis von Know-how. Ohne viel Lärm im Handel

oder den Medien wurde das Trio »Beluga, Sevruga, Ossietra«
durch allerlei »Selektionen« – meistens mit Beinamen wie »Royal« oder »Prestige« versehen – ersetzt.

Die verschiedenen Produkte haben immerhin gemeinsam,
dass die Verkäufer allesamt betonen, ihr Produkt sei mindestens so gut wie der Kaviar wild lebender Fische. In Frankreich,
wo nahe Bordeaux der sibirische Stör Acipenser Baeri gezüchtet wird, erzählt man sogar eine schöne Legende: Demnach
hätte vor hundert Jahren eine russische Prinzessin die Franzosen auf den Wert der schwarzen Fischeier hingewiesen. Bis zu
diesem Besuch der Adligen verfütterten die Bauern der Region
den Kaviar aus den überreichlichen Stör-Beständen an ihre Enten. Ja, schön war sie, die gute alte Zeit, als Kaviar und Trüffel
noch mit Entenfüßen getreten wurden.

Die ersten Zuchtversuche waren – milde ausgedrückt – ernüchternd: Der so gewonnene, »edle« Kaviar müffelte nach
Brackwasser. Einige Züchter – aber bei Weitem nicht alle – haben seitdem Fortschritte gemacht. Zusammen mit einem Kollegen, Jean-Claude Ribaut von »Le Monde«, einer Winzerin und
zwei Importeuren haben wir deshalb einmal sechs Sorten
Zuchtkaviar verglichen. Sie stammten aus China, Uruguay,
Spanien, Frankreich und Bulgarien. Fast alle Zuchtkaviare enthalten die Additive E 284, 285, Borax und Borsäure, giftige
Stoffe, die nur im Kaviar erlaubt sind – weil die Behörden bei
diesem Lebensmittel keine Überdosierung befürchten.

Der bei weitem Beste kam aus China, dicht gefolgt vom Spanier, direkt dahinter platzierte sich wieder ein chinesischer Kaviar. Angeblich werden die China-Störe der Sorte Schrenki in
Hochgebirgsseen gezüchtet, und iranische Fachleute würden
den Kaviar dann sieben und verlesen. Dafür lege ich weder

meine Hand noch meine Zunge ins Feuer, aber immerhin, die Störeier schmeckten und bestachen noch dazu durch eine fast bronzene Farbe. Eine schnelle Prüfung durch einen Freund in Peking bestätigte mir, dass China-Kaviar ein reines Exportprodukt ist. Im Lande selbst findet man ihn höchstens in Lebensmittelgeschäften für Ausländer. Zudem hat Kaviar keinen Platz in der chinesischen Küche. Immerhin haben die Hersteller – und das rechne ich ihnen hoch an – auf allzu breites Wortgeklingel verzichtet. Es wäre so einfach gewesen: »Nach dem Kaviar des Zaren, nach dem Kaviar des Schah von Persien kommt jetzt der Kaviar des letzten Kaisers!« Aber was nicht ist, kann ja noch werden, etliche Importeure haben eine fantastische Begabung, ganze Märchenbände um gastronomische Produkte zu erdichten.

Übrigens arbeiten viele gute Restaurants schon mit dem China-Kaviar, ohne es ihren Gästen zu verraten. Wahrscheinlich fürchten sie das »billige Image« chinesischer Waren. Aber weder das allerorten heiß geliebte iPhone noch die Erzeugnisse vieler großer Modemarken kommen heute noch aus Kalifornien, Paris oder Mailand, sondern aus China. Sicher werden die Kunden eine Zeit lang von Markennamen mit Prestige und Royal träumen. Aber wer das Etikett auf dem Döschen lesen kann, erfährt ganz schnell, woher der Kaviar wirklich stammt. Ein Tipp: CN steht für China.

Falls Sie noch nie Kaviar gegessen haben, kaufen Sie, ganz abgesehen von den Kosten, keine »Familienpackung«, sondern lieber ein kleines Probierdöschen. Der Geschmack von Kaviar ist intensiv und gewöhnungsbedürftig. Am ehesten beschreibt man ihn vielleicht als Mischung aus Fisch, Haselnuss und Mandeln. Viele Esser sind von der Anfangs-Kostprobe erst einmal enttäuscht und lästern über »fischige Brombeermarmela-

de«. Das ändert sich nach mehrfachem Probieren. Nicht jeder liebte sein erstes Glas Bier – »zu bitter« – oder seinen ersten Wein – »zu viel Tannin«. Erwarten Sie also nicht beim ersten Löffelchen, vor Hochgenuss mit dem Stuhl nach hinten zu kippen. Kaviar ist ein Mythos, doch viele Menschen müssen sich an den Geschmack gewöhnen, ihn schätzen lernen. »Die Leute würden weniger Kaviar essen, wenn er billiger wäre.« Dieser Spruch stammt angeblich von Groucho Marx.

Vielleicht werden wir seine These demnächst nachprüfen dürfen: Websites wie »caviarpassion.com« bieten eine 30-Gramm-Dose der Fischeier vom Baeri-Stör für weit unter 50 Euro an. Etablierte Händler wie Petrossian und Prunier reagierten entsetzt – und mit Preissenkungen. Paul Ferel, der Gründer des Internetversandes, zieht eine Parallele zum Lachs in Supermärkten: »Auch Lachs war einmal für eine Elite reserviert.« Freilich haben die meisten Verbraucher heute weder Wildlachs noch wilden Kaviar probiert und geben sich deshalb leicht mit Zuchtersatz zufrieden, was – wie oben beschrieben – nicht heißen soll, dass alle Zuchtware minderwertig ist.

Für Lachs- und Forelleneier gilt Ähnliches wie für den Stör: Es gibt gute und schlechte Ware, man muss einen zuverlässigen Züchter finden. Und wie immer, wo ein Geschäft dicke Profite verspricht, gibt es Nachahmer: Früher stammte der Kaviarersatz oft vom Seehasen, einem Fisch, der auch Lump genannt wird; inzwischen gibt es Surrogate auf Heringsbasis namens Avruga, Arenkha, Harenga oder Heringskaviar. Die vermeintlich schwarzen Eier sind gar keine, sondern Wasser, Hering, Tintenfischtinte, stabilisiert mit Xanthan. Serviert wird diese Frechheit selbst in den besten Restaurants. Für mich jedenfalls steht fest: Lieber keine Fischeier, als Surrogate aus der Chemiefabrik.

Knoblauch (rosa Knoblauch)

Eine Küche ohne Knoblauch ist für mich unvorstellbar. In meiner österreichischen Heimat nennt man ihn »die Vanille des armen Mannes«, weshalb der berühmte »Vanille-Rostbraten« auch mit Knoblauch und natürlich nicht mit Vanille zubereitet wird. Meine Großmutter wusste auch, dass Knoblauch im Gemüsegarten für ganz bestimmte Pflanzen ein guter, anregender und vor Schädlingen schützender Nachbar ist: Sie pflanzte Knoblauch nahe den Erdbeeren und neben Gurken und Tomaten. Und auf den großen Rosenfeldern auf dem Balkan wussten die Rosenzüchter und Rosenwasser-Hersteller schon im Mittelalter, dass Zwiebel und Knoblauch – zwischen die Rosen gepflanzt – die ätherischen Öle der Rose verstärken: »Knoblauch macht die Rose scharf!«

Ich kann auch den Abscheu vor Knoblauchgeruch nicht nachvollziehen – wahrscheinlich liegt es daran, dass wir inzwischen in einer Singlewelt leben. Gemeinschaftliches essen von Knoblauch-Gerichten ließe das Problem doch gar nicht erst entstehen. Ganz abgesehen davon, dass Knoblauch den Arzt und eine halbe Apotheke ersetzen kann. Von spanischen Freunden weiß ich, dass man bei ihnen für bestimmte feine Gerichte Knoblauch-Keime verwendet, die natürlich sehr viel milder und geruchsärmer sind. So stelle ich mir auch die Wirkung von rosa Knoblauch vor, den ich hier bei uns noch nie bewusst wahrgenommen habe. Das muss beim nächsten Gang auf den Viktualienmarkt sofort überprüft werden. Der Geschmack von Knoblauch und die Farbe Rosa ergeben in meiner Vorstellung auf jeden Fall eine verheißungsvolle Mischung.

Den Abscheu vor Knoblauchgeruch kann ich auch nicht verstehen, eine Vorliebe für rosa Knoblauch schon eher. Einmal wurde er mir von einem großen Koch gerühmt: Ich saß in der Kü-

che des Pariser Lokals »Alain Ducasse im Plaza Athénée«, als der damalige Küchenchef Jean-Francois Piège begann, von seiner »Hardware« zu schwärmen. Der neue Herd in seiner Küche verfüge über eine Intranet-Verbindung ins Büro und melde jede Minute auf den Bildschirm, was er gerade bei welcher Temperatur gart.

»Angenehm, aber Spielerei«, sagte Piège dann und legte einen Bund Knoblauch auf den Tisch »Rosa Knoblauch aus Lautrec. Der Beste – kein anderer ist so aromatisch. Das Kilo kostet zehn Euro. Wir verarbeiten täglich fünf bis zehn Kilo. Jeder Koch kann Hummer oder Kaviar kaufen. Nur wenige Köche decken ihren ganzen Knoblauchbedarf in Lautrec.«

Lautrec liegt im französischen Département Tarn in der Region Midi-Pyrénées, also irgendwo bei Toulouse. Ein durchreisender Kaufmann soll die tolle Knolle dort im Mittelalter hinterlassen haben: Weil er kein Geld für seine Mahlzeit hatte, ließ er dem Dorfwirt von Lautrec rosa Knoblauch als Bezahlung da. Eine nette Legende. Fest steht, dass Knoblauch aus den Regionen um Narbonne, Toulouse und Bordeaux schon früh über einen guten Ruf verfügte. Jedenfalls wunderte sich der Mediziner Bruyerin Champier im 16. Jahrhundert über all die Zeitgenossen, die dort »Knoblauch und Zwiebeln auf Brot essen«. »Herrschaften und gewöhnliche Leute, Männer und Frauen, Arme und Reiche, alle glauben, dass dies die beste der Würzungen ist.« Rosa Knoblauch aus Lautrec ist heute jedenfalls milder und subtiler als andere Knofi-Sorten. Außerdem hält er sich bei 12–15° in einem trockenen, gut durchlüfteten Raum recht lange. Schließlich wird er vor dem Verkauf bis auf die letzte Haut geschält – die rosa Zehen schimmern dem Betrachter durch die Haut entgegen. Seit 1966 ist der rosa Knoblauch mit einem »Label Rouge«, einem offiziellen Qualitätsmerkmal,

ausgezeichnet. Heute gibt es zwar die Tendenz, sich jedes Kraut, jedes Rezept und jede Mineralquelle irgendwo schützen lassen. Damals jedoch war ein »Label Rouge« für einen Knoblauch die absolute Ausnahme – der Knofi aus Lautrec ist dann auch der einzige mit rotem Abzeichen geblieben. Für seinen Anbau gibt es ein Pflichtenheft: Es regelt sozusagen das Leben des Knoblauchs vom Anfang bis zum Ende – welcher Samen verwendet werden darf, bis hin zum Verlesen der Ernte. Gut fünf Prozent des Knoblauchs kommt letztendlich nicht in den Verkauf, weil er den Qualitätsanforderungen nicht genügt.

Genau 161 Produzenten bauen rosa Knoblauch in 88 Gemeinden auf insgesamt 330 Hektar an. Je nach Ernte gelangen zwischen Mitte Juli und Ende März gerade mal 400 bis 800 Tonnen »Ail rose« auf den Markt. Gut 60 Prozent davon wiederum gehen in den Export – man bekommt sie also auch in deutschen Landen, die rosa Knolle aus Toulouse.

Doch es gibt eine weitere, rare Sorte, die Küchenchefs nutzen, um unsere Papillen zu verblüffen: Schwarzen Knoblauch aus Japan, genauer gesagt aus der Aomori-Region im Norden der Insel Honshu. Eine dunkle Sorte ist das nicht, vielmehr werden Knoblauchzehen in Meerwasserbecken getaucht. Etwa 30–40 Tage dauert das Bad bei 70 bis 80 Grad. So verändert sich die Farbe dieses »Edel-Knofi«, er wird weicher, zarter, entwickelt sich sozusagen zu »Knoblauch-Fruchtfleisch«. Schon wegen seines zarten, manchmal fast fruchtigen Eigengeschmacks muss man mit ihm nicht groß spielen. Schwarzer Knoblauch kann Saucen ein ungewohntes Aroma verleihen, in Scheiben geschnitten kann er Fische und Krustentiere begleiten. Obendrein gilt er als förderlich für den Blutkreislauf, gut gegen Bluthochdruck und natürlich – was sonst – als kraftvolles Aphrodisiakum. Was seinen hohen Preis erklärt.

Kobe-Rind

Rindfleisch ist in meiner österreichischen Heimat etwas sehr Besonderes. Dort hat man immerhin den »Tafelspitz« erfunden und zwei Dutzend von besonderen Fleischteilen des Rinds mit höchst romantischen Namen versehen – und entsprechend viele Zubereitungsarten erkocht. Joseph Wechsberg hat eine köstliche Geschichte in seinem Buch »Forelle blau und schwarze Trüffeln« über diese Rindfleisch-Glückseligkeit geschrieben. Das Fleisch dieses sagenhaften japanischen Rindviehs ist jedenfalls zu einer Legende geworden. Ich kenne zwar niemanden, der je davon gegessen hat, aber die großen, sehnsuchtsvollen Augen derer, die davon in Unkenntnis schwärmen, sprechen Bände. Es soll nicht nur das teuerste, sondern auch das gesündeste Fleisch der Welt sein und von einer Marmorierung, die ihresgleichen sucht. Stimmt es, dass die Ausfuhr von Kobe-Rindfleisch verboten ist? Was – wenn es stimmt – wohl die Begehrlichkeit der Feinschmecker zusätzlich entsprechend steigert. Ein Fleischgenuss, für den man nach Japan reisen muss, das ist wahrer Luxus!

Mir hat an diesem Mythos immer gefallen, dass diese schwarzen Tiere angeblich täglich mehrere Stunden mit Reiswein massiert werden, so dass sie ihre vorgeschriebene Statur behalten und vor gesundem Muskelfleisch nur so strotzen. Irgendwie erinnert mich das an Sumo-Ringer. Obwohl die den Sake sicherlich eher innerlich anwenden. Aber was wissen wir hier schon darüber?

Eigentlich wissen wir ziemlich wenig, außer den zahlreichen Legenden. Schließlich gibt es bei uns kein Kobe-Rindfleisch. Einmal sah ich es dennoch auf der Karte eines japanischen Restaurants in Düsseldorf, als Student vor über 20 Jahren. So eine Portion kostete gut 200 DM. Obszön viel Geld für ein Stück Fleisch, auch nach heutigen Maßstäben. Aber damals war es

ein Vermögen. Natürlich habe ich den Wirt sofort gefragt, was es damit auf sich hat, und schon bekam ich sie serviert, die Geschichte von dem schwarzen Rind mit den schönen dunklen Augen, das täglich vom Bauern mit Sake massiert und mit Bier getränkt wird, während es klassische Musik genießt. Hätte ich ein weiteres Glas Sake mit dem Herrn getrunken, wären die Massierbauern vielleicht zu jungfräulichen Geishas mutiert, die einen Zarte-Hände-Wettbewerb gewonnen hätten, das ahnte ich damals schon.

Wie oft träumte ich in den folgenden Jahren dennoch davon, ein Kobe-Rind zu sein. Inzwischen bin ich skeptischer geworden: Rindermassagen mögen irgendwo als Touristenspektakel existieren. Aber Fett ins Fleisch massieren, das erscheint doch fragwürdig. Menschen, die schon einmal ein Kobe-Rind persönlich kennengelernt haben, berichteten mir glaubhaft, dass Massagen und Musik auch in Japan nicht die Regel sind. »Kobe« steht für Steaks und Filets von speziellen Rindern aus der Präfektur Hyogo. Selbst von denen dürfen nur die Besten der Besten diesen Namen tragen. Es ist wie ein besonders aussichtsloses Bewerbungsverfahren: Hunderttausenden Rindviechern stehen wenige Tausend Gewinner gegenüber.

Zu trinken bekommen die zukünftigen Sieger kein Bier, sondern Heu aus Oregon und Kanada zum Fressen. Sind sie erst mal 15 Monate alt, stehen Heu, Weizenkleie und Stroh sowie Mais auf dem Speiseplan. Etwa zweieinhalb Jahre dürfen die Tiere ihr berühmtes Fett anfuttern. Dann wiegen die Ochsen etwa 700–800 Kilo, die Färsen etwa 600 Kilo.

Doch woher stammt das berühmte Fett eigentlich? In Europa wurden den Rindern die weißen Schichten im Fleisch regelrecht weggezüchtet, der Verbraucher will Mageres. Die Wagyu-Rasse, die das Fleisch der Kobe-Rinder liefert, bringt da etwas

mehr auf die Waage und wird deshalb eifersüchtig gehütet. Tatsächlich wacht die Präfektur sogar über zwölf Bullen, deren Samen die Jungrinder der nächsten Saison hervorbringt. Abstammung und Blutlinien werden penibel nachverfolgt. Außerdem kastriert man Wagyu-Bullen, damit sie leichter Fett ansetzen. Das hatte mir der Japan-Wirt in Düsseldorf nicht erzählt, im Nachhinein bin ich doch ganz froh, kein Rind zu sein.

In den Bereich der Legende gehören wohl auch Berichte, Wagyu sei eine uralte einheimische Rinderrasse. Schließlich gibt es in Japan nur zwei wirklich einheimische Rindviecher: Die wild lebenden Tiere von Mishima im Gebiet der Präfektur von Yamaguchi, sowie die ebenfalls wild lebenden Rinder der Insel Kuchinoshima im Südwesten der Kagoschima-Präfektur. Wissenschaftler vermuten, dass diese Tiere vor rund 2 000 Jahren auf der Insel angesiedelt wurden. Glaubt man dem Buch »Beef in Japan« von Professor John W. Longworth, wurden einheimische Rinderrassen seit Mitte des 19. Jahrhunderts zur Verbesserung der Fleischproduktion immer wieder mit europäischen Artgenossen gekreuzt. Im Wagyu stecken also auch Simmental- und Holstein-Gene! Die vier verschiedenen kommerziell gehandelten Wagyu-Arten gelten für die Japaner jedoch inzwischen als »einheimisch«, sie sind nicht nur schwarz, sondern auch braun.

Zutreffend ist jedoch, dass man das echte Kobe-Rind nur in seinem Heimatland genießen kann. Denn exportiert wird es tatsächlich nicht: Die Inlandsnachfrage ist hoch, und die Schlachthöfe von Kobe und Umgebung haben keine Zulassung für Exporte in die EU. Wirklich verboten ist der Export von lebenden Rindviechern, Embryonen und Rindersamen.

Dennoch gibt es auch bei uns Fleisch der Rasse Wagyu, denn schon 1976 wurden vier Bullen in die USA exportiert. 1993

folgten zwei männliche und drei weibliche Tajima-Rinder, ein Jahr darauf verließen gar 35 Wiederkäuer das Land der aufgehenden Sonne. »Mein« sogenanntes Kobe aus Düsseldorf stammte deshalb wohl »nur« aus derselben Rasse wie der legendäre Paarhufer.

Inzwischen gibt es Wagyu aus Amerika, Australien, Belgien und selbst aus Bayern. Die Familie Fischer in Tann im Rottal hält die schwarzen Stiere seit 2005. Solches Fleisch ist kostspielig, aber wesentlich günstiger als echtes Kobe.

Auch die Japaner selbst konsumieren weit mehr Wagyu als Kobe. Das Fleisch wird penibel beurteilt und in fünf Qualitätsklassen eingeteilt. Anders als in der Schule ist die »Fünf« die Bestnote, die absolute Elite heißt auch »Kuroge-Wagyu«. Beurteilt wird zunächst die Marmorierung: BMS (Beef Marbling Standard) 1 steht für ein blutrotes Stück Fleisch ohne Fett. BMS 12 hingegen für ein Steak, in dem sich Fett und Fleisch wunderschön gleichmäßig verteilen. So eine Nummer 12 wirkt, als hätte jemand sein Steak in frisch gefallenem Schnee gewendet. Dazwischen gibt es jeden gewünschten Fettgehalt und jede mögliche Fettverteilung. Wagyus der höchsten Qualitätsklasse Fünf verfügen über Fettstufen von neun bis zwölf. Das sind jetzt viele Zahlen – und es kommen sogar noch ein paar hinzu. Auf einer Skala von eins bis sieben werden nämlich auch die Fleisch- und Fettfarben einzeln benotet, wichtig ist auch Fleischfestigkeit und Maserung.

Gesund ist das Fleisch wohl auch: Sein Fett weist im Vergleich zu anderen Rinderrassen einen um ein Drittel höheren Anteil an ungesättigten Fettsäuren auf. Dr. Tim Crowe von der Deakin University School of Exercise and Nutrition Sciences erklärt sogar, es handele sich um »einen gesünderen Typ Fleisch«. Andere Studien berichten von cholesterinsenkenden

Effekten, wenn auch in »minimalen Ausmaßen.« Nicht selten wurden diese medizinischen Erkenntnisse anlässlich von Konferenzen der Verbände australischer oder amerikanischer Farmer verbreitet. Ob diese Verbände hier und da wohl auch mal eine Studie sponsern?

Auf der Zunge würde das Rekord-Rind jederzeit als Beef-Foie-Gras durchgehen, schließlich zerschmilzt es förmlich im Mund. Mir schmeckt es am besten in schmale Streifen geschnitten, roh oder ganz kurz, wirklich nur sekundenlang, angebraten. Wenn sie tatsächlich ein Steak wollen, dann bestellen sie es außen knusprig und innen so roh wie möglich, auch wenn sie Fleisch sonst nie so essen. Wer hingegen teures Wagyu kauft und es wie ein Stück Rind in die Pfanne oder gar den Holzkohlegrill haut, wird nach vollendeter Garung auf aromenarmem, gummiartigem Fleisch kauen.

Kürbiskernöl (Steirisches Kürbiskernöl)

Wunderbar, dass dieses kulinarische, in seiner Qualität konkurrenzlose Prachtöl endlich zur Sprache kommt! Aus gutem Grund hat sich Österreich diesen Markenbegriff schützen lassen, denn Kürbiskernöle gibt es wohl auch in Ungarn, einigen Balkanländern und in Russland. Aber das steirische Öl ist etwas sehr Besonderes. Es gibt viele Produzenten, die die Kerne noch mit der Hand ernten, man hat es dann also mit einem nicht industriellen Produkt zu tun, und der nussige Geschmack ist wirklich unnachahmlich. Wer es zum ersten Mal für Mozzarella mit Tomaten verwendet, wird im Gourmethimmel sein und das

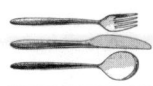

Gefühl haben, diese kleine Sommer-Vorspeise völlig neu entdeckt zu haben. Selbst in meiner österreichischen Heimat hat man diese regionale Öl-Köstlichkeit erst sehr spät – meines Wissens erst in den 80er Jahren – entdeckt. So lange war Kürbiskernöl ein grünrotes, nussig schmeckendes, südsteirisches Gourmet-Geheimnis. (Bei Krümelmonstern und Kleckerern ist dieses Öl gefürchtet, weil seine Flecken kaum bis gar nicht aus Textilien zu entfernen sind. Dabei gibt es einen ganz einfachen Trick: Wenn man die befleckte Textilie ein paar Stunden in die Sonne legt, verschwindet der Ölfleck wie von Zauberhand!)

Liebhaber von Pistazieneis werden folgende Nachricht gerne hören: Man nehme ganz normales Vanilleeis, träufle ein paar Tropfen Steirisches Kernöl darauf – und schon hat man den Geschmack von Pistazien auf der Zunge. Aber echt muss das Kernöl sein.

Keinesfalls will ich mit einer gestandenen Österreicherin über Kürbiskernöl diskutieren. Ergänzen kann ich höchstens, dass dieses hervorragende Öl aus dem Steirischen Ölkürbis (Cucurbita pepo var. Styriaca) gewonnen wird. Dessen Kerne werden gewaschen, getrocknet, gemahlen, schonend aufgeschlossen und gepresst. So einfach ist das. Und doch so schwierig. Die Kerne übrigens haben keine »hölzerne« Schale, sondern lediglich ein silbriges Schutzhäutchen. Doch wie werden die gemahlenen Kerne zu Öl? Die Kerne werden gewaschen, getrocknet und gemahlen. Dieses Mehl wird mit Wasser und Salz zusammengerührt und geröstet und permanent weitergerührt, bis das Wasser verdunstet. Resultat ist ein sogenannter Ölkuchen, der jetzt gepresst werden kann.

Steirisches Kürbiskernöl gilt als sehr gesund, da es reich an essenziellen Fettsäuren ist. In der Volksmedizin wird es als heilsam geschätzt bei Arteriosklerose, Prostataleiden, Blasenentzündungen, hohem Blutdruck, Muskelkrämpfen und vielem mehr.

Und noch ein Hinweis für Anfänger: Steirisches Kürbiskernöl eignet sich nur zum Aromatisieren und darf nicht erhitzt werden. Also bitte nicht damit braten oder kochen, das wäre wirklich Verschwendung eines raren Genussmittels.

Auch wenn es mit dem Öl nicht unmittelbar zu tun hat: Es ist für mich kein Zufall, dass die international bekanntesten Köche des deutschen Sprachraums von Witzigmann bis Puck alle Österreicher sind. Man findet hier eine Lust am Genuss, gelebte Tradition, eine große Zahl hochinteressanter k. u. k- Rezepte sowie eine kulinarische Normalität, die man so zwar in Frankreich und Italien, nicht aber in Deutschland antrifft.

Lachs (Wildlachs)

Dem Lachs hat man im Lauf der Zeit wohl ziemlich übel mitgespielt, was man so hört und liest. Von der Verschmutzung der Flüsse mal ganz abgesehen, ließ man sich auch noch Fluss-Sperren einfallen, damit das Tier seine berühmten Wanderungen flussaufwärts zu den traditionellen Laichplätzen nicht mehr aufnehmen konnte. Das alles, um ihn bequemer züchten zu können. Bequem und billig – auf Kosten von Umwelt und Natur. Um ein Kilo Zuchtlachs zu gewinnen, müssen fünf Kilo Futter her. Und künstliche Farbstoffe. Deshalb ist Lachs schon seit vielen Jahren nicht mehr »mein« Fisch. Zumal sich die Züchter ausgefuchste Markennamen für ihr Zuchttiere einfallen lassen, damit wir ihnen auf den Leim gehen: »Fjordlachs« oder »Wildwasserlachs« – ist ja nicht vollkommen gelogen, denn die Lachsfarmen liegen vor den Küsten, wo das Wasser durchaus als »wild« bezeichnet werden kann. Wenn auch mit Netzen begrenzt.

Wo bekommt man denn heute noch echten Wildlachs her, wenn man kein Bär ist? Und vor allem: Wie merkt man, dass er wirklich in Freiheit schwimmen konnte und ein glückliches Leben hatte?

Den echten Wildlachs gibt es kaum noch: Er kommt aus Norwegen, manchmal auch aus Schottland, ganz selten wird einer in Südwestfrankreich im Fluss Adour gefangen und landet dann nicht nur auf einem Teller, sondern auch auf den Titelseiten der Lokalzeitung. Dabei war der Adour früher einer *der* »Lachsflüsse« überhaupt, ähnlich wie bei uns der Rhein. »Rheinlachs kalt, sauce mayonnaise« stand 1903 zum Beispiel auf der Speisekarte von Pfordtes Restaurant in Hamburg. Spitzenkoch Franz Pfordte orientierte sich am Beispiel Frankreichs, arbeitete jedoch viel mit heimischen Produkten – entsprechend gab es auch Saiblinge aus dem Königssee.

Die wenigen Wildlachse, die heute auf den europäischen Markt gelangen, werden meist begierig von den besten Restaurants aufgekauft. Ganz selten gibt es »sockeye«, wilden Lachs aus Alaska.

Regelmäßig im Handel habe ich wilden Räucherlachs bei Barthouil in Peyrehorade, ebenfalls in Südwestfrankreich, aber südlich des Adour gesehen. Seit 1929 wird hier erstklassiger Lachs geräuchert – der Räuchervorgang dauert ganze 20 Stunden. Rund hundert Tonnen Lachs werden hier pro Jahr verarbeitet, etwa 30 davon sollen Wildlachs sein. Solcher Wildlachs schmeckt intensiver, weniger fett und hat einen längeren »Abgang«, genau wie beim Wein, also einen längeren »Nachhall« auf Zunge und Rachen. Den Rest kauft Jacques Barthouil im Norden Norwegens: »Dort sind die Wasser kalt und die Lachse werden nicht so schnell groß und fett.«

Der Gedanke, dass es irgendwo gute Lachsfarmen geben

soll, ist ausgesprochen tröstlich, denn Lachs und Fischfarmen generell stecken in einem Dilemma. Einerseits sind die Wildbestände des Salmo salar im Atlantik überfischt, andererseits benötigt man wie gesagt kiloweise Fisch als Futter – auch der muss gefangen werden. Zuchtlachse werden oft in kleinen Becken regelrecht »gestapelt«, ohne nennenswerte Bewegungsfreiheit zu haben. Artgerechte Tierhaltung sieht anders aus. Exkremente und Futterrückstände von Zehntausenden Tieren werden ungefiltert ins Meer gespült. Farmtiere brechen aus und paaren sich mit wilden Lachsen. Aber die Zuchtlachse, »optimiert« hinsichtlich Stresstoleranz und Wachstum, können in der freien Natur nicht überleben, auch Nachkommen aus der Paarung von wild lebenden und Zuchtlachsen gelten vielen Experten als weniger überlebensfähig. So wird nicht nur die genetische Vielfalt beeinträchtigt, die Zuchttiere tragen häufig Parasiten oder Krankheiten. Damit infizieren sie den Wildbestand. Und weil das so ist, werden Zuchttieren zuweilen Antibiotika ins Futter gekippt. Die schöne rote Farbe, die Wildlachse durch regelmäßigen Genuss kleiner Krebse und Garnelen erwerben, wird dem Zuchtfisch durch synthetisches Astaxanthin angefüttert. Kontrollbehörden unserer Nachbarländer suchen bei verdächtigen Importen von »Wildlachsen« zuerst nach synthetischem Astaxanthin, das nur im Farmfisch auftaucht. Diese Farbe scheint dem Verbraucher besonders wichtig zu sein, Züchter messen sie mit der »Roche Color Card« (SalmoFan). Je dunkler das Filet, desto wertvoller schätzt der Verbraucher den Fisch ein, desto mehr Geld ist er auszugeben bereit. Und der Geschmack? Alle Freunde schönen Lachsrots sollten sich lieber ein Bild in dieser Farbe zulegen, statt ihr Geld für synthetische Farbstoffe auszugeben.

Doch wie gesagt, namhafte Importeure schwören, dass es

gute Lachsfarmen gibt. Einer hat mir sogar erzählt, dass im Unternehmen Faroe Farming in Vágur auf den Faröer Inseln die Lachse von Hand gefüttert werden, mit teurem Futter aus Fisch und Fischöl. Kameras würden überwachen, wann die Lachse das Futter stehen lassen, also satt sind. Nur, woher soll ich wissen, woher mein Zuchtlachs stammt? Ich hoffe, ich esse einmal einen richtig wohlschmeckenden. Bis dahin bleibt Zuchtlachs für mich das »Batteriehuhn des Atlantiks«.

Lamm

Auf den Hochgenuss von Lammfleisch sind die meisten Menschen in unseren Breitengraden erst durch die Hochgastronomie oder durch die Gastgeber in südlichen Urlaubsländern gekommen. In den heimischen Stadtküchen kam dieses wohlschmeckende Fleisch eher selten zum Einsatz. Aus der Literatur kannte man zunächst Hammelfleisch-Eintöpfe, um die nicht nur Karl May seine Helden in fernen Wüsten unterm Sternenhimmel im Rund versammelte. Und irgendwie ahnte man als Leser dieser exotischen Abenteuergeschichten, wahrscheinlich angeleitet von den Vorurteilen der Älteren, dass dieses Fleisch einen Beigeschmack haben könnte, der nicht mit unseren Geschmacksvorlieben harmoniert: Es »bockelt«. Ich weiß nicht, ob das stimmt, aber dass ein Elterntier nicht so zart und wohlschmeckend ist wie ein Junges, liegt eigentlich auf der Hand. Ganz abgesehen davon, dass man zartes Lammfleisch wohl niemals zu einem Eintopf herabwürdigen würde – was für eine kulinarische Todsünde!

Und dann lasen wir alle die berühmte Geschichte von Roald Dahl, »Lammkeule«, in der solch ein tiefgefrorenes Hinterbein zur Mordwaffe wurde, die mittels Verspeisung einfach verschwand. Da hätte

man eigentlich schon einmal nachdenklicher werden können. Auch wenn die englische Küche nicht die allerberühmteste ist – der Lammkeule setzte dieser Autor damit ein literarisches Denkmal. Vielleicht haben die großen Köche um Witzigmann auch alle Roald Dahl gelesen, fühlten sich animiert und in ihrer Kreativität herausgefordert, haben sich also um das Lamm bemüht und es in den herrlichsten Varianten auf die Sternemenükarten gesetzt? Spätestens ab diesem Zeitpunkt fassten dann auch private Köche Mut. Heute hat man beim Stichwort Lammkeule einen wunderbaren Duft nach Knoblauch und Küchenkräutern in der Nase. Und wie man aus den Küchen so hört, ist Lamm durchaus willig, sich relativ unkompliziert zubereiten zu lassen. Das Problem ist nur: Wo bekommt man wirklich gutes Lammfleisch her?

Schwer zu sagen. Berühmt sind ja all die Salzwiesenlämmer, egal, ob sie nun an Nord- und Ostsee oder vor dem französischen Mont-Saint-Michel weiden. Eine Qualitätsgarantie ist der Name allein allerdings nicht, Geschichten wie »man schmecke im Lamm die Salzwiesen heraus« oder »Salzwiesenlamm muss man nicht salzen« gehören ins Legendenregal, gleich neben Nessie und das Bermuda-Dreieck. Wie bei allen Tieren wirkt sich das Futter stark auf den Geschmack aus, das allerdings ist wahr.

Beim Lamm ist aber auch das richtige Alter wichtig: Da gibt es zunächst das junge Milchlamm (agneau de lait). Idealerweise heißt es nicht nur so, sondern wurde auch mit Milch aufgezogen. Sein Fleisch ist blassrosa und sehr, sehr zart. Je nach Rasse und Herkunft gibt es hier sogar mehrere Kategorien: Nur mit Muttermilch aufgezogene Lämmer, maximal 45 Tage alt, mit einem Gewicht von fünf bis elf Kilo – das ist die Definition des Milchlamms aus den Pyrenäen mit Gütesiegel. Er-

hältlich sind jedoch auch vorwiegend mit Muttermilch ernährte Lämmer, maximal 90 Tage alt, leichter als 13 Kilo.

Älter, schwerer und stärker im Geschmack ist das Weidemastlamm (Broutard), das bereits mit Grünfutter ernährt wurde. Solch ein Lamm muss jünger als ein Jahr sein. Denn je älter es wird, umso intensiver wird der von den meisten Menschen nicht so geschätzte Schaf- oder Hammelgeruch.

Am Lamm schmeckt einfach alles: Filets, Koteletts, Brust, Schulter, Rücken, Haxen und die saftigen Keulen. Aber – und darauf bestehe ich ganz besonders – auch die Innereien wie Zunge, Leber oder Bries.

Gutes Lammfleisch ist blassrosa oder fast weiß, mit schneeweißer, fester Fettschicht. Letztere darf beim Anfassen nicht unter den Fingern rollen. Ein alteingesessener Metzger hat mir folgenden Trick verraten, um die »Duftnote« zu bestimmen: Die Hände anwärmen und über die Fettschicht gleiten lassen. Ist das Lamm zu alt, hat man anschließend typischen Hammelgeruch an den Fingern. Das Alter erkennt man auch an der Fleischfarbe: Sie wird mit der Zeit stumpf rot, fast violett oder gar schwarz. Lamm kauft man am besten beim Metzger, denn die schmalen, vorverpackten Stücke im Supermarkt schmecken schon nach kurzer Liegezeit deutlich weniger saftig.

Neben dem erwähnten Pyrenäenlamm haben mir das Lamm aus Quercy und das spanische Lamm aus Aragon besonders gefallen. Dort in Spanien haben die Züchter 800 Jahre Erfahrung in der Lammzucht. Noch heute werden einheimische Rassen wie Aragonesa, Ojinegra de Teruel und Roya Bilbilis hier aufgezogen, zunächst mit Muttermilch, dann werden sie mit Cerealien und Heu ernährt und im Alter von zwischen 70 und 90 Tagen geschlachtet. Zusammen mit drei spanischen Freunden

habe ich einmal ein ganzes gegrilltes Lamm in einem Restaurant nahe Zaragoza verspeist.

Die Welt kennt eine unglaubliche Vielzahl an Lammgerichten, von Curries über Couscous, Kebab und Tajine bis zum Lamm in Minzsauce. Was mich aber noch stärker als die Schlusspointe in der Geschichte von Roald Dahl beeindruckt (die verrate ich hier ausdrücklich nicht!), ist der Einfallsreichtum unserer Vorfahren: Ein klassisches Rezept (à la Condé) kündet von dicken Scheiben Lammfilet, gespickt mit Trüffeln, Cornichons und Anchovis, anschließend mariniert, gehackt und im Schweinsnetz gebraten. Und frei nach Alexandre Dumas verspeiste Ludwig XV. zu Ostern ein entbeintes Lamm, gefüllt mit einer Farce aus Lammfleisch, gekochtem Eigelb, Weißbrot, Kräutern und Gewürzen. Dazu gab es ein Trüffelragout, Schinken- oder Pistaziensauce. Eben ein Gericht, das heute nur noch Könige bezahlen könnten. Ich würde es trotzdem mal gern probieren.

Languste

Es ist zwar peinlich, ich muss es aber zugeben: Viele dieser wunderbaren Krustentiere, die uns die Meere der Welt bescheren, sind mir ein kulinarisches Rätsel. Und ich krieg sie ständig alle durcheinander. Kaisergranat, Scampi, Riesenscampi, Languste und wie sie alle heißen. Ich weiß nie, wer wer ist. Einzig den Hummer, diesen Riesenbrummer, den kann ich zweifelsfrei identifizieren. Dass sie mir alle munden, das steht allerdings fest. Neben diesem großen Luxustier gibt es aber auch noch die einen, die – so wie er – viel Fleisch haben, und solche, vor denen man fast verhungert; solche, die ausgelöst serviert werden, und andere, die

einem auf dem Teller zu schaffen machen oder für die man eigenes »Werkzeug« braucht. Oder zumindest esstechnische Begabung und Geduld. Die babylonische Sprachverwirrung der Länderküchen tut ein Übriges: Sind Gambas nun eine eigene Art oder nur der italienische Name für ein Krustentier, das bei uns einen eigenen Namen hat?

Allein diese Identifikationsfrage wird für Binnenlandbewohner wie mich gelegentlich zum Problem. Allerdings geht es mir deshalb noch lange nicht so wie Jean Paul Sartre, der wohl eine Krustentier-Phobie hatte: In Albträumen fühlte er sich von scherenbewaffneten Meeresbewohnern verfolgt, nachzulesen in dem wunderbaren Buch »Der Bauch der Philosophen« von Michel Onfray.

Die Sprachverwirrung liegt nicht an den Zoologen, sondern an Händlern und Wirten: So kommen in Italien als Scampi ursprünglich Kaisergranat auf den Teller. In Deutschland sind es Garnelen, die oft aus asiatischen Zuchtfarmen stammen. »Garnelen« im Handel stammen von grundverschiedenen Arten.

Damit soll nichts gegen frische Garnelen gesagt sein: Ob Miniatur-Krevetten, die kleinen, in Lake eingelegten Krabben, oder Gambas, eine Handelsbezeichnung für 3 bis 6 cm lange Garnelen – sie gehören alle zu dieser Sorte. Dutzende Garnelensorten aus allen Weltmeeren kommen in den Verkauf. Hinweise auf die genaue Bezeichnung der Art und den Herkunftsort sowie eventuelle Beigaben aus der Chemiefabrik finden sich höchstens im ganz Kleingedruckten. Wie alle Krustentiere sollten auch Garnelen am besten lebend erstanden und gekocht werden. Auf vielen Märkten werden sie jedoch entweder gekocht oder aufgetaut angeboten. Tipp zum Einkauf: Achten Sie darauf, dass der Kopf nicht spielend leicht vom Leib zu entfernen ist. Und natürlich sollen die Meerestiere nicht nach Chlor oder Ammoniak riechen.

Kaisergranat, echte Scampi oder Langustinos (Nephrops norvegicus) sehen fast aus wie Minihummer mit langen Scheren. Auch hier gilt: Die lebend gekauften Exemplare schmecken später am besten. Gute Langustinos sind 15 bis 25 Zentimeter lang und gut daumendick, mit roten Scheren, schwarzen Augen und glänzendem rosa Panzer. Nicht kaufen sollte man Kaisergranat mit fehlenden Scheren, mit schwarzen Flecken auf dem Panzer oder schlaffem, weichem Fleisch. Das Fleisch in den Scheren gilt als besondere Delikatesse, aber man muss schon ein wenig arbeiten, um daran zu kommen und es genießen zu können.

Die Languste (in Europa: Palinurus elephas) jedoch ist eine Klasse für sich: Ein besonders feines Krustentier, dessen delikates Aroma höchstens noch durch den Bärenkrebs übertroffen wird. Früher zogen Feinschmecker ihr freilich den Hummer vor. Alexandre Dumas schreibt das im »Wörterbuch der Küche« gleich zwei Mal: »Die Languste unterscheidet sich vom Hummer dadurch, dass sie über weniger feines Aroma verfügt « und »die Languste ist weniger aromatisch als der Hummer und weniger gefragt«.

Sie sieht aus wie ein Hummer ohne die großen Scheren, aber mit zwei besonders langen, nach hinten abstehenden Antennen. Und sie wird bis zu zwei Kilo schwer, bei einer Länge von 50 cm. Zum Schutz der permanent schwindenden Bestände sollten Langusten, die kleiner als 23 cm sind – dann sind sie immerhin bereits etwa fünf Jahre alt – nicht verkauft, sondern ins Meer zurückgeworfen werden. Als privater Genießer sollte man entsprechend erzieherisch wirken, in dem man solche Tiere nicht kauft.

Eine gute Languste verfügt über relativ lange, frisch glänzende Antennen, schimmernde Augen und einen gekrümmten

Schwanz. Sie ist schwer für ihre Größe. Am besten schmecken Langusten aus den kalten Nordmeeren. Ihre dicken Artgenossen aus Kuba oder Honduras mögen beeindruckend aussehen, ihr Fleisch schmeckt relativ oft ein wenig »baumwollartig.« Man jagt sie auf Tauchgängen oder, wie Hummer, durch Auslegen von Kistenfallen mit Ködern.

Auch europäische Langusten weisen oft diese wollige Konsistenz auf, wenn sie zu lange gegart wurden. Zubereitet werde sie in einer Court-Bouillon, im Ofen, auf dem Grill oder im Kochtopf.

Wie Hummer sollten auch Langusten lebend gekauft und gekocht werden, was die oft beschriebenen Gewissensbisse verursacht. Es gibt Köche, die schneiden das gesamte Tier einfach durch, um es danach zuzubereiten. Andere werfen es in kochendes Wasser. Wieder andere schwören jeden Eid, dass man die Krustentiere einfach nur mit dem Kopf nach unten halten muss, damit sie in Vollnarkose versinken. Tiefgefrorene Langusten sind meist ihr Geld nicht wert. Wer eine Languste selbst zubereiten möchte, muss sich also mit der Frage auseinandersetzen, ob er sie töten will – siehe Hummer.

Und wie bei allen teuren Krustentieren haben die Food-Fälscher auch bei der Languste ganz übel zugeschlagen. Hüten Sie sich vor »Langustenmedaillons« aus der Fischpampe Surimi und vor allen Produkten, die mit »Langustenaroma« werben. Die haben sich von der Languste nur den Namen ausgeborgt.

Lardo di Colonnata

Wer für »Tiroler Räucherspeck« schwärmt, aber den toskanischen Lardo nicht kennt, der hat ein Geschmackserlebnis der dritten Art noch vor sich. Ganz abgesehen davon, dass das echte »Geselchte« aus den Kaminen von Tirol, Südtirol, Oberösterreich oder der Steiermark sowieso nur mehr von privaten Erzeugern – also mit Beziehungen – direkt zu bekommen ist. Angeblich erzeugt Ruß – und ohne den geht es bei echtem Geräuchertem nun mal nicht – Krebs, und alles, was in den Supermärkten als Ersatz angeboten wird, ist nichts als eine müde Kopie.

Wer also der Speck-Bretteljause – hochdeutsch: Brotzeit – von früher nachtrauert, wird im Lardo eine neue, kalorienreiche Leidenschaft entdecken. Wer ihn einmal probiert hat, wird diesem Vollspeck – es gibt keine mageren Fleischstreifen im Lardo, weil er vom festen Rückenspeck guter Hausschweine stammt – unweigerlich verfallen. Auch die Entstehung ist spannend: Lardo reift in Salzlake und Gewürzen in Marmortrögen in Marmorbrüchen, beschwert mit speziellen Marmorblöcken. Er braucht Monate, um der zu werden, den man nie mehr vergisst. Echter Lardo schimmert perlmuttfarben rosa und muss hauchdünn geschnitten sein, um vollkommen zur Geltung zu kommen. Aber sicher gibt es noch mehr Lardo-Geheimnisse? Mir ist er leider erst vor ein paar Jahren »begegnet«, darum bin ich ein Lardo-Neuling …

Also, für diesen auf der Zunge schmelzenden Speck lasse ich etliche Schinken stehen. Und das, obwohl ich als Kind Fett immer ausgespuckt habe.

Dieser Speck wird spätestens 72 Stunden nach der Schweineschlachtung abgetrennt, mit Salz eingerieben und in die »Conche«, die erwähnten Marmorgefäße, gelegt. Diese wur-

den zuvor gründlich mit Knoblauch abgerieben. Solche trogartigen Marmorgefäße scheinen eine uralte Tradition zu haben. »Specklager« aus dem 17., 18. und 19. Jahrhundert blieben jedenfalls erhalten.

Speck und Gewürze wie frischer, im Mörser zerstoßener Pfeffer, geschälter, grob gehackter Knoblauch und frischer Rosmarin werden Schicht um Schicht darin abgelegt, bis die Conche randvoll ist. Dann heißt es: Deckel drauf! Sechs Monate reift der Speck in seinem Marmorknast in Räumen mit geringer Frischluftzufuhr. Klimaanlagen sind tabu.

Diese Herstellung folgt ursprünglich den Bedürfnissen der Vorratshaltung. Schweine wurden hier nur im Januar und Februar, den kältesten Monaten des Jahres, geschlachtet und verarbeitet. Im Sommer hatte man dann Lardo. Heute schlachtet man von September bis Mai, aber ebenfalls nie in den heißen Sommermonaten. Lardo stammt nicht nur aus der Toskana, sondern auch aus der Emilia-Romagna, Venetien, Friaul-Julisch Venetien, Lombardei, Piemont, Umbrien, Marken, Latium und Molise.

Nach alter Überlieferung steht der Name »Colonnata« für eine Sklavenkolonie, deren Bewohner zu römischer Zeit in Marmorbrüchen arbeiteten. Speck wurde damals schon verzehrt: Der Codex Iustinianus jedenfalls berichtet, dass Legionäre jeden dritten Tag eine Ration Speck bekamen. Ob das wohl Lardo war? In der besonders ausführlichen Verordnung Nr. 1856/2004 der Europäischen Kommission vom 26. Oktober 2004 zur Eintragung des Lardo di Colonnata in das Verzeichnis der geschützten Ursprungsbezeichnungen und der geschützten geografischen Angaben kommt auch der Ingenieur Aldo Mannolini zu Wort. Er leitete Ende der 1940er Jahre im Auftrag der Firma Montecatini mehrere Marmorbrüche in

Carrara und sagt, dass sich damals »aufgrund der Ernährungsgewohnheiten der Arbeiter unfehlbar deren Wohnort ermitteln ließ«. Denn nur die Arbeiter aus Colonnata verzehrten ihr Brot mit Speck – und waren vollkommen zu Recht stolz darauf.

Linsen

Die meisten Menschen kennen Erbsen- und Bohnengerichte, sind aber mit Linsen weniger gut vertraut. Abgesehen von den Schwaben natürlich, deren »Linsen mit Saitenwürstle« eines ihrer Nationalgerichte ist. Und natürlich kennen wir alle die Geschichte aus dem Alten Testament, in dem Jakob seinem Zwillingsbruder Esau das Recht des Erstgeborenen für ein Linsengericht abkaufte.

Diese kleinen, flachen Minitalerchen fassen sich gut an, schmecken wunderbar nach Garten (erdig, wie nach einem Sommerregen) und sind außerdem viel schneller essfertig als Erbsen oder Bohnen. Von Vegetariern weiß ich, dass sie unverzichtbar für deren Speiseplan sind, weil sie einen hohen Eiweißanteil haben, einen höheren als manche Fleischsorten.

Meine Lieblingslinsen sind die schwarzen Belugas, die ganz hervorragend zu Fisch passen, aber auch zur Entenbrust. Diese Kombination ist geradezu unschlagbar. Eine andere Sorte, die Puy-Linse aus Frankreich, ist berühmt, aber ich habe sie noch nie gegessen. Was hat es mit ihr auf sich?

Die kleinen, schwarzen Linsen mag ich auch sehr gern. Aber muss man sie unbedingt unter dem Namen einer Kaviarsorte vermarkten? Ist demnächst mit Konkurrenz durch Sevruga- und Oscietra-Linsen zu rechnen? Es gibt viele weitere, schöne

Linsensorten: Die »blonde Linse aus Saint Flour« ist die dickste. Aus der französischen Champagne kommt eine »Rosa Linse« – ich rechne es den Produzenten hoch an, dass sie sie nicht permanent als »Champagnerlinse« vermarkten. (Vielleicht haben die auch nur Ärger mit dem streitbaren Champagnerverband bekommen, der schon ein Parfum namens »Champagne« verbieten ließ.) Rote oder gelbe Linsen kommen aus Asien, die kleinen Runden aus Le Puy sind erdgrün. Die »Lens esculenta puyensis«, die grüne Le Puy Linse, ist mir schon deshalb sympathisch, weil sie aus ihrer Herkunft kein Geheimnis macht. Sie stammt aus Puy-en-Velay in der Auvergne. Eine arme, ländliche Region mit rustikaler Küche, Heimat des Aubrac-Rinds, des Chateldon-Mineralwassers, das für Ludwig XIV. in Eselskarren nach Versailles transportiert wurde, sowie diverser Würste und duftiger Käse. »Kaviar der Armen« heißt die Hülsenfrucht dort, was ja wieder einen gewissen Bezug zum Beluga bietet. Vor Jahrzehnten wurde dieser Kaviar der Armen noch in Lokalen wie der (inzwischen verschwundenen) »Grande Brasserie du Velay« in günstigen Gerichten wie »gekochte Würfel von der Schweineschnauze mit Linsen« aufgetischt – inzwischen gehören solche Rustikalitäten leider auf die Liste der aussterbenden Köstlichkeiten.

Die Linsen wachsen in 600 bis 1 200 Meter Höhe und profitieren vom lokalen Mikroklima. Im Winter wird es hier sehr kalt und im Sommer angenehm warm, was das Linsenwachstum fördert. Gesät wird die Sorte »Anicia« von März bis April, wenn die Bodentemperatur gerade mal 5° beträgt. Traditionell säen viele Bauern noch in der Woche vor Vollmond, weil Letzterer, laut Volksglaube, das Pflanzenwachstum beschleunigt. Verzichtet wird hingegen auf Dünger und jede Form der Bewässerung. Das Resultat ist eine Linse, die fast

nie mehlig ausfällt und über vollen, erdigen Linsengeschmack verfügt.

Auch dafür wurde die Linse 1996 mit einem AOC-Güte-siegel (appellation d'origine controlée – kontrollierte Erzeuger-herstellung) ausgezeichnet. Wegen ihres Nährstoffgehalts wird sie übrigens vom lokalen Bauernverband auch als »Vegetal-Beefsteak« vermarktet. Und weil französische Bauernverbände in Sachen Eigenwerbung sehr einfallsreich sind, hatte der As-tronaut Jean-Francois Clervoy zur Jahrtausendwende seinen Kollegen auf der Raumfähre Discovery ein ganz besonderes Menü mitgebracht: Nach Foie Gras-Terrine gab es Pökelfleisch (Petit salé, kleines Gesalzenes) mit Linsen aus Le Puy. Das ge-hört, zusammen mit Linsensalaten, Linsensuppen und Süßwas-serfischen auf Linsenbetten, zu den bekanntesten Gerichten der Region. So ein Petit salé besteht aus Schweinsbrust, -rippchen und Speck. Die Linsen werden blanchiert, während im Nach-bartopf schon Karottenwürfel, gehackte Zwiebel und Speck in Gänsefett schmurgeln. Dann kommen die Linsen zu den Karot-ten ins Gänsefett. Sie werden – ohne das Fleisch – noch mal gut 20 Minuten in Geflügel- oder Rinderbouillon gegart. So war sie, die authentische Bauernküche aus der Zeit, als Familien noch eine ordentliche Bouillon herstellen konnten und es noch gegen die Ehre prominenter Köche ging, Fertigprodukte mit Geschmacksverstärkern zu bewerben. Manchmal wäre es mir lieber, die Herren der Herde würden wieder kochen, statt im Fernsehen und in der Werbung zu Dressmen und Kochschau-spielern zu mutieren. Dann gäbe es vielleicht auch wieder an-ständige Linsengerichte.

Mango

Was für eine herrliche Frucht – auch wenn sie meistens von weither kommt und den Klimaschützern deshalb wahrscheinlich ein Dorn im Auge ist. Ich kenne nur südamerikanische Sorten, die ein sagenhaftes Gelb aufweisen, das wirkt, als sei barocker Samt in Fruchtfleisch umgewandelt worden. Und erst diese sanfte, unaufdringliche Süße mit einem Aroma, das nicht auftrumpft und seine Eigentümlichkeit bescheiden zurücknimmt – die Mango ist unter allem exotischen Obst eine edle Königin.

Dabei ist es in unseren Breitengraden nicht ganz einfach, eine wirklich auf den Punkt gereifte Frucht zu bekommen. Aber wenn es gelungen ist – schwarze Flecken auf der Außenhaut sind ein Zeichen dafür, dass man Glück hat –, kann man sich auf einen besonderen Genuss freuen. Aus Mango-Schnitzen lässt sich – wie auch aus Orangenscheiben – ein äußert wohlschmeckender Salat machen. Dafür sollte man aber nur die fasrigen – und billigeren – Sorten nehmen, die samtfeinen Zungenschmeichler sind zu schade dafür, die müssen pur genossen werden. Wer mit der Salatvariante einmal experimentiert und die richtige Vinaigrette dazu gefunden hat, der weiß, dass Frühlingszwiebeln, sehr fein gehackt, geradezu verliebt in die Mango sind.

Es ist wirklich kurios: Kaum eine gut gereifte Mango findet sich auf dem Markt – dabei werden sie doch in gut 80 Ländern der Welt angebaut: Indien ist der Hauptproduzent mit über 13 Millionen Tonnen. Dazu kommen China, Indonesien, Mexiko, Thailand, Pakistan, Brasilien, die Philippinen, Bangladesch, Nigeria, Vietnam, Spanien. Je nach Quelle werden der Mango 800 bis 1000 Unterarten zugesprochen, mal mit, mal ohne Fasern, mal fruchtig, mal mit intensivem Honiggeschmack, mal eher pfirsichartig mit leichtem Blumenaroma,

dann wieder mit zarter Pfeffernote. Vermutlich könnte man ein halbes Leben damit verbringen, die Frucht wirklich kennenzulernen.

Es heißt, Buddha hätte einen Mangogarten als Geschenk von Ambapali, einer Dame von zweifelhaftem Ruf, erhalten. Jordanus Catalanus von Severac, ein französischer Missionar, soll sie 1328 als erster Europäer erwähnt haben, ein paar Jahrzehnte später kreuzt die Frucht den Weg des Entdeckers Nicolò de' Conti.

Die grüne Haut schweigt sich bis heute über die Qualität der Frucht aus. Gute Mangos sind duftend, etwas weich, aber nicht schlaff. Zu früh gepflückte Früchte erkennt man manchmal an der etwas faltigen Haut – sie schmecken säuerlich und sind, je nach Art, eher faserig.

Harte Mangos können bei Zimmertemperatur nachreifen. Die raren, reifen Exemplare hingegen sollten innerhalb von zwei bis drei Tagen verzehrt werden. Mangos neigen nämlich dazu, schnell zu fermentieren.

Apropos Zwiebelchen: Ein großer Koch hat mir einmal ein tolles Rezept für Mangochutney anvertraut: Dafür wird eine grüne Mango am Abend in Würfel von 1/2 cm Kantenlänge geschnitten. Salzen und über Nacht ruhen lassen. Am nächsten Morgen werden Chilischoten in Scheiben geschnitten, Knoblauch und Zwiebel geschält und gehackt. Auch die Mango muss noch einmal abgespült werden. Während sie abtropft, wandern Chilischoten, Reisessig und Zucker in einen Schmortopf. Beim ersten Aufkochen kommen weiße Zwiebel, Knoblauch und die entsalzten Mangowürfel hinzu. Zehn Minuten kochen lassen, Rosinen hinzufügen und abkühlen lassen. Der letzte Schliff kommt durch geröstete Mandeln, fein gehackten Babyginger, das ist zarter, junger Ingwer mit rosa »Auswüch-

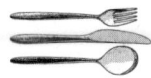

sen«, »normalen« Ingwer und Basilikumblätter. Wer möchte, kann auch noch etwas frische Mango, in kleine Stäbchen geschnitten, hinzugeben. So ein Chutney räkelt sich wie Marmelade im Mund und schmeckt ganz wunderbar.

Marille (Wachauer Qualitätsmarille)

Wer wissen will, wie es zu dem Wortbild »Blütenmeer« gekommen ist, der muss zur Marillenblüte nach Niederösterreich, genauer: an der Donau entlang in die Wachau fahren. Den Besucher erwartet ein unvergesslicher Anblick. Für den Rest seines Lebens wird er beim Öffnen eines Glases Aprikosenmarmelade diese Blütenpracht vor Augen haben. Selbst wenn es sich um ganz normale Aprikosenmarmelade handelt, die nicht das geschützte Siegel »Wachauer Qualitätsmarille« tragen darf, das Obstbauern zugesprochen wurde, die seit mindestens 100 Jahren dieses wohlschmeckende Obst anbauen und die Bäume kultivieren. Wer jemals eine solche erntereife Frucht aus der Wachau gegessen hat, wird danach fast alles, was uns normalerweise auf Märkten als Aprikosen angeboten wird, als fad, wässrig und aromaarm empfinden.

Der außerhalb Österreichs kaum bekannte Begriff »Marille«, der für Aprikose steht, gehört zu den etwa 40 Lebensmittelbegriffen, die sich die Österreicher beim EU-Eintritt haben schützen lassen, was nicht nur ein Sorten-, sondern auch ein Akt des Sprachschutzes war. So dürfen Kartoffel in Österreich auch offiziell als Erdäpfel, Tomaten als Paradeiser und Blumenkohl als Karfiol bezeichnet werden, um nur einige Beispiele zu nennen, zu denen eben auch die Marille gehört.

Wer noch nie Marillenknödel mit Zimtsemmelbrösel gegessen hat, dem fehlt eine wesentliche Geschmacks-, nein, ich gehe weiter und behaupte sogar, Lebenserfahrung. Eine Lücke, die selbst die Marmelade, der Likör und der Schnaps aus der Wachauer Produktion kaum ausgleichen können. Dabei ist die echte Sachertorte ohne Marillenmarmelade nicht denkbar und auch der nicht nur bei Kindern heiß geliebte Pfannkuchen, der in Österreich Palatschinken heißt – ob mit Marillenschnaps flambiert oder nicht –, ist mit jeder anderen Marmeladensorte nur die Hälfte wert.

Auch als Piefke finde ich das Festhalten an den österreichischen Namen ebenso sympathisch wie verständlich. Sprache ist Sprache und Vertrauen einflößende Heimat. Wer würde denn in Deutschland zum Beispiel im Gegenzug auf die Worte »Tomate« und »Aprikose« verzichten? Außerdem, das erwähne ich in diesem Buch gerne bei jeder passenden Gelegenheit, kommen aus Österreich ganz hervorragende Köche und Winzer. Überhaupt ist die ganze Feinschmeckerei dort keine so abgehobene Angelegenheit, sondern fällt in den Bereich Alltagskultur.

Kein Deutscher sollte Österreicher über Marillen belehren. Ich will deshalb auch gar nicht damit anfangen. Zitieren kann ich immerhin aus den Dokumenten des »Arbeitsausschusses zur Förderung des Marillenanbaus in den Gebieten Wachau-Krems-Mauern«. Die verraten uns nicht nur, dass Marillen 45 bis 60 Gramm schwer sind, fast alle der Sorte »Klosterneuburger« entstammen, über oranges und rötlichoranges Fruchtfleisch verfügen, einen Zuckergehalt von 9,4 Prozent und einen Fruchtsäuregehalt von 13 Prozent aufweisen. Sie sagen auch, dass die Früchte nicht mehlig werden (ein beachtlicher Unterschied zu vielen anderen Aprikosen!) und zum ersten Mal schriftlich in einem Brief vom 23. 7. 1509 als »Maryln« auftau-

chen. Das Schriftstück liegt im Starhembergischen Archiv in Eferding bei Linz. Die Marillen aus der Region Arnsdorf in der Wachau wurden am 15. 4. 1679 vom »Löß-Commissary« (Lesmeister) des Hochstiftes St. Peter in Salzburg erwähnt: »Nuß, Pfersich, Mariln, Mandeln«, so listete der Lesmeister die Bäume in den Weingärten des Peterstiftes auf.

Wer aus geografischen Gründen nicht die sorgfältig behandelten Wachauer Marillen kaufen kann, sondern in der Früchtekiste nach anonymen Aprikosen grabbeln muss, sollte Folgendes beachten: Zu grüne Ware ist fad, alles andere muss man abtasten: Gute Früchte fassen sich fleischig-seidig an und sind ein wenig weich. Schwammig oder schlaff dürfen sie nicht sein. Auch zu harte Aprikosen dürfen ruhig beim Händler bleiben: Nach dem Pflücken reifen sie nicht weiter. Die Früchte sind fragil, und jeder Stoß führt zu braunen Flecken. Doch selbst wenn die Aprikose perfekt ausschaut, kann sie innen faserig sein. Einige Fachleute vermuten, dass dies an der Intensivbewirtschaftung mancher Plantagen liegen könnte. Vor all dem ist man bei Ware aus der Wachau gefeit.

Maronen

Ich weiß, dass sie bei Edelköchen glasiert bzw. karamelisiert sehr beliebt sind als Beilage zu Wild. Und dass sie in süßer Form – als Mousse – ein exklusives Dessert sind; sogar als Sahneeis sind mir die Esskastanien schon begegnet. Allerdings kann ich mit dem Maronengeschmack nichts anfangen – meine Zunge empfindet ihn mit seiner etwas faden Süße zwar als unverwechselbar, aber zu wenig ausgeprägt, ja sogar langweilig.

Interessanter finde ich aber die Geschichten um die Esskastanie. Als Kind habe ich zum Beispiel nicht verstanden, warum man aus den glänzenden Früchten der Rosskastanie, die in den Alleen zuhauf herumlagen, mit Hilfe von Streichhölzern zwar Tiere und Männchen basteln, sie aber nicht essen kann. Die Esskastanie dagegen war im südlichen Teil der Alpen für die armen Leute ein Grundnahrungsmittel und so etwas wie der Kartoffelersatz. Ich habe gelesen, dass es dort in den Dorfgemeinschaften eigene Kastanienhäuser gab – ähnlich wie Großbacköfen –, in denen die Maronen tagelang geröstet wurden. Alle gaben dort ihre Körbe ab, die gezählt wurden, damit die Rückgabe gerecht zuging. Das Röstverfahren zieht sich über Tage hin und soll hitzetechnisch kompliziert sein – danach gibt es ein großes Fest. Das Wissen darüber wurde von den Vätern an die Söhne weitergegeben – der Kastanienröster der Dorfgemeinschaft zu sein, war und ist eine verantwortungsvolle Ehrenposition.

In den Städten gab es früher im Winter die berühmten Maroni-Stände, die auch in der Literatur der vorvorigen Jahrhundertwende – als die Frauen im Winter ihre Hände noch in Pelzmuffs steckten – oft erwähnt wurden. Ich habe schon seit vielen Jahren keinen Maroni-Brater mehr gesehen – scheint ein aus der Mode gekommenes Gewerbe zu sein.

Tatsächlich waren Maronen, Esskastanien oder Edelkastanien früher eine typische Armenkost. So wurden rund um den italienischen Ort Pistoia früher »necci« genannte Crêpes auf Basis von Kastanienmehl serviert. Aber was früher als »Armengericht« galt, empfindet man heute nicht selten als besonders authentisch. Mir selbst schmecken necci oft besser als die meist übersüßten, glacierten Maronen, die man – auf goldenes Papier drapiert – in den Auslagen von Feinkostgeschäften bewundern kann. Ab und zu habe ich Kastanien als Geflügelfüllung ge-

nommen und mehr als einmal habe ich Blutwürste gegessen, die mit ihnen verfeinert wurden.

Die Korsen lieben ihren »castagnu«, den Kastanienbaum, und verehren ihn oft geradezu als Quelle eines ihrer Grundnahrungsmittel. Populär ist eine Kastanienpolenta, ein Brotersatz aus einem Kilo Kastanienmehl, zwei Liter Wasser und Salz. An besonderen Tagen wird sie mit Brocciu-Käse, Eiern, gebratenem Zicklein oder Bratwürsten serviert. Besagten Käse gibt es auch als Dessert, mit Eiern, Zucker und geriebener Zitrone im Kastanienblatt gegart oder mit Kastanienmehl zu Krapfen ausgebacken. Und natürlich kennen die Korsen noch Kastanienlikör.

Als »edle Esskastanien« gelten die Maronen aus Castel del Rio und Mugello, Italien. Zumindest haben sie rein historisch einen guten Ruf: schon im Jahre 1618 berichtet ein Reisender über Castel del Rio, dass dort an jedem Mittwoch ein Markt abgehalten wird, »zu dem viele Menschen aus der Umgebung kommen ... und wo es Esskastanien in Hülle und Fülle gibt, die, zumeist getrocknet und geschält, begehrter sind als Getreide«. Im Mugello nahe Florenz soll es noch jahrhundertealte Kastanienbäume geben. Von ihren Maronen der Sorte Fiorentino dürfen höchstens 15 kg je Baum und 1500 kg je Hektar geerntet werden. Düngung der Bäume ist ebenso verboten wie das Zufügen von Zusatzstoffen zwecks Verbesserung der Haltbarkeit. Wer im Mugello seine Esskastanien haltbar machen möchte, darf sie in warmem Wasser sterilisieren, mehr aber auch nicht.

Keine Angst, es gibt noch Maronenbrater, auch wenn die meisten Vertreter dieses Berufsstandes wohl kaum aus Neigung Stunden an ihrer Metalltrommel aushalten. Den günstigen

Snack bekam ich vor ein paar Monaten sogar in einem Edellokal aufgetischt. »Maronen wie auf der Straße« stand auf der Karte, ein schwarz gekleideter Herr mit einem feierlichen Gesichtsausdruck brachte eine kleine hölzerne Schatulle und öffnete sie umständlich. Zum Vorschein kamen Maronen, angeritzt und gegart wie vom Straßenbräter. Sie schmeckten auch genauso und, nein, es gab keine geheime Zutat, kein edles Gewürz, keine Mandelsplitter oder sonstige Verfeinerung. Vielleicht sollte ich noch erwähnen, dass dieser Herdkünstler von Restaurantkritikern zur »jungen Avantgarde« gezählt wird. Ich fühlte mich angesichts des Preises für dumm verkauft. Das sage ich jetzt nur, um nicht ein Wort nutzen zu müssen, das mit »ver« beginnt und mit »rscht« aufhört.

Möhren (Sandmöhren)

Davon habe ich noch nie gehört, aber vielleicht ist das ähnlich wie mit den Pastinaken, von deren Existenz ich immerhin inzwischen weiß, aber: nie gegessen. Pastinaken sollen ein »Zwischending« zwischen Möhren und Petersilienwurzeln sein. Jetzt aber Sandmöhren: Nie gehört und nie gegessen! Schön, dass auf der Welt dank Kleingärtnern und leidenschaftlichen Gemüsebauern am Ende doch nichts wirklich in Vergessenheit gerät und verschwindet. Auf diese Weise ist ja auch der schon verschollen geglaubte Rucolasalat vor ein, zwei Jahrzehnten wieder aufgetaucht.

Aber Sandmöhren? Im Süden Deutschlands und in Österreich würde man sie wohl Sandkarotten nennen. Oder ist es gar keine Gemüsesorte, sondern das Ergebnis einer Konservierungsart? Zu Zeiten meiner Urgroßeltern hat man bestimmte, feste Gemüsesorten wie

Karotten oder Sellerie in leicht feuchten Sandschütten im Keller oder in Gartenerdlöchern verbuddelt, um sie so haltbar zu machen und im Winter (fast) frisches, nur leicht geschrumpeltes Gemüse zur Verfügung zu haben. Ist das etwa das Geheimnis der Sandmöhre?

Die Sandmöhre ist ganz einfach eine Möhre, die noch nach Möhre schmeckt. Auf unseren Märkten hat sich seit Langem auch bei den Möhren das Tomaten-Syndrom durchgesetzt. Die Sandmöhre hingegen leuchtet orange, hat eine feine Süße, ihr Inneres wird nicht hart und faserig. Zuweilen schmeckt man eine Spur Jod – und das aus gutem Grund: Besagte Sandmöhre (»carotte de Créances«) gedeiht westlich des normannischen Dorfes Cotentin und, wie ihr Name schon sagt, wächst sie in Sandböden. Nun ist das nicht irgendein Sand, sondern eine Sandebene, die fast ans Meer angrenzt. »Mielles« heißt dieser Boden im Jargon der Einheimischen. Auf 50 Kilometer Länge und nur einen Kilometer Breite befinden sich solche Möhrenfelder mit Blick auf den Ärmelkanal. Sie werden bewässert und teilweise mit Seetang und Algen gedüngt. Schon im 19. Jahrhundert wurden die Karotten hier auf diese Weise angebaut. Der Legende nach begann ein »junger Normanne«, in dem sandigen Terrain Karotten zu pflanzen, weil er kein Ackerland geerbt hatte.

Das Gemüse wird der Nachfrage folgend täglich geerntet – oft von Hand. Verkauft wird die Möhre umgeben von einer leichten Sandschicht, die man nur unmittelbar vor der Zubereitung abwaschen sollte. Ab November schützen 20 cm Stroh die Karottenfelder vor dem Frost. Schon seit 1960 schützt eine »appellation d'origine contrôlée« diese Möhre. Seit 1990 findet jedes Jahr im August im Dorf Créances ein »Karottenfest« mit Musik, Feuerwerk und geriebenen Möhren statt. Erhält-

lich ist diese Möhre, die nach Möhre schmeckt, von August bis April.

Die carotte de Créances ist eine Sandmöhre, aber nicht alle Sandmöhren kommen aus Créances: In Spanien herrschen ähnliche Bodenbedingungen bei Sanlúcar de Barrameda. Auch dort gibt es gute Möhren, etwa die »Zanahorias de Monte Alguido«. Wiederum aus Frankreich kommt die Carotte de sable de Santec aus Santec bei Roscoff in der Bretagne. In dieser Region wurde stets die gerade »moderne« Sorte gepflanzt. Mal war es die »Halblange Nantaise«, mal die »Touchon«, mal die »Tiptop« und jetzt Hybriden, von denen einige außen purpur und innen orange schimmern. Anders als in Créances wird mit Vogelmist und Guano gedüngt. Auch im französischen Südwesten nahe Bordeaux gibt es inzwischen die Sandkarotte »carotte des Sables des Landes«, die von ihren Produzenten zuweilen auch mit dem Kosenamen »Sabline« belegt wird. Ich persönlich glaube, dass sich die beiden letztgenannten Regionen an den Erfolg der Créances »anlehnen« wollen. Vielleicht ist das für den Möhrenmarkt ja gar nicht so übel?

Morcheln

Eigentlich sieht dieser Pilz mit seinem gehirnwindungsähnlichen Spitzköpfchen so exotisch aus, dass man fast nicht glauben mag, er sei ein Europäer. Ich habe noch nie eine frische Morchel angetroffen, außer ganz selten im Feinkostgeschäft. Und selbst in exklusiven Luxustempeln ist sie eher in getrockneter Form im Angebot. Dass dieser Superpilz inzwischen – gleich nach den Trüffeln – zu den teuersten Schwammerln überhaupt gehört, liegt wohl daran, dass er in unseren

Breitengraden angeblich unter Naturschutz steht? Wobei sich sofort die Frage stellt, woher denn die Morcheln kommen, wenn sie bei uns gar nicht geerntet werden dürfen?

Stimmt es, dass die Morchel ihre Fruchtkörper im Frühjahr ausbildet? Wenn ja, wundert es mich nicht, dass wir – eine eingefleischte Schwammerlsucherfamilie – noch nie welche gefunden haben: Pilze sucht man gemeinhin im Herbst. Niemand vermutet Morcheln neben Buschwindröschen und Leberblümchen in der Frühlingssonne. Was ist uns da jahrzehntelang nur entgangen!

Sicher ist, dass die Morchel einen unbeschreiblichen, unvergleichlich feinen Eigengeschmack hat, wunderbar mit Kalb- und Hühnchenfleisch harmoniert und eine Rahmsauce ergibt, vor der man nur niederknien kann. Der Morchel verzeiht man sogar das bisschen Sandgeknirsche im Mundgetriebe, weil sie aufgrund ihrer reliefartigen Beschaffenheit so schwer abzupinseln ist. Lang lebe die Morchel – mit und ohne Sand!

Fast hätte ich mich um die Frage nach der Herkunft der Morcheln drücken wollen: Küchenchefs tun gerne so, als hätten sie ihre Morcheln gerade eben im Wald hinter dem Restaurant gesucht. Händler meinen anscheinend, ich würde ihnen die Quelle abwerben, wenn ich frage. Ein Großhändler hat sich schließlich dazu bekannt, seine Morcheln der Sorten Morchella Esculenta/Vulgaris/Conica/Rotunda aus der Türkei, Spanien, Frankreich, Marokko, Kanada, den USA, Mazedonien und Mexiko zu beziehen. Die Mexiko-Morcheln kommen im November und Dezember auf den Markt, während man sie in Europa je nach Region von März bis Juni, mit klarem Schwerpunkt auf April und Mai findet.

Unter Naturschutz stehen sie wegen ihres seltenen Auftretens nur in Deutschland, in anderen Ländern wachsen sie recht

munter. Deshalb gibt es sie nicht nur frisch, sondern auch tief-gefroren und bei –18° ebenso viele, nämlich 18 Monate halt-bar, getrocknet und sogar als Dosenware. Händler sortieren die Morcheln auch nach Größe: Da gibt es z. B. die »Jumbos« und die acht bis zwölf Zentimeter großen »Giganten« der Spitz-morchel Morchella conica. Beide kosten den Endverbraucher in Deutschland leicht über 400 Euro das Kilo. Besonders be-gehrt ist die Auswahl »ohne Stiel«, denn Letzterer verbreitet nur wenig Aroma und macht sich im Mund mit eher ledriger Kon-sistenz bemerkbar. Doch wo werden die Stiele verkauft? Nun, sie wandern in den sogenannten Morchel-Bruch, Bruchware, deren Preis sich am Verhältnis Stiel zu Kopf orientiert. Je mehr Stiele im Bruch stecken, desto günstiger ist er.

Ich selbst mag am liebsten frische Morcheln, die kaum gela-gert wurden. Das müssen auch keine »Giganten« sein. Wa-schen und Reinigen ist tatsächlich ein kleines Problem, denn permanenter Wasserfluss schadet dem Aroma. Also: So wenig und so kurz wie möglich waschen, aber trotzdem sorgfältig von Erde und Insekten reinigen.

Auch die leckersten Morcheln dürfen nie, niemals und unter keinen Umständen roh verspeist oder ungekocht über Pasta ge-hobelt werden. Rohe Morcheln können üble Vergiftungen er-zeugen. Und das weiß auch nicht jeder Fachmann: Im Pariser Edelhotel George V. wurden 2007 ausgerechnet einem Fein-schmeckerverein, dem »Club des Cent«, solche ungekochten Pilze vorgesetzt. Der Koch hatte sich von einem Rezept namens »gekochte und rohe Steinpilze« inspirieren lassen und meinte, rohe Morcheln seien »gut für die Textur«, womit er die Kon-sistenz meint. Einige Genießer landeten prompt im Hospital. Damals war das Haus übrigens mit drei Michelin-Sternen aus-gezeichnet.

Mozzarella

Es gibt kaum jemanden, der diese frischkäseähnliche Vorspeise – zubereitet mit Olivenöl oder Steirischem Kürbiskernöl, Tomaten und Basilikum – nicht mag. Und das, obwohl die meisten in den Supermärkten angebotenen (Kuhmilch-)Sorten eher fad bis geschmacklos sind. Italienischen Hausfrauen dürfte man mit den meisten davon jedenfalls nicht kommen. Wer sich jedoch an sie gewöhnt hat, dem wird die aus Büffelmilch gemachte Variante geschmacklich zu heftig sein. Mir ist es zumindest am Anfang so gegangen – dieser ausgeprägte Eigengeschmack war fast ein Schock. Denn mein Mozzarella-Erlebnis war eher vom Olivenöl- und Basilikumaroma getragen – der Käse war in meinen Augen ohnedies nur der Trägerstoff.

Wer jedoch je ganz frisch gemachten Mozzarella auf einem Bauernhof gegessen hat, der wird diese kleinen, milchigen Kugeln von einer ganz neuen Seite kennen und schätzen lernen. Sie schmecken nämlich nicht nur mit Tomaten, im Frühlingssalat oder überbacken auf der Pizza: Lediglich mit ein paar Tropfen Olivenöl, ein wenig Crème fraîche, geriebener Zitronenschale, Salz und Pfeffer – und schon ist ein kleines Geschmackswunder kreiert. Eines vom Feinsten.

Zugegeben, der Großteil aller Mozzarellakäse ist so geschmackvoll wie ein Radiergummi, wenn auch deutlich weicher. Gehobene Qualitäten schmecken eher wie ein Glas Milch, frisch vom Bauernhof, oder verfügen über eine leichte Haselnussnote. Der echte Mozzarella kann freilich nur vor Ort verkostet werden. Aus der Milch des Wasserbüffels frisch hergestellt, ist so ein Mozzarella di bufala Campana weit aromatischer als die schneeweißen Exemplare aus Kuhmilch, die in Molke oder Salzlake schwimmend bei uns verkauft werden.

Nicht umsonst ist Mozzarella in Italien fast ein Grundnahrungsmittel. Umfragen zufolge essen sechs von zehn Italienern ihn regelmäßig, gut 160 Millionen Kilo sollen pro Jahr auf der transalpinen Halbinsel vertilgt werden. Wenn diese Zahl stimmt, dann verdrückt jeder Italiener vom Säugling bis zur Urgroßmutter jährlich über 2,6 Kilo!

So ein Mozzarella reift nur einen bis drei Tage, bevor er im Filata-Verfahren hergestellt wird. Dabei lässt man den Käsebruch stehen, hebt ihn aus der Molke und überbrüht ihn mit ca. 80–90° heißem Wasser. Dann wird gerührt, geknetet, gerollt und gezogen, bis der »Käseteig« weich und geschmeidig ist. Abschließend werden einzelne Stücke abgetrennt. Schließlich steht »mozzare« nicht umsonst für Schneiden.

Neben den erwähnten Büffel- und Kuhmilchvarianten gibt es auch viele Käse, die aus Mischungen beider Milchsorten hergestellt werden. Der Mozzarella hat viele schmackhafte Verwandte: In Fässern über diversen Holzsorten geräuchert wird er zum »Mozzarella affumicata«, und ist deutlich haltbarer als in seiner Urversion. Getrocknet, zuweilen geräuchert und wie eine Birne geformt heißt er Scamorza.

Ein Cousin ist der Burrata: Die »Gebutterte« wird aus Kuhmilch hergestellt und wirkt wie ein pralles Säckchen, oft verpackt in grünen Blättern eines Liliengewächses. Im Inneren des Käses wartet eine sagenhaft geschmeidige Frischkäsecreme. So eine wurde mir mal in einer Osteria bei Neapel auf einer Rotbarbe serviert – wun-der-bar! Und mit den Milchnoten zum Fisch etwas überraschend.

Nun hat der Mozzarella seit 2008 leider auch eine dunkle Seite. Damals wurden erst 66, dann weitere 83 Büffelzuchten wegen hohen Dioxin-Gehaltes in der Milch unter behördliche Aufsicht gestellt. Das Wort vom Dioxinkäse machte die Runde.

Nicht ausgeschlossen wird, dass die Ursache der verseuchten Milch in der permanenten Müllkrise der Region Neapel zu suchen ist. Der Boden dort, so hieß es, sei massiv durch illegale Müllverbrennung verseucht.

In ganz Italien gibt es freilich gut 1900 Büffelzuchten, bei weitem nicht jeder Bauer erzeugte dioxinverseuchte Milch. Laut Behördenangaben sollen die besten und teuersten Käse, solche mit einem DOP-Gütesiegel, nicht mit Schadstoffen verseucht worden sein. Auch wenn ich die heutigen Europa-Gütesiegel für wenig aussagekräftig halte, würde mich das wenig überraschen. Nicht alle teuren Lebensmittel sind Spitzenklasse. Aber wer günstig kauft, spart oft am falschen Platz. Schließlich braucht man zehn Kilo Milch für ein Kilo Mozzarella – da kann der fertige Käse nicht wirklich billig sein. Einen Freund aus Neapel, ein weit gereister Feinschmecker, habe ich deshalb um »seine« Mozzarella-Adressen gebeten. Er schwört auf die Käse aus der Caseificio la Fenice, Via Vadopiano, 5 in Presenzano sowie auf die Mozzarelli der Tenuta Vanullo, Via G. Galilei in 84047 Capaccio Scalo, Italien. In Letzterer locken schöne Gästezimmer, die Büffel laufen über die Weide, jeder Gast kann erleben, wie hier bester Käse entsteht. So viel Offenheit ist selten in der modernen Nahrungsmittelwelt.

Olivenöl

In der bäuerlichen Küche, mit der ich aufgewachsen bin, kam das Wort Olivenöl gar nicht vor. Da wurde mit Butter und Schmalz gekocht. Dann gab es noch Sonnenblumenkern- und Rapsöl für Salate. Und in der Steiermark, so das Gerücht, gäbe es noch ein uner-

schwinglich teures Kürbiskernöl. Aber die Steiermark war von Oberösterreich und Salzburg aus gesehen ohnedies schon eine weit entfernte Welt. Fast schon Balkan. Da gab es viel, was wir nicht kannten.

Als Stadtbewohnerin und Restaurantgängerin wurde ich irgendwann im Erwachsenenalter mit Olivenöl vertraut. Dass es da große Qualitätsunterschiede gibt, war mir ziemlich unbekannt. Erst Panscherei-Skandale – in Spanien, und ich meine mich zu erinnern, dass dadurch sogar Menschen zu Tode kamen – haben mein Augenmerk auf Qualität gelenkt. Und der »gute Italiener von nebenan«, der das Öl seiner Heimat mitbrachte. Ebenso wie Italien-, Spanien- und Griechenland-Urlaube, die uns mit der einheimischen Küche dieser Südländer vertraut machten. Geklingelt hat es bei den meisten von uns erst, als Eckart Witzigmann die »Mittelmeer-Diät« populär machte und wir mit den niedrigeren Herzinfarkt- und Übergewichtsstatistiken der Mittelmeerländer konfrontiert wurden, die auf das Olivenöl zurückgeführt werden. Und seit diesem Zeitpunkt sieht man in guten Restaurants immer öfter Leute, die ihr Brot mit Andacht in das bereitgestellte Schälchen mit Olivenöl tunken. Trotzdem habe ich mir die Sorten- und Qualitätsbezeichnungen von Olivenöl bis heute nicht gemerkt. Muss ich auch nicht – bei uns kocht mein Mann und kauft deshalb auch ein! Aber eigentlich sollte das für einen Genießer zum Lebensmittel-Basiswissen gehören. Ich weiß das, erbitte die nötige Anleitung und gelobe Besserung.

Das richtige Öl zu finden, ist nicht ganz einfach. Zumal jede Küche eigentlich mindestens zwei braucht: ein »sanftes«, eher neutrales Öl, das man eher zum Braten benutzt, sowie eine kräftige Variante, mit der man etwa Steinbutt, Petersfisch und Salate aromatisiert. Die kann mal grasig, mal fruchtig ausfallen – Olivenöle decken ein verblüffend weites Geschmacksspektrum ab. Einige sind wahre Zungenschmeichler, ande-

re kratzen ein wenig im Hals und am Gaumen, aber nur ganz leise.

Nun wird mit Olivenöl auch viel Schindluder getrieben: Ein Designerflacon, ein schöner Name, fertig ist ein »Feinschmeckerprodukt«. Und das Etikett bietet keine große Hilfe: Zwar gilt das kalt gepresste »jungfräuliche« (extra vergine oder vierge extra) Olivenöl, also das Öl der ersten Pressung, als wahres flüssiges Gold. Schon weil vier bis fünf Kilo schwarze Oliven für nur einen Liter benötigt werden. Nur: Unter Dampf raffiniertes Olivenöl, das nicht den Kaltpressungen entstammt, ist in unseren Supermärkten selten geworden: Heute ist auch im Supermarkt alles Öl »jungfräulich«.

Einmal durfte ich einem »Olivenölbauern« bei der Pressung zuschauen: Jean-Benoît Hugues von der Domaine Castelas in der Provence. Er arbeitete fünfzehn Jahre lang in Kalifornien, in der Halbleiter-Branche, belieferte Siemens und Motorola, jettete um die Welt. Dann stieg er aus und musste erst einmal lernen, wie man Olivenöl presst. Schnell erkannte er das Erfolgsrezept, dass man Öl wie Wein behandeln kann: Die Güte der Oliven hängt, nach Hugues, auch vom Boden ab. Kalkhaltiger, trockener Grund tut z. B. der Olivensorte Aglandau gut.

»Wer gutes Öl will, der braucht gute Früchte. Und wer gute Früchte will, braucht gute Bäume«, sagt Hugues. »Wir vermeiden alles, was Olivenbäume stresst. Sechs bis sieben Meter Abstand gönnen wir den Bäumen. Dadurch breiten sich Schädlinge nicht so schnell aus. Gedüngt wird im Winter mit natürlichem Kompost. Und 60 Tage vor der Lese, die meist um den 20. November stattfindet, greifen wir gar nicht mehr in den Olivenhain ein. Die eigentliche Lese findet mit einer elektromechanischen Gabel statt – die ahmt Rüttelbewegungen der

menschlichen Hand nach. So werden die Oliven schneller gelesen und damit schneller gepresst.«

So wie es beim Wein einen Rebschnitt gibt, so schneidet Hugues auch seine Olivenbäume zurecht. Und er bewässert seine Haine, denn »Durst stresst den Baum.«

Auf seinem Gut Castelas stehen vier Gärbehälter aus Edelstahl, wie man sie von Weingütern kennt. »Hygienisch und praktisch«, erläutert Hugues. »Wir behandeln die Oliven hier nicht viel anders als Weintrauben. Unsere Sorten Salonenque, Aglandau, Grossane und Beruguette werden zum optimalen Reifezeitpunkt gelesen, entrappt (Ablösen der Olive von den Pflanzenteilen) und getrennt gepresst. Erst danach kommt es zum Verschnitt.« Das eigentliche Pressen findet oberhalb der Gärbehälter statt. Spätestens 24 Stunden nach der Lese werden die Früchte in warmem Wasser gewaschen. »Derart erwärmt lassen sie sich leichter pressen. Manche Müller arbeiten mit trockenen Oliven, heizen aber ihre Mühle auf 35° auf. Das kann zu Fehlaromen im Öl führen.« Zwei hermetisch verschlossene Maschinen zerdrücken die Oliven anschließend langsam zu einer Paste.

»Wenn wir mit der Lese beschäftigt sind, muss dieser Teil unserer Arbeit 20 Stunden pro Tag überwacht werden.« Je nach Olivensorte und Reifegrad dauert die sogenannte malaxage etwa 25 bis 45 Minuten. Als Müller braucht Hugues Augenmaß: »Keine Labor-Analyse verrät mir, wann die Olivenpaste optimal ist. Ich erkenne den richtigen Zeitpunkt anhand der Konsistenz.« Und der blitzblanke Schrank mit dem schicken, frostig-blauen Bildschirm und den vielen Knöpfen hinter der Maschine? Hugues lacht: »Ein Geschenk. Sieht imponierend aus, erklärt aber nur, wo sich gerade die Oliven befinden.«

Schließlich wandert die Paste in die eigentliche Presse. Auf seine »Pieralisi Maior 3 Special«-Presse ist Hugues besonders stolz. »Ein erstklassiges Gerät. Luftdicht abgeschlossen, dadurch oxidiert mein Öl nicht. Und sie arbeitet ohne Wasserzufuhr. Viele Pressen führen heißes Wasser zu und erzeugen dadurch etwas mehr Öl. Bei uns hingegen wird 80 Prozent der gepressten Oliven letztendlich nicht zu Öl, sondern zu Humus.« Der läuft praktischerweise direkt aus der »Pieralisi« in den Garten ab. Nach Presse und Zentrifuge sickert das kostbare Nass von selbst in die Gärbehälter im Untergeschoss. Und da Hugues nur ein paar Dutzend Hektar bewirtschaftet, kommt es auf jeden Tropfen an.

Das Öl selbst haben wir auf schlichten Plastiklöffeln verkostet: zuerst ein intensiver Duft nach Kräutern, dann Noten von Mandeln und Artischocken. Im Abgang schließlich eine leichte Bitternote und ein feiner, leicht brennender Beigeschmack, der nur bei optimal reif gelesenen Oliven auftritt. Ein Öl mit »langem Abgang«. Ganz wie beim Wein.

Die Analogie zum Rebensaft habe ich mir für den Einkauf gemerkt, schon weil ein gutes Fläschchen Öl leicht so viel kostet wie ein guter Wein. Markenöle meide ich, die meisten stammen aus riesigen Ölmühlen in Spanien. Stattdessen kaufe ich lieber Produkte kleiner Erzeuger mit überschaubarem Ertrag.

Weil gutes Öl kein Licht mag, wandert die kostbare Flüssigkeit in Dunkelglasflaschen, die gelegentlich noch durch eine goldene oder silberne Folie geschützt werden. Ist die Flasche erstmal angebrochen, kann man sie sechs bis acht Monate im Küchenschrank aufbewahren. Hitze, Luft und Lichteinfall können das Öl trotzdem ranzig werden lassen; an besonders heißen Tagen kann die gut verschlossene Flasche deshalb durchaus

einmal in den unteren Teil des Kühlschranks wandern. Entsprechend sollte man auch keine Flaschen kaufen, die im Licht der Supermärkte schutzlos vor sich hin altern. Auch das ist beim Wein nicht wesentlich anders.

Orange (Blutorange aus Sizilien)

Orangen waren – neben Feigen – wohl das erste exotische Obst, das uns Nachkriegskindern begegnet ist. Zumindest habe ich sie vor den Mandarinen kennengelernt und bin daher umso erstaunter, dass die Orange ein Kreuzung aus Mandarine und Grapefruit sein soll. Es gibt von mir ein Kinderfoto von Anfang der 50er-Jahre, das bei einer Italienreise an den Gardasee gemacht wurde: Ich habe darauf den typischen, sombreroähnlichen Strohhut auf, den alle Touristen damals kauften, und in den Händen hielt ich kunstvoll aufgetürmt jede Menge Orangen. Die lachenden Eltern und deren Freunde neben mir auf dem Foto waren mit den obligatorischen, bastumspannten Chiantiflaschen »bewaffnet«. Italien war seitdem für mich gleichbedeutend mit Orangen. Großvater schälte sie äußerst kunstvoll mit seinem Taschenmesser, so dass die Schale aussah wie eine Lotosblüte, nachdem die Fruchtkugel entnommen war. Großmutter besteckte Orangen zu Weihnachten über und über mit Gewürznelken, was nicht nur gut aussah, sondern auch viele Tage lang einen unvergesslichen Wohlgeruch verbreitete, den ich bis heute mit Weihnachten in Verbindung bringe.

Die »Feinheiten« in Bezug auf Orangen habe ich allerdings erst viel, viel später erfahren: Die Köstlichkeit von Orangenmarmelade mit Schale, die aus Südfrankreich noch besser schmeckt als von der grünen Insel der Engländer, den Orangenabrieb als Speisewürze, und

dass man Orangen zusammen mit fein geschnittenen Zwiebeln auch als Salat essen kann.

Blutorangen sind mir allerdings schon lange nicht mehr begegnet. In meiner Kindheit waren sie in besonderes Papier gewickelt und mit dem Bild eines kleinen »Mohrenjungen« – ja, so hießen die damals – bedruckt.

Mohrenjungen auf Orangenpapier sind heute bestimmt politisch unkorrekt. So wie Mohrenköpfe, die aus diesem Grund inzwischen ja auch oft Schaumköpfe heißen. Denkbar ist freilich, dass das erwähnte Motiv von der Orangensorte Moro stammte – und mit »Mori« sind in korrektem Italienisch auch die Mauren gemeint. So heißt eine der drei Sorten der Arancia rossa di Sicila, der sizilianischen Blutorange. Die anderen beiden tragen die Namen Tarocco und Sanguinello. Ihre charakteristische Farbe bekommen sie durch ein Pigment namens Anthocyan. Zugelassen für die Produktion sizilianischer Blutorangen sind inzwischen auch ertragreiche Klone (Tarocco Nucellare, Moro Nucellare und Sanguinello Nucellare). Statt 300 Doppelzentner pro Hektar dürfen bei diesen Sorten 360 DZ geerntet werden.

Verboten ist freilich die Entgrünung der Frucht. Ja, Sie haben richtig gelesen: Eine Frucht, die richtig modern sein will, wird »entgrünt«! Dafür wandern die Früchte in Klimakammern, wo sie zyklisch Temperaturen unter 0° C ausgesetzt werden. Falls nötig, wird der Luft das »Reifegas« Ethylen zugesetzt. Schon halten wir Konsumenten eine orangene oder rote Orange in Händen. Nur das Beste – und vor allem das Schönste – für die Kunden. In Sizilien ist dank des trockenen Vulkanbodens und der starken Temperaturdifferenzen solches Entgrünen nicht erforderlich.

Weil kaum jemand mit Säcken voller köstlicher Blutorangen den Heimflug oder die Heimfahrt aus Sizilien antreten wird, empfehle ich einen Besuch im Caffè Sicilia im Städtchen Noto im Südosten Siziliens (Corso Vittorio Emanuele III, 125). Im Traditionsbetrieb – seit 1892! – bieten die Brüder Carlo und Corrado Assenza neben leckeren Kuchen und Torten auch fantastische Marmeladen an, etwa von Orangen, Mandarinen, Zitronen und Bergamotten. Die schmecken mindestens genauso köstlich und aromenkräftig wie die aus Südfrankreich. Für die englischen Varianten werden nämlich meist weder ganze Orangen oder Blutorangen, sondern lediglich die Schale der Pomeranzen (Bitterorangen) verwendet. Wer diesen Geschmack hingegen besonders schätzt, sollte in Italien nach »Aranciata Amara« Ausschau halten.

Wer in diesem Buch die Zitrusfrüchte ein wenig vermisst, für den haben wir noch zwei Tipps: Kleine Zitronen aus Korsika schmecken richtig schön sauer. Und die Zitrusfrucht des Snobs ist Microcitrus Australasica, kommt aus Nordaustralien, heißt wegen der Perlen in ihrem Inneren auch Zitronenkaviar und wurde zu Kilopreisen bis zu 399 Euro in Westeuropa eingeführt.

Parmesan

Das ist für mich ein wahrer Wunderkäse – obwohl ich auch für ihn eine Weile brauchte, um ihn lieben zu lernen. Was für einen Weichkäse-Fan wie mich nicht weiter verwunderlich ist. Aber ein Käse, für den man ein eigenes Messer haben sollte, ist ja von Haus aus eine Besonderheit. Und europäischer Markenschutz wird ja auch nicht so ohne weiteres gewährt …

Was wären Spaghetti bolognese ohne den leise rieselnden Käseschnee? Oder ein frisches Pesto? Die italienische Küche, die ja längst auch die unsere ist, ist ohne den dickleibigen Meister gar nicht zu denken. Dass er in jugendlichem Alter auch ungerieben, dafür in gehobelten Blättchen (wie weiße Trüffel) jeden Feinschmecker zum Jauchzen bringt, darauf muss man allerdings erst mal kommen. Mit Honig bestrichen oder gutem Balsamico besprüht läuft er zu ungeahnten Formen auf. Und Rucola-Salat wird durch ihn in den kulinarischen Adelsstand erhoben.

Als ich hörte, dass Banken ganze Lagerhallen von vor sich hin reifendem Parmesan als Sicherheiten akzeptieren, habe ich endgültig meinen Hut vor dem Parmesan gezogen. Wohl wissend, dass ich wahrscheinlich bisher nur seine ärmeren Familienmitglieder kennengelernt habe.

Also, sicher ist das nicht. Beim Parmesan wurde, anders als beim Camembert, in Sachen Markenschutz richtig durchgegriffen. Nachahmer mussten auf andere Bezeichnungen zurückgreifen. Nein, der »Pamasello« von Kraft ist kein Parmesan. Es ist nur ein italienisierend gedrechselter Name aus der Marketingabteilung, so industriell wie der Käse selbst. In Nord- und Südamerika begraben Oberkellner mit falschem Akzent ihre Pasta-Gerichte freilich gern unter noch falscherem Käse.

Es ist schon ein ausgesprochener Glücksfall, wenn die üblichen Käseflocken noch aus ein bis zwei Jahre gelagertem Grana Padano bestehen, einem Hartkäse, der irgendwo zwischen Mailand und Ravenna hergestellt wird. Auch in Argentinien gibt es ein Parmesan-Imitat namens Reggianito.

Das Original jedoch heißt Parmigiano-Reggiano, ist seit 1955 ein DOC-Käse, also aus »kontrollierter Erzeugung«, reift ein bis zehn Jahre oder länger, ist entsprechend rar, teuer und

kommt selbstverständlich in einem Lokal, das sich selbst respektiert, nur frisch gerieben auf den Tisch. Als Pasta-Puder ist er zwar nicht zu schade, das delikate Aroma offenbart sich aber erst richtig, wenn man ihn stückweise kostet oder in der Küche wie ein seltenes Gewürz einsetzt.

Sein Ursprung ist ein wenig umstritten: Casanova verortete ihn in seinen Memoiren in Lodi, nicht etwa in Parma. Vielbeachtete Autoren französischer Lexika wie Pierre Larousse und Emile Littré pflichteten ihm bei. Die Herzogin von Parma soll laut ihnen den Käse in Paris bekannt gemacht haben.

Heute kommt der Hartkäse aus der Gegend um Parma (deshalb Parmigiano), Reggio-Emila (daher Reggiano) oder Bologna. Höchstwahrscheinlich war das vor 800 Jahren nicht wesentlich anders. Bocaccio jedenfalls preist den Parmigiano in seinem Decameron, von Molière heißt es manchmal, dass er in weniger glorreichen Jahren seiner Schauspieler- und Schreiberlaufbahn fast ausschließlich von Parmesan lebte.

Seit 1934 wacht ein Käse-Konsortium, das »Consorzio di Tutela«, die Vereinigung der Parmesan-Produzenten, über die Einhaltung der wesentlichen Qualitätsmerkmale. Heute verlassen um die drei Millionen Käselaibe jährlich die etwa 450 herstellenden Käsereien.

Frisches Gras, Luzerne oder Heu – das ist der Speiseplan für Kühe, deren Milch einmal zu Parmesan werden soll. Rund 16 Kilo davon braucht man für ein Kilo Parmigiano, in einen einzigen der Laibe wandern 600 Liter Milch. Entrahmte Abendmilch und frische Morgenmilch werden für den Parmigiano gemischt. Um ihn für seine lange Lagerung »fit« zu machen, verweilt er drei Wochen im Salzlakebad. Den Rest muss die Zeit bringen. Ungeduldige Bauern, die keine jahrelangen Reifezeiten in Kauf nehmen wollen, können ihren Käse tatsächlich

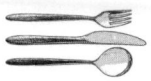

in einer »Käsebank« abliefern. Die zahlt den Gegenwert, übernimmt Reife, Lagerung und Qualitätskontrolle. Dann rücken »Käse-Doktoren« dem Parmigiano buchstäblich auf den Laib. Die Profi-Tester überwachen Geruch, Farbe (fahlgelb bis goldgelb) und traktieren den Käse mit einem kleinen Hämmerchen: Der Klang der Rinde gibt Aufschluss darüber, was in seinem Inneren vorgeht. Anschließend stoßen sie eine Nadel in die teuren Käselaibe: Stimmen Konsistenz, Aroma und Reife? In kritischen Fällen kann auch eine Käseprobe genommen und analysiert werden.

Wurde der Käse des Namens Parmigiano-Reggiano für würdig befunden, erhält er sein »Brandzeichen«: Danach ziert der prestigeträchtige Name den gesamten Käselaib, auch das Siegel des Consorzio wird eingebrannt. Und damit man sicher weiß, wie lange der Käse lagern durfte, fehlt auch der Jahrgang nicht: Eine zweistellige Jahreszahl zusammen mit der Abkürzung des Herstellungsmonats auf Italienisch (also »GEN« für Januar oder »LUG« für Juli) ist obligatorisch.

In guten Fachgeschäften wird der Parmigiano schließlich vor den Augen der werten Kundschaft zerteilt: Nach traditioneller Art zieht der Käsemeister erst mit einem mandelförmigen Messer eine Linie über die Rinde, schneidet dann etwa zwei Zentimeter tief ein und hebelt anschließend die Käseteile auseinander: Echter Parmesan wird nicht geschnitten, sondern gebrochen. Gewähr dafür, dass nach zehn Jahren Reife das teure Aroma optimal zur Geltung kommt. Das schmeckt man nicht nur auf der Zunge, beim Kauen spüre ich die kleinen Käse-Kristalle zwischen den Zähnen knacken. Bevor ich ihn zu Käseschnee reibe, koste ich ihn gern pur als hauchzartes Käseblättchen. Wem das zu trocken ist, der kann ein wenig guten Balsamico über ihn tropfen.

Pfeffer (frischer Pfeffer)

Pfeffer ist irgendwie zu einer Selbstverständlichkeit geworden, und eigentlich wird er relativ gedankenlos benutzt. Das Aufkommen der schicken Pfeffermühlen hat die gemahlene Variante, die grau und unansehnlich jahrelang im Pfefferstreuer vor sich hin wartete, abgelöst. Man kann sich gar nicht vorstellen, dass es da noch unentdeckte Genüsse geben könnte. Wir alle kennen die Bezeichnung »Pfeffersack« für reiche Leute aus Hamburg oder Holland und wissen auch, dass es die Ostindische Gesellschaft gab, die mit Gewürzen – vorwiegend Pfeffer – unbeschreiblich reich wurde. Der internationale Bestseller »Lempriere's Wörterbuch« von Lawrence Norfolk handelt von einer großen Pfefferspekulation, und aus historischen Quellen wissen wir, dass aus Spekulationsgründen ganze Schiffsladungen mit Gewürzen verbrannt wurden, um die Preise dieser Kostbarkeiten hochzuhalten. Pfeffer & Co hat also sehr viel mit unserer modernen Zivilisation – und ihren schlechten Gewohnheiten – zu tun. Vor kurzem war in den Medien zu lesen und zu hören, dass ein indischer Tee- und Gewürzhändler das Firmenlogo »Ostindische Gesellschaft« erworben hat. Klingt nach einem klugen PR- und Image-Schachzug und soll wohl an »die gute alte Zeit« erinnern.

Verblüffend ist, dass Pfeffer und Erdbeeren scheinbar gut zusammenpassen. Es gibt unzählige Rezepte dazu – allerdings haben es wohl die wenigsten bisher ausprobiert. Aber frischer Pfeffer? Wo bekommt man den wohl her?

Einige frische Pfeffer werden wohl noch besser zu den Erdbeeren passen. Auch wenn er nur in mikroskopischen Mengen nach Europa gelangt. Und das hat auch mit »Lempriere's Wörterbuch« bzw. den dort beschriebenen Machenschaften zu tun. Noch heute verdient mancher Pfeffersack mit Warenterminge-

schäften fast mehr als am Handel. Da trifft es sich gut, dass im Gewürz-Business fast jeder jeden kennt. Frischer Pfeffer ist also eine Marktlücke für kleine Händler. In Deutschland zum Beispiel hat der Koch Ingo Holland die besten Sorten herausgefunden. Meinen ersten frischen Pfeffer hat mir jedoch Gérard Vives aus Marseille in die Hand gedrückt, mit der Anweisung, jedes Kügelchen extra ganz hinten mit den Backenzähnen zu knacken. Zum Glück verfüge ich noch über Backenzähne. Seit 1999 durchquert der Provenzale halbe Erdteile auf der Suche nach dem perfekten Pfefferkorn: Indonesien, Indien, Kamerun, Madagaskar, China, Sri Lanka. Seine Pfeffer-Degustation war beeindruckend, ich wusste nicht, dass Pfeffer so schmecken kann. Noch heute bestelle ich regelmäßig frische Pfeffer. Wenn Sie die staubtrockene Ware aus dem Supermarkt damit ersetzen, schmeckt jedes Gericht gleich viel eindrucksvoller. Würzen Sie ein und dasselbe Gericht mal mit Voatsiperifery aus Madagaskar, einer auch als Piper borbonense bekannten Pfefferart, mal mit Kampot aus Kambodscha. Der gute Geschmack hängt vielfach an vermeintlichen Kleinigkeiten: Es gibt frische Pfeffer, die nach Kräutern schmecken, oder süß, oder leicht seifig, was sich zugegeben ein wenig irritierend anhört. Doch auf die Dosis kommt es an. Pfefferhändler Vive treffe ich alle sechs Monate, er ist ein bullig wirkender Kahlkopf mit breitem Kreuz. Einmal habe ich ihn gebeten, mir doch zu erzählen, wie man denn heute noch ein »kleiner Pfeffersack« wird. »Warum ich Pfeffer suche?«, fragte er zurück, und dann erläuterte der sympathische Kahlkopf: »Guter Pfeffer ist frischer Pfeffer. Weil das Gewürz aber an diversen Warenterminbörsen gehandelt wird, ist der meiste in Europa erhältliche Pfeffer drei bis fünf Jahre alt. Dadurch wird er nicht gerade besser.« Frische Pfeffer jedoch wurden in Europa kaum angeboten. »Vielleicht gibt es da

Bedarf, sagte ich mir.« Und so begann die Jagd nach dem besten Körnchen, schleppend, holprig und voller Pannen: »Als ich in Indonesien eintraf, fiel mir prompt ein, dass ich kein Englisch spreche. Inzwischen habe ich es gelernt. Während der Suche nach Pfeffer reiste ich durch Orte, die nie ein Tourist betreten hatte. Auf einer Fähre baten mich die Indonesier sogar, ihre Kinder zu segnen!« Es dauerte drei Wochen, bis Vive seine erste Pfefferpflanze zu Gesicht bekam. »Die wirkte eher wie eine dicke Liane. Ich habe sie gar nicht als Pfeffer erkannt. Ehrlich gesagt hatte ich Pfefferpflanzen nie gesehen! Mit den chinesischen Eignern verhandelte ich mit Händen und Füßen. Dank meines 20 Kilo-Pakets mit weißem Pfeffer im Gepäck wurde ich anschließend auf dem Flughafen als Drogenkurier verhaftet.« Da hatten ihm die Händler schon das kleine Einmaleins des Pfeffers beigebracht: Ein gutes Pfefferkorn ist staubfrei, schwer für seine Größe und relativ dicht. »Beim ersten Biss knackt es sofort.« Dann aber schmeckt es höchst unterschiedlich: Scharf, mild, salzig, manchmal sogar blumig oder, wie erwähnt, mit einem leichten Seifenton.

Vive hatte buchstäblich angebissen, kehrte bald nach Asien zurück, suchte mit einem Fernsehteam Sternanis auf der chinesischen Insel Hainan und beschenkte Parteifunktionäre mit französischem Pastis. Und schon ging sie weiter, die Jagd nach dem perfekten Pfefferkorn.

Gegenwärtig führt Vive unter anderem rote Pfeffer sowie die schwarzen und weißen Kampot aus Kambodscha, indischen Kappad, Voatsiperifery aus Madagaskar und natürlich chinesischen Szechuan-Pfeffer. »Eine Fehlbenennung. Rein botanisch ist der Szechuan kein Pfeffer, sondern gehört zu den Zitrusgewächsen.« Hobby- und Profiköche, die erstmals mit Vives Premiumpfeffern arbeiten, stoßen ob der Aromenfülle auf Schwie-

rigkeiten. »In die Mühle füllen und kräftig draufhalten – das läuft bei frischem Pfeffer nicht«, erläutert der Händler »Man muss ihn wie ein Gewürz oder ein Kraut behandeln. Mit Präzision.« Vive, der früher selbst ein Lokal namens »Le lapin tant pis« im provenzalischen Forcalquier betrieb, hat selbst etliche Rezepte ausprobiert: Kubebenpfeffer passt sehr gut zu Krustentieren oder Zitrusfrüchten, weißer Sarawak aus Malaysia ergänzt Tomaten, Piper longus und Sarawak schmecken zur Schokolade. Doch gerade große Köche wollen von seiner Pfefferkunde nichts wissen: »Wenn ich die schon im Fernsehen betrachten muss! Da arbeiten sie eine Stunde vor den Kameras, erläutern, dass wir zwei Gramm von diesem Kraut, aber nur ein Gramm von jenem Kraut brauchen. Und am Schluss ziehen sie eine Pfeffermühle hervor und meinen: Bitte pfeffern.« Vive schnaubte vor Verachtung: »Mal ehrlich«, sagte er. »Das ist auf einem Niveau mit: »Bitte kräutern Sie jetzt mal.«

Pfifferlinge

Es gibt nur einen einzigen Pilz, den auch der Unerfahrenste kennt und von dem kaum eine Verwechslungsgefahr ausgeht – das ist der Pfifferling, in Bayern auch Reherl genannt und in Österreich als Eierschwammerl bekannt. Pfifferlinge in Rahmsauce mit einem Semmelknödel, das ist das Gericht, das ich mir wünschen würde, wenn ich einmal in die fatale Lage käme, eine Henkersmahlzeit nennen zu müssen.

Und wie man sich über jede Tannennadel freut, die eventuell beim »Schwammerlputzen« übersehen wurde. Sie bestätigt die Authentizität des Gerichtes. Bei uns zu Hause wurde allerdings das Pfannengericht – mit Ei und viel Petersilie – bevorzugt. Und ich weiß noch, mit

welch glücklichen Gesichtern wir alle aus der Pfanne löffelten, was wir selbst erjagt hatten.

Heute gehören Pfifferlinge zum Teuersten, was der Markt während der Pilzsaison zu bieten hat. Darum sind diese kleinen Schwammerl mit der wunderschönen gelben Farbe und dem unverwechselbaren »Design« – von ihrem speziellen Duft gar nicht zu reden – der pure Luxus. Aber einer, den man sich unbedingt mindestens einmal im Jahr gönnen sollte. Und wenn man dafür an anderer Stelle Einsparungen vornehmen müsste. Eine köstlichere Investition ist kaum vorstellbar. Der Einwand, für Essbares sollte man nicht so viel Geld ausgeben, ist in diesem Fall unbedingt unzulässig: Pfifferlinge schaffen Geschmackserinnerungen, von denen man in harten Zeiten zehren kann.

Wenn die Tannennadel mal nur nicht aus Rumänien stammt. Oder aus Polen. Oder aus Belorussland. Jedes Jahr türmen sich mehr und größere Pfifferling-Türme auf den Märkten und sogar bei Discountern. In unseren Wäldern wachsen kaum noch welche. Der Vertrieb heimischer Pfifferlinge ist nur noch mit einer Sondergenehmigung möglich. Im Herbst 2010 hat »Markt«, ein Verbrauchermagazin des NDR, zehn Pfifferling-Proben testen lassen. Sieben davon waren verschimmelt, verfault oder mit Maden durchsetzt. Ein Sachverständiger der Deutschen Gesellschaft für Mykologie (Pilzkunde) stufte sie als gesundheitsgefährdend ein. Wer sich vor solchem Nepp schützen will, sollte zuerst mal willens sein, für heimische Pfifferlinge auch mehr zu bezahlen.

Qualität kennt kein Geheimnis: Wie alle Pilze reisen Pfifferlinge nicht sonderlich gern. Selbst eigentlich gute Importe aus fernen Ländern sind meist fader, als frisch gepflückte Schwammerl aus der Umgebung. Und man sollte die Pilze beim Kauf ein wenig genauer betrachten: Pfifferlinge sind gelblich-orange.

Braune Exemplare sind bereits am Austrocknen. Gute Pfifferlinge sind stets intakt, also mit Kopf und Fuß, riechen ein wenig nach Unterholz und Aprikose. Sie sind fest, und ihr Stielende ist nicht vertrocknet. Und sie dürfen sich keinesfalls »schmierig« anfassen.

Ganz wichtig für alle Gemüse, Obstsorten und Pilze: Sollten Sie Lebensmittel unter Plastikfolie kaufen, schneiden Sie diese sofort zu Hause auf und lagern Sie die Ware trocken. Unter solchen Plastikfolien sammelt sich oft Feuchtigkeit, die bald zu Fäulnis führt. Ganz abgesehen davon, dass solche Folien eventuell »ausgasen«, was den Geschmack der so verpackten Ware negativ beeinflussen kann.

Pfifferlinge verlieren im Kühlschrank ihr Aroma. Sie sollten also möglichst noch am Einkaufstag verzehrt werden.

Hat man jedoch auf dem Markt wirklich gute, frische Schwammerl ergattert, darf man auch ein kurioses Rezept wagen, das ihr zartes Aprikosenaroma nutzt: In einem französisches Kochbuch las ich von Muffins mit Aprikosen und Pfifferlingen aus Mehl, Hefe, Salz, geschnittenen frischen Pfifferlingen, getrockneten Aprikosen, Thymian, Milch, Ei und geschmolzener Butter. Das versuche ich ganz bald mal zu Hause.

Pfirsich (Weinbergpfirsich)

Als dieser wohlschmeckende »Flachmann«-Pfirsich vor ein paar Jahren auf guten Märkten und bei gut geführten Obst- und Gemüseläden auftauchte, war ich zunächst skeptisch. Ich hielt ihn für eine genmanipulierte Beutelschneiderei. Andererseits wird Zuchtobst eigentlich selten kleiner – man denke nur an die großen, aufgeblasenen, aber da-

für geschmacksarmen, wässrigen Riesenäpfel! Ob dieser Überlegung siegte wieder mal die Neugier. Und siehe da, der abgeflachte Neuling schlug die normalrunden Pfirsiche um Längen: Er war weniger süß, aber dafür umso aromatischer. So, als hätte man das ganze »Pfirsich-Sein« mittels Faustschlag, denn so sieht die Frucht aus, auf engerem Raum konzentriert. Nur das ihn umgebende Pelzchen ist etwas rauer, als das vom apfelförmigen Verwandten. Was man aber aufgrund des Geschmacks gerne in Kauf nimmt.

Jetzt interessiert mich aber doch: Ist der Weinbergpfirsich eine alte Sorte, die wiederentdeckt wurde? Wenn ja, wo hat sie sich bisher verborgen gehalten? Und wächst sie nur zwischen Reben?

Was als Weinbergpfirsich auf den Markt darf, ist nirgends so recht geregelt. So werden die »Flachen« in manchen Supermärkten als Weinbergpfirsiche oder wilde Pfirsiche angeboten. Dabei sind sie so wild wie eine Hauskatze. Tatsächlich handelt es sich um eine alte chinesische Sorte namens Pentoo oder Pan tao. Andere Namen sind: »flacher Pfirsich«, »flacher Weinbergspfirsich«, «pêche de Chine«, »Untertassenpfirsich« und wahlweise »Saturns« oder »Saturnes«. Im Englischen heißt er wegen seiner Form auch »doughnut peach«. Populär wurde diese Pfirsichsorte erst in den 1990er Jahren. Das erste Mal sah ich sie in einem Straßenmarkt in Lyon, schließlich wachsen die flachen Pfirsiche jetzt auch an der Rhône. Diese kleinen Früchtchen haben weißes, höchst aromatisches Fleisch, haben ein wenig Honigsüße und schmecken nach mehr – nach mehr Pfirsich natürlich. Ich mag sie sehr, Weinberge haben diese Pfirsiche jedoch nie gesehen. Aber vielleicht ziehen sie ja um? Der flache Pfirsich könnte laut Meinung von Fachleuten der Gartenakademie Rheinland-Pfalz in Weinbergen überleben.

Die Sorte, die man umgangssprachlich als Weinbergpfirsich bezeichnet, hat jedoch die herkömmliche runde Form. Sie ist in der Regel rot bis tiefrot – auch im Fruchtfleisch. In der Schweiz jedoch wird unter demselben Namen eine weiße Variante angeboten. Der rote »Artgenosse« heißt dort »Cardinal«.

Auch in Sachen roter Weinbergpfirsich kennen die Mitarbeiter der Gartenakademie Rheinland-Pfalz sich aus: »Der ›Rote Weinbergpfirsich‹ ist eine wärmebedürftige Obstart. Ein Anbau ist deshalb in Weinbauklimaten möglich. In anderen Gegenden reift der spätreifende ›Rote Weinbergpfirsich‹ nicht aus, die Blüte erfriert wegen des frühen Blühzeitpunktes schon Mitte März durch Spätfröste. Am besten gedeiht der ›Rote Weinbergpfirsich‹ auf einem warmen, milden Lössboden oder humosen Sandboden mit hohem Nährstoffgehalt und genügend Feuchtigkeit im Untergrund.« Und weiter: »Der optimale Geschmack der Früchte ist abhängig vom Wasserangebot, eine gleichbleibende Feuchtigkeit bis kurz vor der Ernte ist anzustreben. Vor der Ernte sollten die Weinbergpfirsiche durchaus etwas ›hungern‹, zu viel Wasser zu diesem Zeitpunkt macht einen faden Geschmack.«

Entsprechend existiert in Rheinland-Pfalz nicht nur eine Gartenakademie, sondern im Moseltal auch der echte rote Weinbergpfirsich: Winzer und Inhaber von Brennereien wollten seit Mitte der 1990er Jahre aufgegebene Weinbergflächen an den Moselhängen bepflanzen. Im Rahmen des Erprobungsprojekts »Der Rote Weinbergpfirsich« wurden mit Unterstützung der Landesregierung von 1999 bis 2009 rund 5000 Pfirsichbäume gepflanzt. In Cochem gibt es seit 2006 sogar einen »Tag des roten Weinbergpfirsichs«! Es geschieht selten genug, dass Politiker sich für den Erhalt alter, traditioneller Früchte und Gemüse einsetzen, ohne sie auf Massenproduktion trim-

men zu wollen. Dafür vielen Dank an Rheinland-Pfalz! Möge der Rote Weinbergpfirsich von der Mosel einmal so bekannt werden wie die »Wachauer Marille!«

Pflaumen aus Agen (Pruneaux d'Agen)

Es war für mich schon immer schwierig, Zwetschken und Pflaumen auseinanderzuhalten. Aber seit ich in Südfrankreich Pflaumen in Armagnac gegessen habe, weiß ich zumindest ganz sicher, wie beschwipste Pflaumen schmecken. Ob man so etwas auch mit einer ordinären Zwetschke machen könnte? Ich bezweifle es.

In unserem Garten gab es für mich tatsächlich Anlass zur Verwechslung in Sachen Steinobst: Da gab es Zwetschken (von denen es ja auch gelbe geben soll) und Ringlotten und kleine, gelbe, runde »Kriecherl«, von denen ich bis heute nicht weiß, ob sie eine eigenständige Sorte oder »nur« Mirabellen mit einem österreichischen Spitznamen sind. Sicher ist, dass das Aroma dieser verschiedenen Früchte inzwischen perfekt in Edelbrände eingeschlossen ist und schon allein beim Dranriechen recht nostalgische Gefühle auslösen kann.

Aus der Zwetschke, auch wenn ich sie gerade noch als ordinär bezeichnet habe, wird in Österreich das wunderbare Pflaumenmus gemacht, das man wegen seines ungezuckerten Fruchtgeschmacks für die berühmten Zwetschkenbovesen braucht: Zwei dünne Weißbrotscheiben werden innen mit Zwetschkenmus bestrichen, zu einem Sandwich zusammengeklappt, in einen Pfannkuchenteig getaucht und in Fett herausgebacken. Einfach himmlisch! Den böhmischen Köchin-

nen, die die Variante aus vermusten gedörrten Zwetschken, den Powidl, erfunden haben, gebührt noch heute ein Sonderapplaus.

Aber an die Pflaume aus Agen kommen alle genannten Früchte nicht heran. Ich kenne sie: Sie schmeckt wie aus 1001 Nacht.

Das Geheimnis der Pflaume aus Agen lässt sich leicht entschlüsseln: Sie ist eine Trockenpflaume. Sie entstammt der Variante »Prune d'Ente«. Sie wird 18 bis 24 Stunden im Ofen oder speziellen Geräten getrocknet – aus drei Kilo Pflaumen wird so ein Kilo Trockenpflaumen. Ihre Qualität wird recht streng überwacht, z. B. sind Scharten und Verletzungen bei »Pruneaux d'Agen« tabu. Fest, vollfleischig und fast schwarz müssen die Trockenfrüchte sein, wenn sie in den Verkauf gelangen.

Angeblich sollen die Kreuzritter im 12. Jahrhundert hier die ersten Pflaumenbäume gepflanzt haben. Doch bei Ausgrabungen hat man in Agen Pflaumenkerne in Ruinen aus dem 2. Jahrhundert vor Christus gefunden. Das klingt doch nun wirklich nach purer, reiner Tradition und jahrhundertealtem Wissen um die optimale Pflaumenqualität.

Inzwischen wurde neben der Prune d'Ente freilich auch der ertragreiche »Mutant« Ferco (Spurdente), dessen Früchte 8–10 Tage vor denen der Originalpflanze reifen, von den Behörden zur Pruneaux-Produktion zugelassen.

Pruneaux d'Agen gibt es in vielen Varianten: Eingelegt in Armagnac, mit vielerlei Füllungen von süß bis salzig. In den Küchen der Region werden die Trockenfrüchte mit Lamm, Kaninchen, Wild oder Geflügel serviert, sie wandern in Saucen und Kuchen.

Ich besuche die Region rund um Agen auch gern auf der Suche nach »Nebenerzeugnissen« wie Pflaumenkernöl und

nasche hier und da auch an ungetrockneten Früchten: Für deren Frische spricht eine intakte, feine, weißliche Schicht über der Außenhaut. Die ist schon beim Pflücken vorhanden, je mehr davon fehlt, je glänzender die Früchte sind, desto mehr wurden die Pflaumen herumgereicht, angefasst, transportiert oder sonst wie behandelt. Besser werden sie davon nicht.

Riesenpflaumen sehe ich skeptisch: Das Aroma einer »normalen« Frucht verteilt sich oft auf ihre großen Geschwister; die sind dann mehlig und fad. Ansonsten greife ich bei den frischen Pflaumensorten gern zu Mirabellen (prunus domestica syriaca), Renekloden oder Ringlotten. Angeblich kommt das Wort wieder mal aus dem Französischen, von »Reine Claude«. Königin Claude, das war Claude de France (1499–1524), die Gattin von Franz I. Pierre Belon (1517–1564), ein Botaniker, soll die Frucht eingeführt und nach der Königin benannt haben, die eine große Liebhaberin von Früchten war. Hier und da liest man in durchaus seriösen Geschichtsbüchern auch, er hätte sie zur Hochzeit von Claude und Franz kredenzt. Eine schwierige Aufgabe – und schwer zu glauben –, da der Hochzeitstag des erlauchten Paares, der 8. Mai 1514, gut drei Jahre vor Belons Geburt lag.

Trotzdem steckt in der erfundenen Geschichte ein Kern Wahrheit: Über Jahrhunderte kamen die besten Pflaumen Frankreichs nicht aus der Gegend von Agen, sondern aus der Umgebung von Tours, wo sie in den Schlossgärten der Loire wuchsen. Aber was heißt schon »die Besten«? Das Schöne an all den Pflaumensorten ist doch, dass jede anders schmeckt.

Piment

Von diesem Gewürz dachte ich, dass man es eigentlich nur zu Weihnachten braucht. Zum Beispiel, um Lebkuchen zu machen. Ist Piment eigentlich dasselbe wie »Nelkenpfeffer«? So könnte man sich zumindest erklären, dass der Lebkuchen in dem Grimm'schen Märchen »Hänsel und Gretel« Pfefferkuchen heißt.

Und für welche Leckereien wäre Piment noch das richtige Gewürz? Bei Wild könnte ich mir Piment vorstellen. Und wo kommt Piment eigentlich her?

Das Piment ist Opfer eines sprachlichen Missverständnisses zwischen Deutschland und Frankreich. Hier bei uns steht das Wort für Pimenta dioicia oder Pimenta officinals, auch Nelkenpfeffer genannt. Der stammt aus Jamaica und ist nichts anderes als die getrocknete Frucht der genannten Pflanze. Der Nelkenpfeffer schmeckt wie Gewürznelken mit ein wenig Pfeffer, Muskat und Zimt. Eine gute Mischung für die Weihnachtsbäckerei.

Im Französischen hingegen steht Piment für allerlei Gattungen aus der Familie der Nachtschattengewächse. Also Chilis, Peperonis oder Paprika, all das, was im Lateinischen Capsicum heißt – sowohl frisch als auch getrocknet. Über fehlerhafte Übersetzungen von Kochbüchern und Rezepten gelangt dieses französische Pimentverständnis manchmal auch zu uns. Piment ist da also der Scharfmacher im Essen. Und die Schärfe solcher Schoten wird übrigens seit 1912 systematisch vermessen. Scoville heißt die Maßeinheit, frei nach dem Pharmakologen Wilbur L. Scoville. Er beschrieb im »Journal of the American Pharmacists Association« eine Methode zur Bestimmung des Capsaicin-Gehalts durch sukzessives Verdünnen und Verkos-

ten. Capsaicin verursacht, vereinfacht ausgedrückt, die Hitze-
bzw. Schärfeempfindung auf der Zunge. Eine Paprika mit null
Scoville ist also ein fades Pflänzchen, während reines Capsaicin
mit 15 bis 16 Millionen Scovilles ein wahrer Rachenputzer
wäre. »Blair's Sauces & Snacks« hat tatsächlich pures Capsaicin
in einem Fläschchen namens »16 million reserve« an Chili-
Freunde gebracht – von Verwendung im Essen wurde ausdrücklich abgeraten. Die wahrscheinlich schärfste Chilisauce
der Welt heißt »The Source« und kommt von »Original Juan
speciality Food« in Kansas City, USA. Mit 7,1 Millionen Scoville ist sie etwa zwei Millionen Scovilles schärfer als Pfeffer-
sprays der Polizei und könnte damit wohl auch zur Selbstver-
teidigung eingesetzt werden.

Auch »The Source« möchte ich nicht unbedingt für Küchen-
nutzung empfehlen, dafür aber den französischen getrockneten
und gemahlenen Chili namens Piment d'Espelette. Der »Capsicum annum L. var. Gorria« wächst seit dem 17. Jahrhundert
im Baskenland. Ein milder, würziger Chili, der manchmal sogar süß bis fruchtig ausfallen kann und dennoch die Zunge mit
dezenter Schärfe reizt. Auf der Scoville-Skala erreicht er gerade
mal Werte zwischen 1500 und 2500 und liegt damit noch unter handelsüblicher Tabasco-Sauce.

Die Basken verarbeiten Piment d'Espelette auch zu Gelees,
er kommt ins Kalbsragout oder, bei der feinen Chocolaterie
Antton im Dorf Espelette, sogar in die Pralinen. Sprich: Dieser
Piment ist ungeheuer vielfältig und kann verschiedenste Gerichte von Fisch bis zum Dessert aufpeppen. Nur für die Weihnachtsbäckerei, da taugt er nicht wirklich. Obwohl – einen
Versuch ist es vielleicht wert.

Pistazien

Mein Lieblingseis wird aus Pistazien gemacht. Diese grüne Köstlichkeit schlägt jede andere Sorte, sogar Schokoladen- und Bananeneis. Ein Kenner verriet mir, wie man eine gute von einer schlechten Bar unterscheidet: In einer guten werden Pistazien zu den Drinks angeboten – keine Erdnüsse.

Diese »grüne Mandel« soll nicht nur gesund sein, wie zahlreiche Studien angeblich beweisen, man trifft sie auch in ein paar Lebens- und Genussmitteln an, die sich allgemein großer Beliebtheit erfreuen: Beispielsweise enthalten Mozartkugeln Pistazienfüllung; daher das typische Lindgrün – auch wenn heutzutage vermutet werden muss, dass mit Lebensmittelfarbe nachgeholfen wird. Aber auch auf der anderen Seite der Geschmacksskala findet man diese Nuss, die keine ist, sondern nur so daherkommt: Eine ordentliche Mortadella, der ganze Stolz der italienischen Wurstmacher, kommt nicht ohne Pistazien aus.

Jetzt ist die Frage: Wo kommen die besten Pistazien her und wie kann man sicherstellen, dass man keinem Etikettenschwindel auf den Leim geht?

Das habe ich mich auch lange gefragt. Meistens zögere ich vor dem Kauf von Nüssen und Pistazien – man kann ja niemanden fragen, ob die aus einem »guten Jahrgang« stammen. Soll heißen: Es gibt viel alte und sogar schimmelnde Ware im Regal. Diesen Schimmel sieht man nicht, er enthält jedoch eine krebserregende Substanz namens Aflatoxin. Schlechte Pistazien schmecken übrigens ölig, ranzig oder tranig und können diese Aflatoxine enthalten. Gute hingegen verfügen über einen ganz leicht süßen, nussigen Geschmack – auch wenn sie in Wahrheit die Steinfrucht des Pistazienbaums sind. Die weitaus meisten in Deutschland erhältlichen Pistazien stammen aus den USA und

dem Iran, doch auch die Türkei, Syrien, China und Griechenland verfügen über Pistazienplantagen.

Wenn sie zu haben ist – was relativ selten ist –, greife ich gern zur grünen Pistazie aus Bronte. Die »Pistacchio Verde di Bronte« wächst auf Vulkanböden im Schatten des Ätna auf Sizilien, in den Gemeinden Bronte, Adrano und Biancavilla in einer Höhe von 400 m bis 900 m über dem Meeresspiegel. Sie gehört zur Spezies Pistacia vera, Kultivar Napoletana, und wird auch Bianca oder Nostrale genannt. Mindestens seit dem 8. Jahrhundert wächst sie hier, wurde zusammen mit Zitronen, Orangen und Auberginen von den Arabern eingeführt und gibt heute vielen traditionellen Desserts aus Catania ihr Aroma. Man könnte sagen, dass sie ihnen geradezu Flügel verleiht.

Auch wenn ich oft über die unzähligen neuen Europa-Gütesiegel schimpfe, die vielfach lediglich industrielle Produktionsmethoden verbal zu »kulinarischer Tradition« veredeln, trägt die geschützte Ursprungsbezeichnung für die Sizilia-Pistazie dazu bei, dass größerer Nepp wenigstens eingeschränkt wird.

Außerdem diktiert sie relativ strenge Qualitätskriterien: Intensive grüne Farbe, aromatischer Geschmack ohne Fehlaromen, Feuchtigkeit zwischen vier und sechs Prozent, aber – denn auch das ist vorgeschrieben – brauchte man wirklich eine Regelung über das Verhältnis Länge zu Breite?

Doch wie wird die Pistazie zur markengeschützten Bronte? Zuerst werden die Anbauflächen vorbereitet, nivelliert oder Bewässerungsgräben eingezogen. Auf den Vulkanböden mit ihrer dünnen Erdschicht gedeiht die Pistazie hervorragend, sei es in reinen »Pistazienhainen« oder in Mischkulturen. Geerntet wird, je nach Wetterlage, von der zweiten Dekade im August bis zur ersten Dekade im Oktober von Hand. Geschält wird

mechanisch und zwar schnell – innerhalb eines Tages, sonst wird die Pistazie braun. Die geschälten Pistazien werden anschließend in der Sonne oder in speziellen Öfen getrocknet. Ideal sind Temperaturen zwischen 40 und 50°.

Verpackt in Jute oder Papier, gelagert in trockenen, gut belüfteten Räumen, ohne Kontakt mit Boden oder Wänden, halten Pistazien dann bis zu zwei Jahren. Der Einsatz von Konservierungsmitteln aus der Chemiefabrik ist für Bronte-Pistazien mit geprüfter Ursprungsbezeichnung strikt untersagt.

Einen Nachteil haben die sizilianischen Pistazien freilich doch: Sie werden in Deutschland ganz selten pur, also unvermischt mit anderen Sorten, angeboten. Fündig wird man am leichtesten in Internetshops.

Rebhuhn

Ein herrlicher Hühnervogel, dem ich schon deshalb zugetan bin, weil ich für Hühner seit Kindheitstagen eine Schwäche habe. Ihr Pickverhalten, ihr neugieriges Geäuge und ihre seltsame Art sich zu bewegen, finde ich faszinierend. Ich habe noch nie ein Rebhuhn gegessen, stelle mir aber vor, dass es ähnlich wie ein Fasan schmeckt. Und dass man das magere Fleisch – wie auch bei ihm – spicken muss. Ich weiß, dass das Rebhuhn in vielen Ländern auf der Liste der gefährdeten Tierarten steht, dass es aber inzwischen in Gehegen gehalten werden kann und der Bestand wenigstens auf diese Weise erhalten bleibt. Und wenn Rebhühner nur ein bisschen was von den Verwandten, den Hühnern, haben, empfinden sie das Zusammenleben mit dem Menschen vielleicht auch nicht als Gefangenschaft. Futter auf dem Präsentierteller hat ja etwas für sich …

Hat nicht Roald Dahl die Geschichte darüber geschrieben, wie man Rebhühner fängt? Man muss Rosinen – angeblich ein Lieblingsleckerbissen – mit Rasierklingen aufschlitzen, mit Schlafmittel füllen, sie möglichst gut wieder verschließen und an Rebhuhnfutterplätze ausbringen. Dann braucht man nur noch warten, bis die Tiere im Tiefschlaf von den Bäumen fallen. Rebhühner scheinen ohnedies beliebte Protagonisten von Autoren zu sein: La Fontaine hat eine Fabel über sie geschrieben, Scheherazade hat in »Tausendundeine Nacht« eine Rebhuhn-Geschichte erzählt, und »Der gestiefelte Kater« der Brüder Grimm schmeichelte sich für seinen Müllerssohn mit Rebhühnern beim König ein. Aber Adelige wussten ja schon immer, was gut ist.

Nun, zumindest wussten sie schon immer, was teuer ist – und konnten es sich leisten. Dahls Geschichte handelt allerdings von Fasanen, nicht von Rebhühnern. Leider haben beide etwas ganz Wesentliches gemeinsam: Auch Rebhühner sind in den meisten Fällen keine Wildvögel mehr, sondern stammen aus Zuchten. Pestizide und Erntemaschinen auf den Feldern haben vielen frei lebenden Rebhühnern den Garaus gemacht. Das Zuchtfleisch ist jedoch geschmacklich etwa so interessant wie ein mittelprächtiges Huhn. Fragen Sie deshalb unbedingt den Händler Ihres Vertrauens, ob seine Rebhühner wirklich bejagt wurden. Erfahrene Einkäufer achten dabei u. a. auf den Schnabel. Ist der eher gerade und spitz, gilt er als abgenutzt, das Rebhuhn könnte also wild gelebt haben. »Hakennasen« sind nicht abgenutzt und haben oft nur Brei aus dem Futtertrog bekommen.

Ideales Jagdwild, wenn man es denn findet, sind die jungen Rebhühner, denn ihr Fleisch ist zarter und weicher. Zur Feststellung des Alters achten Fachleute auf den schwarzen Schnabel sowie die sogenannten Ständer, womit die gelben bis gelb-

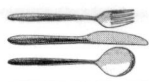

braunen Beine gemeint sind. Weibliche und männliche Tiere schmecken in etwa gleich gut.

Schon der französische Küchenchef Prosper Montagné (1865–1948), der später die Erstausgabe des kulinarischen Lexikons »Larousse gastronomique« redigierte, erwähnt, dass die besten Rebhühner im September gejagt werden, sie seien dann »so zart, wie man es sich wünscht«. Er riet zum Braten am Spieß oder zu Rebhuhn in Sahnesauce. Etliche Rezepte servieren das Rebhuhn mit weiteren »Begleitern« aus dem Wald: mit Steinpilz, Morcheln und Pfifferlingen oder mit Trüffeln. Das Autorenduo Urbain Dubois und Emile Bernard rät Ende des 19. Jahrhunderts zum Spicken des Rebhuhns mit anschließendem Grillen »12–14 Minuten auf guter Flamme«, dekoriert wurde mit Kresse. Der Kupferstich Nummer 270 erklärte, wie die Rebhühner anzurichten waren. Es gibt Rezepte für Rebhuhnterrinen, Rebhuhn mit Algen, Rebhuhnsalate mit Lavendel und vieles, vieles andere mehr.

Zum echten Klassiker, der die Zeiten überdauert hat, avancierte bisher nur das geschmorte Rebhuhn mit Wirsingkohl und Speck.

Reis (Wildreis)

Seit der Reis in einem Kochbeutel gelandet ist, beworben von einem freundlichen Onkel, erlebt er – kulinarisch gesehen – seinen Niedergang. Erst die Risotto-Begeisterung der letzten Jahre verhalf wenigstens einigen Sorten wieder auf den Platz, der diesen tollen Körnern gebührt.

Ich habe Wildreis immer eher Angeber-Köchen zugeordnet. Das lag daran, dass die 1980er und 1990er Jahre auf allen Lebensebenen

mit Ethno liebäugelten, und da hinein passte es, dass dieser Reis angeblich eine wichtige Rolle in der indianischen Ernährung gespielt hat (auch sie lebten nicht von Büffel allein) und außerdem per Hand geerntet wird: genügend Indizien für einen hohen Preis und entsprechende Exklusivität. Die Handernte ist aber wohl auch längst industriellem Anbau gewichen. Die wenigen Male, die ich diese Grassorte in Restaurants gegessen habe, waren nicht dazu angetan, süchtig danach zu werden. Ich habe einen elastischen Biss und würzigen Heugeschmack in Erinnerung. War ich im falschen Restaurant? Denn offenbar habe ich etwas versäumt.

Ich mag den Kochbeutel-Reis auch nicht besonders. Irgendwie werden hier Größen, Sorten und Verarbeitungsmethoden wild vermischt, damit der Verbraucher schließlich blind auf eine Reismarke vertraut. Zuerst einmal ist die Größe wichtig:

Rundkornreis etwa ist kürzer als 5 mm und bleibt beim Kochen meist klebrig. Mittelkornreis hingegen ist 5–6 mm und 1,5 bis 2,5 mm dick. Er bleibt beim Kochen körnig, beim Abkühlen klebt er zusammen. Es ist überhaupt eine Werbelegende, dass Reis nicht kleben darf. Nur Langkornreis, mindestens 6 mm lang, bleibt nach dem Kochen körnig.

Die Spelze, die unverdauliche Hülle der Reiskörner, wird in Mühlen entfernt. Anschließend wird der Reis auf höchst unterschiedliche Art verarbeitet:

Weißer Reis etwa verliert durch Schleifen und Politur viele Nährstoffe. Für den schöneren Glanz der Körner und zum Schutz vor Feuchtigkeit wurde er früher mit einer Glukose-/Talkummischung behandelt. Ist er vorgekocht, heißt er auch »Minutenreis«.

Weißer Parboiled Reis hingegen wird vor dem Schleifen eingeweicht und mit Dampfdruck behandelt. Dadurch sollen etwa

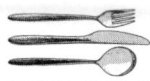
80 Prozent der Vitamine und Mineralstoffe erhalten bleiben. Es gibt eine braune Variante mit Kleie und Keimen.

Für Naturreis wird die Spelze, aber nicht die äußere Schicht des Reiskorns entfernt. Er schmeckt leicht nussig und kann grüne, unreife Körner enthalten.

Zu den besseren Sorten zählt der Duftreis oder Jasmin-Reis, der beim Kochen leicht nach der Pflanze duftet.

Für ein gutes Risotto wird Arborio, verwendet, ein weißer Rundkornreis aus der Po-Ebene in Italien, der besonders viel Wasser aufsaugen kann. Überhaupt wachsen in Südeuropa wirklich gute Reissorten, etwa der rote Camargue-Reis, der seit 1593 auf Befehl Heinrichs IV. in Südfrankreich angepflanzt wurde. Oder der spanische Reis vom Ebro, den es in den Sorten Bahía«, »Tebre«, »Sénia«, »Fonsa«, »Bomba« und »Montsianell« gibt. »Bomba« ist relativ selten, weil diese Rundkornreissorte wenig ergiebig ist: Etwa 4500 bis 5000 Kilo werden pro Hektar geerntet, vom »Fonsa« etwa können die Bauern auf derselben Fläche fast die doppelte Menge erzeugen. »Bomba« ist ein toller Paella-Reis.

Und wo bleibt jetzt der Wildreis? Botanisch gesehen ist diese Wasserpflanze, Zizanie, kein Reis, der den botanischen Namen »Oryza« trägt. Ein Verwandter zwar, aber keine Wildform. Er wird traditionell in Nordamerika und Kanada angebaut, tatsächlich gibt es viele schöne Geschichten von Indianervölkern, die mit dem Kanu an den Reis heranpaddeln, leicht auf die Pflanze klopfen und von der Natur immer nur so viel nehmen, wie gerade ins Kanu fällt. Solche Erzählungen hat sich die Lebensmittelindustrie zu Dutzenden zu Eigen gemacht, um Produkte teils dubioser Herkunft zu rühmen und ihnen eine romantische Aura zu verpassen. Diese aber stimmt, wie es aussieht: Im Bundesstaat Wisconsin etwa können Privatleute für

8,25 $ eine »wild rice harvesting license« erwerben – ein ähnliches Prinzip wie unsere Selbsternte-Erdbeerfelder – und die Felder mit einem maximal 17 Fuß (5,18 m) langen und 38 inches (96 cm)breiten, mit Muskelkraft betriebenen Kanu befahren. Das alles ist gesetzlich penibel geregelt. Mit einem Stab werden die Pflanzen in Richtung des Bootes gezogen. Sobald die Pflanze sich wieder aufrichtet, fallen einige Samen auch ins Wasser – die Grundlage für die nächsten Reisernten. Spezialisten vom Indianerstamm der Chippewa bestimmen, wann der Reis erntereif ist. Solcher Reis kommt zuweilen auch als »hand picked« in den Handel.

Inzwischen wird Zizania palustris in Kalifornien, Minnesota, Saskatchewan und auch in Australien angebaut. Während die amerikanischen Farmer schon in den 1950er Jahren auf den Geschmack kamen, setzte er sich erst 1992 in Australien durch. Geerntet wird maschinell, mit propellerbetriebenen Gleitbooten. Die Ausbeute ist im Vergleich zum »echten Reis« gering und liegt je nach Region und Fähigkeiten des Gleitbootfahrers zwischen 100 und fast 600 »pounds per acre« (etwa 45 bis 270 kg pro 0,4 Hektar).

Der schwarzbraun schimmernde Reis gilt als besonders nährstoffreich. Mir schmeckte er nicht grasig, sondern leicht nussig. Ich finde, dass er besonders Fisch oder Scampi gut begleitet: Er ist schließlich weder aufdringlich noch fad im Aroma. Geschmeckt hat er mir auch im Salat vom geräucherten Schellfisch oder zusammen mit Mandeln als Begleiter einer geschmorten Schweinswange mit Kokosmilch und Colombo, einer Würzmischung von den Antillen, die ein wenig einem indischen Curry gleicht. Aber das ist, wie so vieles, letztlich Geschmackssache.

Rentier

Fast hätte ich schon einmal Rentierfleisch gegessen. Aber nur fast: Ich war von einem norwegischen Verlag nach Oslo eingeladen, um eines meiner Bücher zu promoten. Schon von der Hotelhalle war ich schwer beeindruckt: Da stand ein lebensgroßer aufgerichteter, natürlich ausgestopfter Bär, der so lebensecht wirkte, dass ich erwartete, gleich würde auch ein echtes Rentier um die Ecke biegen. Nach getaner Arbeit wurde ich nach meinen abendlichen Restaurantgelüsten gefragt, aber mein Wunsch, norwegische Spezialitäten kennenzulernen, verursachte große Verwirrung. Man begegnete diesem Begehr ganz offensichtlich mit Ausflüchten, bot mir stattdessen einen »Italiener« an – bei dem wir auch schließlich landeten, der aber ungarisch kochte –, offensichtlich in der Annahme, Rentierfleisch würde mir nicht schmecken. Dass man auf dieser Verweigerung beharrte, lag vielleicht daran, dass meine Gastgeber selber kein Rentierfleisch mochten. Und deshalb rätsle ich seit vielen Jahren, wie Rentier wohl schmeckt. Im Internet wird das Renfleisch unter »Exotikfleisch« angeboten, zusammen mit Antilope und Krokodil – aber so exotisch kann es doch gar nicht sein! Ein Tier, das aussieht wie ein etwas anders designter Hirsch, wird doch wohl auch so ähnlich schmecken, oder? Im Übrigen: Die Norweger sind mir nicht nur das Rentierfleisch schuldig geblieben. Ich habe auch in ganz Oslo keinen Norweger-Pullover gefunden, den ich als Mitbringsel versprochen hatte.

Immer wieder versuchen Importeure, kuriose Fleischsorten auf unsere Teller zu bringen: Letzte Weihnachten beispielsweise hätte ich die Wahl zwischen Zebra, Känguru und Alligator gehabt. Das Rentier jedoch gehört ganz klar nicht in diese Kategorie. Es landet seit jeher auf den Tellern, und zwar gar nicht so weit von uns entfernt, in Schweden und Finnland. Bei den

Sami bzw. Samen, einem Volk im Norden Schwedens und Norwegens, gehört es traditionell zu den wichtigsten Nahrungsmitteln. Es gibt sogar ein Sami-Kochbuch in englischer Sprache: »How to cook a reindeer« von Laila Spik.

In Örebro, nördlich von Stockholm, habe ich mein erstes Rentierfleisch gekostet: Als Salami, als Ragout und als marinierten Braten. Es ist ein fettarmes Fleisch, das tatsächlich ein wenig wie Hirsch oder Reh schmeckt und entsprechend zubereitet werden kann.

Dazu gab es ein paar unübliche Stücke, z. B. getrocknete oder geräucherte Rentierherzen. Nach alter Sami-Tradition werden Rentiere natürlich als ganzes Tier verwertet, Rezepte gibt es selbstverständlich auch für Zunge, Knochenmark und so gut wie alle anderen Teile. Klingt das jetzt unappetitlich? Das Herz ist ein großer Muskel, alle Karnivoren lieben Muskelfleisch, und fast jede Region Europas verfügte früher auch über entsprechende Rezepte: »Love in disguise« (Verborgene Liebe) zum Beispiel ist nicht der Titel des letzten Films mit Julia Roberts, sondern ein britisches Rezept aus Herefordshire, das gerolltes und gefülltes Kalbsherz in Fadennudeln und Semmelbröseln meint.

Neben dem Geschmack gefiel mir am Rentier, dass es sich wirklich noch um ein Tier handelt, das in der Natur lebt. Sie wandern zwischen Wald und Gebirge, der Mensch schützt die Herden wenn möglich vor Raubtieren, wie z. B. Wölfen, und trennt die schlachtreifen Tiere von der Herde. Im Sommer ernährt sich die Herde von Gras, im Winter von Flechten, Pilzen und Moosen.

Seit Jahrzehnten werden die Herden auch mit geländegängigen Motorrädern oder Snowmobilen und sogar mit Hubschraubern getrieben und gejagt, wobei deren Lärm die Tiere

stresst. Angesichts ihres Lebensraums weit im Norden hoffe ich, dass die Rentiere von Dioxin in Futtermitteln, Antibiotika-Spritzen und Turbo-Mast verschont bleiben werden. Bisher wurde jedenfalls erst ein – wenn auch tragischer – Zwischenfall bekannt: Nach der Katastrophe von Tschernobyl mussten Zehntausende von Rentieren gekeult werden.

Rind

Mir als Österreicherin lässt das Stichwort »Tafelspitz« automatisch das Wasser im Mund zusammenlaufen, und die Geschmacksknospen tanzen in Vorfreude Wiener Walzer. Was wäre die gute Küche ohne Rindfleisch? Und selbst wenn es wahr wäre, dass Rinder wesentlich an der Erderwärmung beteiligt sind – was ja sogar eingefleischte Vegetarier, so sie bei Verstand sind, zum Lachen bringt: »Lieber würd ich sündigen, als ohne Rindfleisch sein« – und wenn die ganze Welt zum Teufel geht, würde der Wiener noch hinzufügen.

Apropos: Der österreichische Schriftsteller und Genussmensch Joseph Wechsberg entreißt in seinem zum Hineinbeißen guten Buch »Forelle blau und schwarze Trüffeln. Die Wanderungen eines Epikureers« ein Wiener Hotel und dessen Restaurant der Vergessenheit, dessen Köche und Kellner sich Anfang des vergangenen Jahrhunderts ganz speziell den Rindfleischgerichten hingegeben haben. Es hieß Meissl & Schadn, befand sich in der Wiener Innenstadt und bewirtete Gäste vom Fiakerfahrer bis zum Hofrat und Staatsoberhaupt. In diesen heiligen Hallen wussten alle – die Gäste eingeschlossen – die vierundzwanzig Sorten Fleisch, die ein Rind zu bieten hat, noch zu buchstabieren, als da wären: Tafelspitz, Tafeldeckel, Rieddeckel, Beinfleisch, Rippenfleisch, Kavalierspitz, Kruspelspitz, Hieferschwanzl, Schulter-

schwanzl, Schulterscherzl, Mageres Meisel (oder: Mäuserl), Fettes Meisel, Zwerchried, Mittleres Kügerl, Dünnes Kügerl, Dickes Kügerl, Bröselfleisch, Ausgelöstes, Brustkern, Brustfleisch, Weißes Scherzl, Schwarzes Scherzl, Zapfen und Ortsschwanzl. Muss dem noch etwas hinzugefügt werden? Möge das Rind ewig leben!

Und mögen wir das Rind lieben. Auch wenn die meisten Menschen sich ja eher nur für die Steaks interessieren. Um das mal vorwegzunehmen: Wenn es darum geht, Fleisch in die Pfanne zu hauen, geht nichts über »Dry aged Beef« vom Black Angus-Rind, das nach amerikanischem Vorbild trocken abgehangen wird. Dort wetzen die Metzger ihre Klingen für Skirt Steak, Top Butt Flap (die französische Bavette d'Aloyau aus dem hinteren Bauchlappen), Top Butt Cap (der Tafelspitz), T-Bone, Porterhouse, Striploin (Zwischenrippenstück), Tenderloin (unser Filet) und Rib-Eye (Entrecôte; aus der Hochrippe). Amerikanische Genießer schwören auf das Porterhouse-Steak, wie es bei Peter Luger in Brooklyn serviert wird, oder das »Strip Steak« bei »Palm« an der Westseite der Second Avenue/45 Straße. Die Rindviecher für Letzteres tragen die Auszeichnung USDA Prime (für United States Department of Agriculture); sie wird an gerade mal zwei Prozent des amerikanischen Rinderbestands vergeben. Und echte Fleischfreunde legen größten Wert auf die Feststellung, dass ein gutes Steak heute noch so schmeckt wie USDA Prime vor dreißig Jahren. Das aber wäre eine andere Geschichte ...

Was heißt überhaupt »amerikanisches Vorbild«? Eigentlich ist dort ja auch das berüchtigte Hormonfleisch zu Hause, das auf dem Teller freilich permanent die Erwartungen einer soliden Bevölkerungsmehrheit an »gutes Rind« erfüllt: Es ist butterzart, schimmert schön rot und schmeckt. Dennoch esse ich es nicht gern.

Das Abhängen von Fleisch war früher, jedenfalls in Europa, gang und gäbe, gehörte zu unserer Tradition. Ein Metzger der älteren Generation hat mir gegenüber diese Fleischreifung einmal ausgiebig gelobt: »Das Rinderfleisch entwickelt sich, ruht, wird von einer Fäule befallen, die ich gerne als Edelfäule – ähnlich wie bei den Trauben für einen Sauternes oder eine Beerenauslese – verstanden wissen möchte. Für den Metzger ist das ein gewisser Verlust, denn nach spätestens drei, vier Wochen muss man eine dicke Scheibe abschneiden.« »Mein« Metzger strich sich über den kahl rasierten Kopf und machte dann mit beiden Händen ein Zeichen, das ich als »mindestens zehn Zentimeter« deutete. »Aber heute macht das niemand mehr, die Leute haben ja Angst vor der Fäule. Wer versucht, Fleisch abzuhängen, hat dauernd Ärger.« Wilder Schimmel kann gefährliche Toxine bilden. Die werden in erster Linie dann ein Problem, wenn der Metzger beim Abschneiden des faulen Stücks spart. Oder wenn das Knochenmark des Tieres vom Schimmel befallen wird.

Ein paar Metzger und Wirte in deutschen Landen haben sich trotzdem auf das Wagnis »Fleischreifung« eingelassen.

Aber auch ohne Abhängen kann jeder versuchen, ein gutes Stück vom Rind zu bekommen. Regel Nummer 1: Weibliche Tiere oder kastrierte männliche Rinder, Ochsen also, schmecken besser. Regel 2: Die Optik kann täuschen. Auch vermeintlich schöne, rote Stücke können in der Küche hart wie Schuhsohlen ausfallen. Regel 3: Fett ist ein Geschmacksträger. Wer sich beim Metzger stets ein mageres Stück abschneiden lässt, ist selber schuld. Fett gehört dazu, man kann es ja nachher abschneiden. Wenn das Fleisch von zarten Fettadern durchzogen ist, wird man die, einmal gebraten, ohnedies nicht mehr bemerken. Und Regel 4: Die Rasse macht's. Verschiedene Rinderras-

sen schmecken sehr unterschiedlich. Massentauglich ist das magere, zarte Charolais. Wer das mag, sollte auch einmal die »Blonde d'Aquitaine« probieren, eine Rasse mit viel Fleisch und wenig Fett. Oder Simmentaler Rind, das ursprünglich von den Schweizer Alpen stammt.

Mir persönlich schmeckt Salers von den Auvergner Weiden. Es hat mehr Aroma, wird von feinem Fettgeäder durchzogen und verfügt noch über Muskeln – auf Charolais-Esser wirkt es deshalb hart.

Schließlich die Regel 5: Auf den Züchter kommt es an. Wie bei allen Zuchttieren hängt der Geschmack von Rind von seinen Lebensbedingungen ab: Was hat es gefressen? Durfte das Tier in – relativer – Freiheit Auslauf genießen? Wurden die Tiere gequält oder auf andere Weise gestresst? Das sind nicht nur »Tierschutzfragen« – all diese Faktoren wirken sich auf den Geschmack des Fleisches aus.

Wichtig ist auch das Alter des Tieres – allerdings gibt es auch für Stücke alter, zäher Rinder gute Rezepte, etwa für ein geschmortes Rippenstück.

In letzter Zeit war das Rind ja leider durch BSE, den »Rinderwahnsinn«, in Verruf geraten. Selbst schuld: Was müssen profitgeile Züchter auch friedliche Pflanzenfresser mit Tiermehl hochmästen. Sicher ist das ein Extremfall nicht artgerechter Tierhaltung – und ein Warnzeichen, was passieren kann, wenn man Tier und Natur missachtet. Inzwischen ist Rind auf unseren Tellern wieder willkommen, fast jedes Stück, von der Zunge bis zum (Ochsen)Schwanz, kann ein Hochgenuss sein.

Alexandre Dumas überliefert im »Wörterbuch der Küche« ein Rinderfestmahl mit nicht weniger als 24 Gängen, das von Richelieu und seinen Gästen genossen wurde: von Nieren mit Zwiebeln über Ochsenschwanz mit Maronenpüree, Zunge in

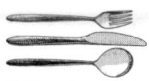
Rotweinsauce, Krapfen vom Hirn, mariniert im Pomeranzensaft, gezuckerter Marktorte, Rind in Aspik und Rindergelee mit Mirabellen, um nur einige zu nennen.

Nun soll es Menschen geben, die Rindfleisch »langweilig« finden. Die sollten, statt immer nur auf's Steak zu starren, mal in alten Rezepten schmökern. Brillat-Savarin etwa gelang ein vorzügliches, getrüffeltes Rinderfilet. Da wurde ein großes Filet der Länge nach aufgeschnitten, Schwarze Trüffeln, blanchierte Pistazien, entsalzene und entsteinte Oliven wurden dann in sorgsam ausgestochene Löcher entlang des Schnitts gefüllt. Mit Speck gespickt und ein bis zwei Tage in Weißwein gelegt, wurde das Filet schließlich am Spieß gegrillt. Den Bratensaft vermischte man mit geschmolzener Butter, Petersilie, gehackten Trüffeln und dem Saft einer halben Zitrone.

Als Meister des Rindes galten seit jeher die Köche Großbritanniens: Selbst die französische Küchenlegende Carême schwärmte 1820 von den köstlichen Roastbeefs und vermutete sogar, dass sich die englischen Grillspieße gleichmäßiger als die in seiner französischen Heimat drehten. Oder kam der Wohlgeschmack daher, dass die britischen Metzger ihre Rinder jünger schlachteten als die Kollegen vom Kontinent? War das Grillen über Kohle vielleicht besser als das in Frankreich übliche Rösten über Holz? Noch heute ist ein Roastbeef der Höhepunkt jedes feierlichen Menüs, mal gebraten mit Yorkshire Pudding (kein Pudding, sondern ursprünglich ein gebackener Teig aus Eiern, Mehl, Milch, Salz und Pfeffer), mal mit Pilzfüllung unter goldbraunem Blätterteig als Filet Wellington. Leider habe ich schon bestimmt zehn Jahre lang kein ordentliches Filet Wellington im Restaurant auf der Karte gesehen. Hier gäbe es etwas nachzuholen.

Ringeltaube

Ein einziges Mal habe ich ein Taubengericht probiert, wobei mir schwer zugeredet werden musste. Die Taube an sich ist dermaßen symbolbeladen, dass es mir wirklich schwerfiel: Zuerst hatte ich die Friedenstaube mit dem Ölzweig im Kopf; dann die venezianischen Taubenschwärme auf dem Markusplatz, deren Fütterung inzwischen wohl bei Geldstrafe verboten ist; dann das »Ruckedigu, Blut ist im Schuh« der Tauben aus »Aschenputtel«, die dem armen Mädchen beim Erbsenauslesen geholfen haben (»die guten ins Töpfchen, die schlechten ins Kröpfchen«) und nicht zu vergessen das zur Meditation einladende Gurren, das auch unsere zwei Katzen so herrlich nachahmen. Also ich ließ mich überreden – und natürlich hat mir der Bissen ganz und gar nicht gemundet. Das Fleisch schmeckte meiner Meinung nach irgendwie nach staubigen Dachböden und hatte etwas leicht Modriges an sich.

Habe ich mir das – wegen der vielen Bilder im Kopf – nur eingebildet? Dass die verächtliche Bezeichnung »Ratten der Lüfte« eine Verleumdung für diese schönen Vegetarier ist, weiß ich. An Ekel kann meine Ablehnung nicht gelegen haben. Übrigens habe ich mir in Venedig einmal hasserfüllte Blicke eines Kellners zugezogen, weil ich Spatzen mit den Erdnüssen fütterte, die er uns zusammen mit den Drinks servierte. Die Spatzen hatten nicht lange etwas von meiner überkandidelten Mildtätigkeit, weil sofort die Tauben kamen und das Geschehen an sich rissen …

Modrig? Ich habe etliche Tauben verspeist, es waren Vögel mit rotem Fleisch, im Geschmack zwischen Geflügel und Wild. Staubig waren sie nie.

Verglichen mit anderem Geflügel leben Zuchttauben oft recht gut – zumindest solche, die später gut schmecken sollen.

Tauben sind nämlich relativ anspruchsvolles Geflügel, das sich für Massenhaltung kaum eignet: Selbst »produktive« Taubenpaare bringen zum Verdruss ihrer Züchter pro Jahr nur etwa 14 Jungtauben hervor. Noch dazu bestehen sie darauf, den Nachwuchs bis zum Alter von vier Wochen selbst zu nähren, und weigern sich, mit mehr als 30 anderen Vogelpaaren in einer Volière zu flattern, leben höchstens in Wohngemeinschaft mit einem weiteren Paar und verlangen dann nach einem Kubikmeter Platz. Gute Züchter ernähren sie mit Cerealien und kleinen Gemüsen. Verglichen mit Hühnern leben Tauben bei guten Züchtern also fast in einem »Waldorf Astoria« des Geflügels. Zuchttauben sind etwas schwerer als Wachteln (500–600 Gramm im Alter zwischen 26 und 36 Tagen).

Französische Feinschmecker auf der Suche nach intensiven Geschmackserlebnissen greifen außerdem zu einer weiteren Spezialität: Der »Etouffée-Taube« aus Rouen oder der Vendée. Das schöne französische Wort (»Eh-tuuu-fee«) verbirgt, dass diese Vögel erwürgt und nicht geschlachtet werden, um ihr Blut im Körper zu erhalten. Es dient – wie bei der Blutente – gelegentlich als Saucenbasis. Solche Tauben werden noch von Hand gerupft.

Die Ringeltaube, französisch »Palombe«, ist traditionell eine Taubenart, die zumindest in Frankreich auf ihrem Weg nach Südeuropa gejagt wird. Zwar hat die Spezies Columba palumbus inzwischen sogar die Innenstädte erobert, aber die Jagd hat Tradition.

»Sanfte Ringeltauben mit Gefieder in subtilem Blau, das sie dem Morgen unserer atlantischen Landschaft ähneln lässt ...«, schon Bernard Manciet, ein Poet, der in der alten Sprache des Okzitanisch schrieb, nahm sich der Ringeltaube an. Ohnehin

223

wird im französischen Südwesten alles gejagt, was über Federn verfügt: Mit den Füßen im Wasser stellen die Jäger im Bassin d' Arcachon den Enten nach, im Médoc jedoch ist die »tourterelle«, die Turteltaube, das bevorzugte Ziel. Sogar ortolans, Fettammern, werden trotz strengem Verbot regelmäßig gefangen, um sie zu mästen und dann in Cognac oder Armagnac zu ertränken. Zwei dieser Vögel sollen am 31. Dezember 1995 als letztes Festmahl dem sterbenskranken François Mitterand serviert worden sein – nach Austern, Foie gras und gebratenem Kapaun.

Die weitaus meisten Jäger warten jedoch auf Ringeltauben. Rund drei bis vier Millionen dieser Vögel überqueren den Himmel des französischen Südwestens Richtung Spanien und Portugal. Eigens für diese Jagd legen viele Männer ihren Jahresurlaub in den Herbst. Ein Gascogner Sprichwort schildert das:

> »A la Sent-Miquèu, l'appèu
> A la Sent-Luc, lo gran truc
> A la Sent-Martin, la fin«

> Zu St. Michael der Lockvogel
> Zu St. Lucas der große Fang.
> Zu St. Martin das Ende.

Am 29. September, zu St. Michael, wird eine gefangene Ringeltaube, die mit ihrem Gesang ihre gefiederten Brüder und Schwester auf die umliegenden Bäume locken soll, als Lockvogel aufgestellt. Der 18. Oktober, St. Lukas, ist der Tag mit der größten Wanderbewegung Richtung Süden; die Tauben werden dann geschossen oder mit Netzen gefangen. Und schließlich am 11. November, an St. Martin, das Ende der Jagd.

Für fast zwei Monate spielt sich das Leben unter Jägern in den hölzernen »Palombières« ab: Ein Wachposten, auf dem man den Lockvogel überwacht, damit er nicht ausbricht, mit einem Raum zum Essen und Schlafen. Frau und Kinder kommen ab und zu vorbei, gemeinsam werden Steaks über Weinreben gegrillt. Nach Hause kommen die Jäger nur, um ihre Beute abzuliefern und kurz zu duschen.

Palombes werden fünf bis 15 Tage abgehangen. Ihr Fleisch ist zart und delikat wie bei der Taube, sie verfügen jedoch über eine kräftige »wilde« Note. So ein Vogel braucht auf dem Teller starke »Partner« wie Steinpilze, Pfifferlinge oder Knoblauch, außerdem schmeckt er vorzüglich als Ragout mit Rotweinsauce.

Roquefort

Im Gegensatz zu dem appetitlichen weißen »Samtfellchen« vom Camembert, habe ich den Blauschimmelkäsesorten gegenüber immer einen Heidenrespekt. Ich habe zwar gelernt, dass ein Käsewagen ohne diese Käsesorten nicht komplett ist – ja sogar von einem Mangel an Kennerschaft zeugt –, und ich weiß auch aus Erfahrung, die durch Überwindung gewonnen wurde, dass er in der richtigen Kombination hervorragend schmeckt. Aber ohne Trauben, ohne Weißbrot mit Butter und schon gar ohne einen guten Rot- oder Portwein ist mir Roquefort zu streng. Trotzdem habe ich die Warnung vor giftigem Schimmel nie ganz aus dem Hinterkopf bekommen. Da tauchen gleich noch weitere Bilder von schimmeligem Brot vor meinem geistigen Auge auf, samt der gewissen Sorgfalt und Hektik, mit der der Brotkasten dann gesäubert und desinfiziert wurde. Und ist es nicht

auch ein Pilz, der chronische Gastritis hervorruft? Aber damit sind meine Fantasien nicht erschöpft, da kommt gleich noch der Schimmel und die Entdeckung des Penicillin und natürlich die Erinnerung an den wunderbaren Film »Der dritte Mann«. Zu viele ungeklärte Gedankengänge, um sich wirklich dem Schmecken hingeben zu können. Vielleicht kann ich jetzt meine Vorbehalte endlich loswerden und diesen Blauschimmel beruhigt und unabgelenkt genießen lernen?

Lange war mir der Blauschimmelkäse auch nicht geheuer. Es muss mit der deutschen Erziehung zusammenhängen: Was schimmelt, das ist für uns verdorben und als Lebensmittel unbrauchbar. Dann aber kam der Tag, als mit leisem Schnarren ein besonders gut bestückter Käsewagen heranrollte. Ich war zu Nouvelle-Cuisine-Erfinder Michel Guérard nach Eugénie-les-Bains gepilgert; Langustinos in Zitronenblütensauce, geräucherten Hummer und Petersfisch in Früchtebouillon hatte ich gerade genossen. Jetzt verkündete der Maître d'Hôtel die Ankunft des »Fromage«: sorgsam getrocknete Ziegenkäse, bestens gereifter Camembert, würziger Epoisses ... Doch ganz oben lenken gleich drei große, runde, von blaugrünen Adern durchzogene Käselaibe aller Augen auf sich. »Le Roquefort«, erklärte der Mann in Schwarz stolz: »Drei Monate gereift, das Mindestalter, jung und frisch ... Fünf Monate, seine Blütezeit ... Und hier die ältere Variante, kräftiger, pikanter, würziger, etwas für Liebhaber.« Ich wand mich noch ein wenig und bekam, während Monsieur mir schon etwas Camembert auflegte, eine Käselektion: Der Mann erzählte, dass schon Plinius der Ältere einen Käse erwähnt, bei dem es sich um Roquefort handeln könnte. Dass Roquefort ab Juni erstklassig schmeckt, weil die Schafe angeblich im März die beste Milch geben und der Käse drei Monate lang reift. Dass gute Roqueforts glatt und

gleichmäßig »geädert« sind, während schlechte Exemplare krümelig ausfallen. Oder dass bereits Karl dem Großen während einer Roquefort-Probe die rechten Tischmanieren beigebracht wurden: Bei einem Halt im Kloster von Vabres wollte er kurzerhand die blauen Adern aus dem Käse schneiden, als ihn ein gestrenger Mönch belehrte: »Sire, Ihr seid im Begriff, das Beste zu entfernen!«

Dermaßen überzeugt, kostete ich mich durch die Käse aller Alterungsstufen, von cremig-würzig bis herzhaft, mit einem ganz leichten metallischen Nachgeschmack. Da wusste ich, wieso diese Aromenkugel schon Voltaire, Casanova und Rabelais die Papillen tanzen ließ. Roquefort kommt – woher sonst? – aus Roquefort. Genauer gesagt: Aus Roquefort-sur-Soulzon, 702 Einwohner, ein winziges Nest mit einem Archäologiemuseum und zwei Menhiren. Die Region ist karg, die wenigen Häuser klein und massig, aus solidem Stein errichtet. Zwischen den kuriosen Felsformationen möchte man eigentlich zum Schaf werden: Rundum nur aromatische Wildkräuter, ab und an ein Busch, überall Gras, auch wenn's ein bisschen dürr wirkt. Die Steinzäune sind mit einem beherzten Hüpfer übersprungen, der Hirte lässt sich nur gelegentlich sehen. In den Futtertrog darf keine genmanipulierte Kost und erst recht kein Tiermehl. Selbst die Gefahr, auf irgendeinem Teller zu landen, ist relativ gering: Lammfleisch gibt es überall. Aber nur die Schafe der etwa 2500 Züchter aus den Causses und Larzac, also Roquefort und Umgebung, sollen die Milch für den König der Käse liefern. »Wie er seit undenklichen Zeiten in den Grotten des Dorfes erzeugt wird«, so heißt es schon in einem Dokument Karls des VI., das dem Dorf das Roquefort-Monopol sicherte. Eine ernst gemeinte Warnung: Wer seine Käse anderswo als in den ebenso berühmten wie feuchten Grotten von Camba-

lou reifen ließ, hatte im 17. Jahrhundert vor dem Gericht von Toulouse mit der drakonischen Geldstrafe von 1000 Pfund zu rechnen: Les Grottes, das sind natürliche Höhlen im Kalkstein-Massiv von Cambalou (von campus bellum, Schlachtfeld), zwei Kilometer lang und gerade mal 300 Meter breit, belüftet durch die »Fleurines«genannten Felsrisse. Ob Regen, Schnee oder Sonnenschein, in den klösterlich anmutenden Gewölbe-kellern schwanken die Temperaturen etwa zwischen acht und zehn Grad. Ein idealer Platz nicht nur für Käseruhe, sondern auch ein wahres Paradies für einen winzigen Pilz namens Penicillium roqueforti. Das ist tatsächlich ein Schimmelpilz, den man unter normalen Umständen eigentlich nicht auf seinem Teller haben will. Doch was anderswo jedes Gericht ungenieß-bar macht, hilft dem lokalen Fromage erst zum richtigen Aro-ma: Traditionell werden Roggenbrote zum Schimmeln ausge-legt. Der Schimmelflaum wird anschließend getrocknet und dem Käse zugegeben. »Genauso wird es schon in der Roque-fort-Legende geschildert«, erklären Jean-Pierre und Emanuel Laur, Käsemacher in fünfter Generation. »Ein junger Hirte ließ seine Schafe vor einer Grotte im Hochland der Causses grasen und vergaß beim Anblick seiner Liebsten seinen Proviant: Dickgelegte Milch und etwas Schwarzbrot hatte der Monsieur im Marschgepäck – und als er ein paar Tage später zurück-kehrte, fand er anstelle der Milch einen von blauen Adern durchzogenen Käse vor. Mutig und zweifelsohne auch hungrig, biss er hinein – und fand den neuen »fromage« einfach köst-lich.« Voilà le Roquefort! Die beiden Laurs sind Kleine in der Käsezunft – auch wenn sie anerkanntermaßen zu den Bes-ten gehören. »Unser Großvater Gabriel Coulon wollte 1872 eigentlich einen Weinkeller errichten, als er in seinem Haus auf Fleurines stieß. Kurzerhand wurde er Käsemacher.« 1872

klingt nach langer Tradition. Aber in Roquefort ist die Familie fast ein Newcomer. Schon 30 Jahre früher hatten einige Kleinbauern »La Société« gegründet. La Société hat heute die schönsten Keller im Kloster-Look mit Gewölbekellern und imposanten Regalen. »La Rue des Caves«, die Kellerstraße, wurden sie genannt. Ein Postkartenmotiv, das Touristen anzieht und gelegentlich sogar in der fernen Hauptstadt Paris plakatiert wird. In Fernsehspots führt ein Herr mit Zwirbelschnauzer durch die Roquefort-Grotten. »La Société« kennt man in ganz Frankreich, die Region drum herum rückte nur zweimal ins Blickfeld der Öffentlichkeit: Nach der 1968er Revolte wurde im Larzac gegen ein Militärgelände protestiert, zugezogene Studenten aus der Hauptstadt bezogen Quartier neben den eigenbrötlerischen Hirten. Das Zusammenleben der jungen Intellektuellen mit den erdverbundenen Bauern erwies sich als überraschend problemfrei sowie recht ertragreich in Sachen Schafsmilch. Ganz offensichtlich konnten sich beide Gruppen mit der Parole »Schafe statt Kanonen« anfreunden. Außerdem hatten sie über 30 Jahre Zeit, gemeinsam den Sinn für kleine und große Revolutionen zu schärfen. Kein Wunder also, dass 1999 ein inzwischen weltbekannter Larzac-Landwirt namens José Bové zusammen mit ein paar Freunden im nahen Millau einen im Bau befindlichen McDonald's zerlegte. Aus Protest gegen »la Malbouffe«, frei übersetzt: den Drecksfraß. Und weil die USA Roquefort-Importe mit Strafzöllen belegen. Die Sache eskalierte, kam vor Gericht, Bové verteilte in Seattle eingeschmuggelten Roquefort und wettert nun weltweit gegen die Globalisierung.

Der Kampf der Käsehüter gegen Weltkonzerne mag für Außenstehende wie Don Quichottes Kampf gegen die Windmühlen wirken. Für die Leute der Region ist es ein Kampf um ihre Lebensweise, ihre Tradition. Der Roquefort ist ein Stück davon.

Rotbarbe

Als ausgewiesene Alpenländerin habe ich immer noch großen Nachholbedarf in Sachen Fischkenntnis. Meine kulinarischen Vorlieben haben sich lange Zeit in Thunfisch – verarbeitet als Brotaufstrich – und geräucherter Forelle mit Meerrettichsahne erschöpft. Diese Unkenntnis ging so weit, dass ich »Red Snapper« für den englischen Namen der Rotbarbe hielt. Inzwischen bin ich ein Stück weiter, vor allem dank des Superkochs an meiner Seite.

Von der Rotbarbe weiß ich nach wie vor nicht viel. Aber immerhin so viel, dass sie aufgrund ihrer Kleinwüchsigkeit sehr dekorativ auf dem Teller liegt. Da gehe ich am Wesentlichen aber wohl vorbei?

Vor 15 Jahren hat mir der große französische Koch Alain Ducasse sein privates Lieblingsrezept verraten: Rotbarbe, oder genauer gesagt Streifenbarbe aus dem Mittelmeer, im Ganzen gegrillt, nicht ausgenommen. Die Haut, so sagte er, könne man nach dem Grillen einfach abstreifen. Und dann soll man sich, ihren Wohlgeschmack auf der Zunge, einfach nicht an den vielen Gräten stören.

Einmal ist mir so eine im Ganzen gebratene Rotbarbe in Italien serviert worden. So gut hat mir selten ein Fisch geschmeckt! Mindestens die Barbenleber sollte mit dem Fisch gegrillt werden. In Abwesenheit ihres Innersten verliert die Barbe leider ein wenig an Aroma.

Aber was heißt überhaupt »die Rotbarbe«: Sowohl beim Fischhändler als auch im Restaurant tauchen leider gleich mehrere Fischarten unterschiedlichen Geschmacks unter diesem Namen auf.

Als »edelste Sorte« gelten die Streifenbarben (Mullus surmuletus oder »Rougets de Roche«), die man besonders im Sep-

tember bei gut sortierten Fischhändlern bekommt. Trotz ihres französischen Namens »Felsenrotbarbe« lebt sie auch auf Sand- und Schlammböden. Ebenfalls begehrt sind die feinen roten Meerbarben »Mullus Barbatus«, die von Mai bis Juli »Saison« haben.

Rotbarben aus Atlantik oder Mittelmeer sind in der Regel zwischen 10 und 25 cm lang. Die Kleineren gelten vielfach als die schmackhaftesten – doch es gibt Ausnahmen.

Große Rotbarben werden vor der Küste des Senegal gefischt. Sie gehören zur Gattung Pseudupeneus prayensis und schmecken im Gegensatz zu den europäischen Fischen oft ein wenig »strohig«. Ich fürchte, wir werden uns mit der Strohbarbe anfreunden müssen – sie hat den Weg nach Europa gefunden: Im Jahre 2002 ging katalanischen Fischern die erste Pseudupeneus prayensis ins Netz. Außerdem gibt es tiefgefrorene Rotbarben, die aus Thailand, Vietnam und anderen Ländern kommen.

Angesichts der geradezu babylonischen Namensvielfalt kann ich nur raten: Bestehen Sie auf dem Original. Auf gut Englisch heißt die Streifenbarbe übrigens »striped red mullet« während der »red snapper« für sowohl mehrere Arten Schnapper als auch für einige Fische der Gattung »Stachelköpfe« steht.

Alle Rotbarben sind höchst empfindlich. Beim Fischhändler sollte man unbedingt darauf achten, dass keine Schuppen vom Fisch abfallen und dass keine Risse oder Beschädigungen im Bauchbereich vorhanden sind. Die Augen frischer Rotbarben stehen oval hervor und sind transparent. Schimmern die Augen des Fisches rot oder verliert er seine Farbe, dann ist er im Fischregal zu alt geworden. Auch zu Hause sollte man Rotbarben möglichst noch am Einkaufstag zubereiten und verzehren.

Ein weiteres Fehl- und Vorurteil ist, dass Rotbarben ein Synonym für die Sonnenaromen mediterraner Küche sind. Während mancher Jahre werden etwa in Frankreich 60 Prozent des Rotbarbenfangs in Boulogne-sur-Mer an Land gezogen. Und das liegt nicht am Mittelmeer, sondern im Ärmelkanal.

Safran

Als der Schah seine Braut Soraya mit den wunderschönen Landschaften des Iran bekannt machte, dessen Herrscherin sie an seiner Seite werden sollte, zeigte er ihr auch die berühmten, endlosen Krokoshügel, auf denen seit Jahrhunderten der kostbare Safran geerntet wurde. Zumindest war davon in der Verfilmung von Sorayas unglücklichem Leben die Rede, und sie war – zumindest im Film – beeindruckt. Ist es immer noch so, dass der Iran – trotz gewachsener Konkurrenz von Ländern aus dem Mittelmeerraum – der größte Lieferant von Qualitätssafran ist?

Wer kennt nicht den Kinderreim, dass Safran den Kuchen »gel« – also gelb – macht? Nur zum Kuchenfärben waren diese Fruchtfäden aber wohl schon immer zu teuer. Es gibt unzählige Geschichten über Safran, der schon bei den alten Griechen und Römern einen Ruf wie Donnerhall gehabt haben soll. Der Preis von Safran – der wohl nur per Hand geerntet werden kann? – macht ihn bis zum heutigen Tag zu einem wahren Luxusgewürz in der Küche. Eine gute Paella oder eine südfranzösische Bouillabaisse ohne Safran entbehrt – zumindest für den Kenner – Wesentliches. Ich habe beim Nachkochen zu Hause anfangs den Safran völlig unterschätzt – und weggelassen, weil ich keinen dahatte. Dadurch habe ich nur müde Kopien der Originalgerichte zustande gebracht.

Ich weiß über Safran wenig, was sicher nicht gut ist, weil dadurch –
wie bei allen teuren Gottesgaben – dem Betrug Tür und Tor geöffnet sind.

Betrug hin oder her, Safran, alias Crocus sativus, ist das teuerste Gewürz der Welt! Das ist kein Wunder, denn 20 000 der getrockneten Blütennarben einer Krokusart wiegen gerade mal
125 Gramm.

Wohl deshalb werden wir einfachen Verbraucher in Märkten,
Supermärkten und vor allen Dingen Restaurants, wo unsereins
weder Etiketten lesen kann noch Fragen nach dem Ursprung
stellt, nach Kräften geneppt. Beispiele gefällig? Die Färberdis-
tel, Carthamus tinctorius, gibt Gerichten Farbe, aber kein Aroma. Reichhaltig im Angebot ist Kurkuma, frühere Safranfäl-
scher vertrauten auch auf getrocknete Ringelblumen! Gefärbt
wurden Fasern des Granatapfels ebenso wie Seidenfäden und
sogar Rote Beete! Heute kommen natürlich auch alle Farbstoffe der modernen Lebensmittelindustrie zum Einsatz. Britischen
Schätzungen zufolge sind 40 Prozent der günstig angebotenen
Safransorten schlicht und einfach Fälschungen. Noch höher
dürfte der Anteil an Verschnitten liegen. Ersetzt ein Grossist
nur zehn Prozent der Ware durch Fälschungen, kann er am
Jahresende eine satte Summe einstreichen. Und wird er wider
Erwarten von Kontrollbehörden erwischt, kann er je nach Ver-
schnittanteil vor Gericht sagen, dies sei eine einmalige Verun-
reinigung.

Seit der Antike wurde Safranfälschung streng bestraft –
Heinrich VIII. soll Safranfälschung sogar mit der Todesstrafe
belegt haben. In Nürnberg wurde 1444 der »Safranschmierer«
Jobst Findeker mitsamt seiner Ware auf dem Scheiterhaufen
verbrannt. Zwölf Jahre später begruben die Nürnberger als

Strafe für dieses Delikt eine gewisse Elsa Fragnerin bei lebendem Leib.

All das ist gut dokumentiert – wahrscheinlich hatten schon die Assyrer, die den Safran vor den Griechen und Römern kannten, mit Fälschungen zu kämpfen. Laut der Autorin Pat Willard (Secrets of Saffron, 2001) soll Kleopatra Safranbäder genommen haben – angeblich wegen seiner aphrodisierenden Wirkung. Wie kurios, dass nur teure und teuerste Nahrungsmittel stets aphrodisierend wirken …

Der Name stammt aus dem Lateinischen: Safranum ist der Ursprung des spanischen »azafrán« und des italienischen »zafferano«. Auch die Römer haben sich das Wort nur geborgt. Vielleicht vom arabischen »asfar« (gelb) oder vom persischen »zarparan« (recht frei übersetzt: Goldfeder). Heute baut der Iran den Löwenanteil der Safran-Welternte an, Schätzungen sprechen von 70 bis 96 (!) Prozent. Doch auch Spanien, Marokko, Italien, Südfrankreich, die Türkei, Griechenland und Italien verfügen über Safranfelder. Indien soll angeblich den Export des besten Safrans verboten haben. Der dortige Crocus sativus cashmirianus soll besonders schwierig anzubauen sein, findet sich in kleinen Mengen freilich auch im Rest der Welt.

Safran aus Spanien, vermarktet unter Bezeichnungen wie »Spanish superior« gilt als milde Variante, während die Sorten Italiens kräftiger ausfallen. Bekannt ist der pikante, farbintensive zafferano dell'Aquila, angebaut auf acht Hektar im Navelli-Tal. Die gut 40 Hektar Safranfelder in San Gavino Monreale in Sardinien stehen für 66 Prozent der italienischen Produktion.

Doch Safran wächst selbst an unvermuteten Orten: Es gibt Wachauer Safran aus Österreich, Munder Safran aus der Schweiz und Safran aus dem französischen Gâtinais, ein paar

Dutzend Kilometer südlich von Paris! In britischen Zeitungen wie dem »Telegraph« finden sich Tipps zur Aufzucht von Safran im eigenen Garten. Schließlich waren die Engländer dem »Gardening« immer schon sehr zugetan.

Echter Safran ist seinen hohen Preis wert, schließlich ist er extrem ergiebig. Geringste Menge reichen, um z. B. einem Risotto Farbe zu verleihen, eine Bouillabaisse oder eine Paella zart zu aromatisieren. Seine gut 150 Aromastoffe können durch keine andere Pflanze ersetzt werden.

Jede der lila Blüten beherbergt einen sich in drei Narben verzweigenden Griffel. Diese drei Stempelfäden werden getrocknet und dann zum Gewürz. Die Qualität der handverlesenen (ein Pflücker erntet nur 60–80 Gramm pro Tag!), etwa 2,5 cm langen Blütennarben wird übrigens auch nach der Farbe bestimmt: Die dunkelsten gelten als die besten, zu trocken sollten die »Safranstäbe« auch nicht sein.

Und da schlägt wieder die Stunde der Nepper: Findige Geschäftemacher versuchen gern, ihren Safran dunkler zu färben. Händler merken das am Gewicht, Amateuren bleibt nur eine provisorische, weniger zuverlässige Methode: Echter Safran hinterlässt meist nur an feuchten Händen orangefarbene Spuren, gefärbter bringt das Gelb auch auf trockene Finger.

In Indien wurde Safran in Laborversuchen Gammastrahlung ausgesetzt. Ein Mutant entzückte die Forscher ganz besonders. Er trug ganze fünf statt drei Stempelfäden. Und die waren auch noch größer und schwerer als beim herkömmlichen Safran. Nachlesen kann man das unter dem Titel »Development of High Yielding Saffron Mutant«, Autor ist I. A. Khan von der G. B. Pant University of Agriculture & Technology. Dabei überkommt einen doch ein ungutes Gefühl in der Magengrube … Geht es Ihnen auch so?

Salz (Fleur de Sel)

Salz war für mich immer ein wichtiges Thema – kein Wunder, wenn man in Salzburg aufgewachsen ist. Und ein notorischer »Nachsalzer« ist, was mich nicht unbedingt als Feinschmecker ausweist, ich weiß – und »arbeite« daran. Aber wer in der Nähe von so viel Salzvorkommen groß geworden ist – Bad Reichenhall, Salzkammergut –, hat natürlich zwangsläufig erfahren, dass Salz einmal ein höchst kostbares Gut war, dass es Geschichte geschrieben hat und Macht und Reichtum begründete. Es ist kein Zufall, dass in vielen Gegenden Europas für Lohn und Gehalt immer noch das Wort »Salär« benutzt wird, obwohl wir längst nicht mehr – so wie die römischen Legionäre – mit Salzrationen bezahlt werden.

Vor ein paar Jahren schenkte mir ein Esoteriker einen Pott Himalaya-Salz, angeblich Millionen Jahre alt. Das schicke Glas stand lange im Schrank und kam dann doch eines Tages, nach einem versäumten Salzeinkauf, zum Einsatz. Schmeckte einfach wie Salz – dennoch war ich irgendwie von seinem angeblichen Alter beeindruckt. Was es mit dem von Haubenköchen ständig promoteten »Fleur de Sel« auf sich hat, ist mir allerdings nicht klar. Denn das Steinsalz, das die meisten von uns benutzen, hat angeblich die gleiche chemische Zusammensetzung und stammt ja auch aus Meeren. Wenn auch aus den Urmeeren. Hat das junge, in der Gegenwart gewonnene Meersalz wirklich einen anderen Geschmack als das jodierte Normalsalz?

Salz besteht zum allergrößten Teil aus Natriumchlorid, egal, welcher Ursprungsort auf dem Etikett steht. Dem Himalaya-Salz stehe ich nun wirklich auch skeptisch gegenüber. Es stammt nicht etwa aus dem Himalaya, sondern aus Pakistan. Das Bayerische Landesamt für Gesundheit und Lebensmittelsicherheit hat Himalaya-Salz, Ursalz, Karakorum-Salz oder

Kristallsalz schon 2003 analysiert. Das Ergebnis war ernüchternd: »Wie handelsübliches Kochsalz bestanden die Proben zu etwa 98 Prozent aus Natriumchlorid und entsprechen den für diesen Stoff geltenden gesetzlichen Bestimmungen«, heißt es in der Pressemitteilung. »Einziger Unterschied zu herkömmlichem Kochsalz: Da die Salze, anders als bei dem in Mitteleuropa üblichen Verfahren, als ganze Kristalle abgebaut und nicht aufbereitet werden, findet sich in den verbleibenden zwei Prozent ein etwas breiteres Spektrum an Spuren anderer Mineralstoffe.« Nun versprechen uns die Esoteriker ja, dass Ursalz die 84 Elemente unseres Körpers enthält (welche sollen das sein?). Auch diesbezüglich wurden die Bayern nicht fündig: »Statt ›84 Elementen‹ finden sich maximal acht zusätzliche Stoffe. Zudem sind viele Elemente nur in geringsten Spuren nachweisbar.«

Trotz Ursalz werden wir uns also weiterhin mit Bluthochdruck und Gicht quälen müssen. Die ganzen »Lifestyle Salze« wie rotes Weinsalz oder grünes und schwarzes Hawaisalz mögen dekorativ sein. In der Küche sind sie durchaus erlässlich.

Aber »Fleur de Sel«, wörtlich übersetzt Salzblume, habe ich schon gern im Haus. Es ist kein normales Meersalz: Dafür wird bekanntlich Meerwasser in Küstennähe in künstlich angelegte Becken geleitet. Sie heißen Salzgärten. Das Wasser verdunstet, die Salzlake wird in weitere Becken geleitet, wo schließlich, ebenfalls dank natürlicher Verdunstung, das Salz kristallisiert. Dieses Meersalz wird meist maschinell geerntet. Fleur de Sel jedoch sind feine Kristalle, die sich, auf dem Wasser der Salzgärten schwimmend, formen. Sie bildet sich besonders in warmen Sommernächten, dank der Temperaturdifferenz zwischen Luft und Wasseroberfläche. In Guérande sagt man, dass die Salzblume sich nur formt, wenn der Wind vom Osten bläst. Mit einer Kelle aus Kastanienholz oder Aluminium wird die Fleur de Sel

schließlich abgeschöpft. Solche Kristalle sind wesentlich feiner, als das grobe Meersalz. Sie enthalten, anders als herkömmliches Steinsalz, Calcium und Magnesiumsulfate und zuweilen einen winzigen Rest Meerwasser. Fleur de Sel ist ein feines, würziges Salz, dessen Kristalle im Mund regelrecht knuspern. Sie kommt aus dem bretonischen Guérande, der Camargue, der Ile de Ré, aus Noirmoutiers oder auch aus Mallorca, als Flor de Sal d'es Trenc. Leider gibt es wohl inzwischen auch Spezialbürsten, mit denen man feine Flocken von grobem Salz abschaben kann, um sie dann als Fleur de Sel verkaufen zu können.

Lässt man die Fleur de Sel absinken, bildet sie das »sel gris«, das ebenfalls begehrte graue Salz mit Algen und Spurenelementen. Neben den französischen Produkten gibt es noch ein Meersalz, das ich ganz besonders schätze: Maldon sea salt flakes aus Großbritannien. Es ist wie Fleur de Sel ein reines Naturprodukt, das keinerlei Zusätze enthält. Viele »normale« Salze sind nämlich behandelt, z. B. damit sie nicht verklumpen. Fleur de Sel oder Maldon salt mögen zu 98 Prozent Natriumchlorid sein – ihr Geschmack beweist, dass die mickrigen letzten beiden Prozente einen großen Unterschied machen können.

Schinken

Bevor Lachs und Kaviar die Catering-Büffetts eroberten, trumpfte die ehrgeizige Hausfrau mit gefüllten Schinkenröllchen auf. In den 50er Jahren lag es regelmäßig neben den gefüllten »Fliegenpilz-Eiern«. Eine Teenagerparty ohne Nudelsalat mit Schinken, Erbsen und Mayonnaise war gar nicht denkbar. Und für Wurst-Liebhaber ist der Schinken sowieso die Krönung, auch wenn er streng genommen keine

Wurst ist. Als Azubi habe ich – über die gesamte Lehrzeit gerechnet – ganze Kleinlaster an Schinkensemmeln für die Verlagskollegen herangeschafft. Dieses Mittagsmahl wurde nur von Bouletten getoppt.

Aber auch in der warmen bürgerlichen Küche hat der Schinken von Anfang an eine wichtige Nebenrolle gespielt. Man denke nur an die berühmten »Schinkenfleckerl«, die noch heute zum Repertoire jeder eiligen Nudelköchin zählen. Auch das weltberühmte Cordon bleu ist ohne Schinken nicht seinen Namen wert. Schinkenmousse mit Sahne und Meerrettich nicht zu vergessen.

So schön die Namen auch klingen – Lachs- und Nussschinken, geräuchert oder gekocht, aus Parma oder Bünden – ich trau dem Schinken nicht mehr, seit ich weiß, dass der Schwarzwälder von überallher kommt, nur nicht aus dem Schwarzwald. Und die Nachrichten aus den Experimentierstuben der Foodtechnologie über gelungene Klebefleischversuchsreihen sind auch nicht gerade vertrauenerweckend. Gibt es wirklich noch Schinkensorten, die man ohne Hintergedanken essen kann? Die etwas Besonderes sind und nicht gefakt werden können?

Schinken und Wurst sind ein echtes Problem. Eigentlich nicht sie selbst, sondern ihre Auswahl. Wohlklingenden Namen traue ich ebenso wenig über den Weg wie staatlichen oder europäischen Gütesiegeln. Nach Lektüre des »Kleingedruckten« hatte ich jedenfalls das Gefühl, hier geht es nicht um die Güte von Wurst und Schinken, sondern um die Förderung lokaler Wirtschaftsinteressen. Teilweise reicht es schon, dass ein Schinken in einer Region zerteilt wurde, um sich mit deren Namen schmücken zu können. Der »Parmaschinken aus den Niederlanden« ist eines von vielen bekannt gewordenen Beispielen aktuellen Etikettenschwindels.

Tatsächlich sind Schinken und Wurst immer nur so gut, wie die Metzger und Fabrikanten, die sie erzeugen. Wer minder-

wertige Ware verkaufen möchte, wird von staatlicher Stelle nicht groß daran gehindert oder gar behelligt. Wer Qualität auftischt, wird von der Klientel nicht immer belohnt, zumindest nicht am Anfang. Bestimmt 95 % Prozent der Esser schmecken kaum Unterschiede zwischen Spitzenschinken und Durchschnittsware. Das ist kein Wunder, denn um seinen Gaumen entsprechend einstimmen zu können, muss man das rötliche Licht über der Discountertheke verlassen und vielleicht sogar einen Umweg fahren. In Deutschland könnte der zur Metzgerei Dirr in Endingen am Kaiserstuhl führen – ein Tipp der Kollegen vom »Stern«. Metzger Markus Dirr hatte sich in besten Häusern rund um die Welt gekocht, bevor er in den elterlichen Betrieb zurückkehrte und zu experimentieren begann. Die ersten Versuche mit San-Daniele-Schinken am Kaiserstuhl gingen noch schief, jetzt aber bietet er »Fenchelschinken«, mit Fenchelsamen aromatisiert, und »Kümmel-Pfefferschinken«, aus der Unterschale geschnitten, mit Meersalz trocken gesalzen und mit Kreuzkümmel sowie gebrochenem schwarzen und weißen Pfeffer aromatisiert und vor allem: mindestens vier Monate luftgetrocknet. Von seinen vielen weiteren Spezialitäten will ich nur seine Chili-Schulter nennen: Der Mann kennt sich aus mit Gewürzen, das hat er als Koch gelernt.

Ähnlich wie Dirr gibt es weitere »Schinkenmacher«, die sich an Gutem versuchen: Schinken vom schwarzen Schwein aus Bigorre in Frankreich zum Beispiel. Oder manchen italienischen Culatello di Zibello, den wir Deutschen wohl als Schinken sehen würden: Er besteht aus dem entbeinten, oberen Teil der hinteren Schweineschenkel. Haut und Knochen werden entfernt, der Culatello mit Gewürzen eingerieben und in eine Schweinsblase gepackt. So reift er 13 Monate und länger und schmeckt danach einfach himmlisch. Das Consorzio, das über

seine Herstellung wacht, bewirbt ihn als »Re dei Salumi«, als König der Wurstwaren.

Dann gibt es natürlich noch den weltberühmten spanischen Schinken, die Serranos und die Ibericos von schwarzen Schweinen, die Eicheln fressen. Auch hier sagen die Namen der Herkunftsregionen nichts, für Qualität steht allein der Name des Herstellers. Nicht jeder reputierte »Schinkenmacher« ist über die Jahre an der Spitze geblieben. Als mehr und mehr spanische Schinken von der FDA (Food and Drugs Administration) zum Verzehr in den USA zugelassen wurde, tanzten bei manchen schon die Dollarzeichen vor den Augen. Ein neuer Millionenmarkt tat sich auf – und im Lager reiften nicht genug Schinken. Da gab es nur eins, neue Schinken mussten her. Wie lange sie reiften, war auf einmal nicht mehr so wichtig. Allein zwischen den Jahren 2000 und 2007 verdoppelte sich die Schinkenproduktion auf der Iberischen Halbinsel. Neue Zuchtbetriebe erstanden – oft abseits der Eichenhaine. Und mit dem Überangebot kam der Absturz. In den Jahren 2007 bis 2009 halbierte sich der Preis für Serrano, der Preis des Ibericos fiel um ein Viertel. Preissteigerungen konnte nur das Premiumsegment der allerbesten Schinken verzeichnen.

Die luftgetrockneten Schinken wurden zudem oft mit Insektiziden eingenebelt. Das Bayerische Landesamt für Gesundheit und Lebensmittelsicherheit hat dies 2008 erneut festgestellt: Damals enthielten fünf von 23 Proben (22 %) spanischen Serrano-Schinkens erhöhte Werte an diversen Insektiziden (Permethrin, Phenothrin, Tetramethrin und Fenvalerat, sowie den Synergisten Piperonylbutoxid). Diese Rückstände je Kilo Schinken reichten bis zu 0,85 mg Tetramethrin beziehungsweise 0,39 mg Phenothrin. Für diese beiden Wirkstoffe beträgt der Grenzwert 0,01 mg/kg. Laut LGL sind die Insektizid-Rück-

stände »auf Schädlingsbekämpfungs-Maßnahmen bei der Reifung/Lagerung des Schinkens im Herstellerbetrieb zurückzuführen und damit nur auf der Oberfläche der Erzeugnisse lokalisiert«.

Rund 15 Millionen Serrano-Schinken und fünf Millionen Iberico-Schinken vom schwarzen Schwein werden pro Jahr in Spanien hergestellt. Hier kann man ruhig von Massenproduktion sprechen, von der sich qualitätsbewusste Anbieter deutlich absetzen wollen. Das Unternehmen Maldonado weist etwa den Ursprung seiner iberischen Schweine mit einem DNA-Test der Universität von Cordoba nach. Das Leintuch, das dieses Stück Schwein umhüllt, stammt angeblich von Bel Y Cia, einem angesehenen Maßschneider aus Barcelona, der sonst die High Society einkleidet. So ein Schinken kostet rund 1800 Euro das Stück.

Den wohl besten Ruf hat der Jamón Ibérico de Bellota Joselito Colleción Premium. Er kommt aus Guijuelo im Südwesten von Salamanca, wo die Eichen üppig gedeihen. Und Eicheln sollen sie ja fressen, die Tiere. Nicht weniger als 15 Kilo pro Tag. Joselito verfügt – wie viele andere spanischen Hersteller – über seine eigenen Pata-Negra-Schweine, kann die Herstellung also von der Geburt des Ferkels bis zum fertigen Schinken überwachen. Diese Paarhufer jedenfalls können recht frei durch die halbwilde Landschaft streifen und verfügen dabei über ordentlich Freiraum. Im Laufe ihrer zwei Jahre Lebenszeit fressen sie sich 160 bis 190 Kilo Gewicht an. Rund 45 000 Schweine wachsen pro Jahr bei Joselito auf. Das macht 90 000 Schinken. Die weitaus meisten reifen drei Jahre, bevor sie das Lager verlassen. Gran Reserva heißen sie. Doch 500 Schinken pro Jahr dürfen noch länger ruhen. Ganze fünf Jahre vergehen, bevor ihnen das Messer angelegt wird. In hauchdünne Schei-

ben geschnitten, mit einer leichten Spur Speck daran, sind diese Schweineschenkel sozusagen die Apotheose des Schinkens. Die Farbe des Fleisches gleicht einem Purpurrot, das Fett schimmert elfenbeinfarben. Man spürt die lange Lagerzeit, schon weil das Fleisch recht trocken ist, im Mund macht sich ein ganz leichter Haselnussgeschmack breit, dann kommt ein wunderbar tiefes, lang anhaltendes Schinkenaroma auf die Zunge. So muss der ideale Schinken sein. Wie schön, dass bei Joselito aus denselben Spitzenschweinen auch noch Chorizo, Salsichon und Lomo erzeugt werden!

Schnecken

Schnecken essen? In meiner Kindheit war das unvorstellbar. Sie waren die Todfeinde jeder Gemüsegärtnerin, die nur beim Gedanken an die schleimigen Salatblattfresser zu mordlüsternen Wesen wurden. Sie dachten sich die grausamsten Todesfoltern aus: Rasierklingen am Beetrand, Fallen aus Bier, die das Ertränken im Sinn hatten, und Giftkügelchen in allen Regenbogenfarben. Wem das denn doch zu grausam oder zu aufwendig war, der stellte uns Kinder zum Schneckensammeln ab. Aber sie zu essen, darauf wäre kein Salatliebhaber gekommen.

Als ich zum ersten Mal Schnecken auf einer Speisekarte sah, war mir zunächst gar nicht klar, dass es sich dabei nicht um unsere heimischen Salatfresser handelte, sondern um Tiere aus edlerer Umgebung. Alle Aufklärung und nicht einmal die Begegnung mit dem Wort »Weinbergschnecke« änderten an diesem Widerwillen etwas. Bis mich der wunderbare Geruch des Knoblauchöls und die kleinen, löchrigen Serviertöpfchen, in denen Schnecken damals ausschließlich

243

serviert wurden, doch eines Tages neugierig machten. Vor den Genuss hat der Kellner jedoch die Schneckenzange gesetzt: Es gelang mir einfach nicht, die Schneckenhäuschen mithilfe dieser Zange in die richtige Position zu bringen, um an die mir unbekannten Fleischstückchen zu kommen. Dieser erste Versuch endete mit einer großen Peinlichkeit: Eines der öligen Häuschen landete dank meiner ungeschickten Fummelei mit der Zange auf der Krawatte meines Gegenübers. Das war mein Chef.

Wirklich warm geworden bin ich mit Schneckengerichten nie. Es sind so niedliche, unschuldige Tiere. Sie kommen in Kinderbüchern vor, haben die Langsamkeit erfunden und wirken daher irgendwie weise – ähnlich wie die Schildkröten, die ich deshalb auch nicht essen mag. Habe ich wirklich etwas versäumt?

Das kommt auf die Schnecken an. Viele Franzosen würden mit einem entschlossen »auf jeden Fall« antworten, auch viele Badener lieben ihre Schneckensuppe. Schlecht zubereitete Schnecken haben den kulinarischen Wert eines Radiergummis. Die richtigen, guten schmecken ein wenig nach Kalb, allerdings mit einer vollkommen anderen Konsistenz. Französischen Forschern wie etwa dem Paläontologen Edouard Lartet (1801–1871) zufolge aßen wir Menschen schon zur Mittelsteinzeit (um 9600 vor Christus) wahre Massen an Schnecken. Kein Wunder, schließlich konnten unsere Vorfahren die Gastropoden gefahrlos aufsammeln und sogar lagern. Die Griechen und Römer schätzten sie als Leckerbissen. Plinius der Ältere berichtet in seiner »Naturalis Historiae«, seiner Naturgeschichte, von der Schneckenfarm des Fulvius Hirpinius, die er »kurz vor dem Krieg zwischen Cäsar und Pompejus« anzulegen begann. Vier Schneckenarten soll er in der Gegend um Tarquinia gezüchtet haben. Gemästet wurden sie mit Milch und Most.

Apicius, der große Koch der Antike, legte Schnecken mehrere Tage vor ihrer Zubereitung in Milch ein. Gebraten wurden sie erst, wenn sie so fett waren, dass sie sich nicht mehr in ihr Haus zurückziehen konnten.

Französische Feinschmecker bevorzugen zwei Sorten. Zum einen die »Petit Gris« genannte (Helix aspersa aspersa), die 28 bis 35 mm groß wird und zwischen sieben und 15 Gramm wiegt. Sie werden in Feld und Wald gesammelt oder gezüchtet. Ein Schneckenzüchter heißt übrigens »Héliciculteur«, vom Lateinischen »Helix«. Zum anderen die »Burgunder Schnecken« Helix pomatia. Mit 40–55 mm Länge und einem Gewicht von 25 bis 45 g ist diese Sorte wesentlich größer. Weil dieser dicke Brummer der Liebling der Feinschmecker ist, wird dieser Gastropod seit 1979 geschützt. Zur Eiablage vom 1. April bis 30. Juni darf nicht gesammelt werden. Schlimmer noch, der »echte Burgunder« kann in Frankreich nicht rentabel gezüchtet werden. Sie sind nicht sehr fruchtbar und wachsen nur langsam. Es heißt, so eine Burgunder Schnecke kann bis zu 20 Jahre leben, auch wenn die meisten immer noch auf die beachtliche Lebenszeit von sieben, acht Jahren kommen! Züchter aus Osteuropa oder Griechenland liefern zuweilen große Zuchtschneckenarten, die als »Burgunder« verkauft werden. In Frankreich laufen Zuchtversuche mit der »Blond de Flandres« genannten Sorte, dem großen »Blonden aus Flandern.«

Auch heute noch durchlaufen die Schnecken etliche Etappen der Verfeinerung: Die Gastropoden fressen alles – auch Dinge, die für uns Menschen nicht gerade appetitlich sind. Deshalb werden sie zwei, drei Wochen auf Diät gesetzt. Statt sie hungern zu lassen, kann man sie mit Kräutern wie Petersilie, Thymian, Minze und Rosmarin füttern. Oder mit gemahlener Kleie. Oder, ja doch, mit Milch. Salz oder Essig befreit sie von

Schleim, sie werden gewaschen, gebürstet, zehn Minuten gekocht und ausgenommen. Besonders der Verdauungsapparat muss sorgfältig entfernt werden. Weitere Waschungen mit Salz und Essigwasser folgen – sowohl für die Schnecke als auch für ihr ehemaliges Haus.

Fast alle Händler hüten übrigens sorgsam das Rezept der Kräuterbutter, die schließlich die Schnecke umgibt. Im »Maison de l'Escargot«, dem »Haus der Schnecke« in Paris, heißt es nur, dass neben Butter, Petersilie und Knoblauch nicht weniger als 18 Kräuter und Gewürze verwendet werden. Solche Schnecken schmecken!

Schokolade

Dem richtigen Schokoladengenuss auf die Spur zu kommen, scheint mir eine Lebensaufgabe zu sein. Nachdem ich die Kochschokoladen-Phase meiner Kindheit – mit dem Finger aus dem Topf naschend – hinter mich gebracht habe, kam eine Phase amerikanischer Schokolade mit einer braunen Hülle mit Silberschrift. Ich entdeckte sie vor ein paar Jahren wieder in irgendeinem Geschäft und nahm sie aus Sentimentalität mit: Sie schmeckte scheußlich! Dann kam die Toblerone-Phase und die der auch an Tankstellen erhältlichen Sorte, die man durch Knicken öffnet. Als ich einmal zu einer Schokoladen-Blindverkostung des WDR eingeladen war und die höchste Punktzahl prompt an die von den Experten am schlechtesten beurteilte Sorte vergab, wusste ich, dass ich noch einen weiten Weg zur wahren Kennerschaft haben würde. Aber so geht's ja selbst Konditoren – anders kann ich mir nicht erklären, weshalb niemand den geschmeidigen Schokoladenüberzug der echten Sachertorte nachkochen kann, denn fast im-

mer wird ein im Mund splitternder Steinbruch serviert, der nicht an den sanften Schmelz des Wiener Originals herankommt.

Und dann geisterte irgendwann durch die Medien, dass man in England Schokolade mit einem hohen Tierblut-Anteil herstellt – worauf mir eine Weile jeder Appetit auf Schokolade verging. Gründlich. Aber Schokolade ist nun mal ein Gute-Laune-Stoff, auf den man nicht auf Dauer verzichten mag: Ich fasste irgendwann wieder Vertrauen, davon überzeugt, dass den Schweizern und den Belgiern so etwas fernliegt. Immerhin habe ich aber inzwischen entdeckt, dass ein hoher Kakao-Anteil den Genuss von Schokolade steigert – und sogar die Gier danach in Grenzen hält.

Bei mir war es ähnlich: Mein Abstieg zum Schokoholiker begann auf dem Boulevard Saint Germain in Paris. Vorher, da war meine Welt zwar auch süß. Aber schokoriegelsüß, milchsüß, aus heutiger Sicht extrem überzuckert und noch dazu mit allerlei Erdnuss- oder Nussnougatcremefüllungen überzogen. Erst als eine Studienfreundin den Sohn eines bundesweit bekannten Schokoherstellers kennenlernte, erhielt die Schoko-Unschuld einen Knacks. Ein erschreckendes Gerücht bestätigte sich: Weihnachtsmänner werden tatsächlich zu Osterhasen umgeschult, soll heißen umgeschmolzen. Schlimmer noch, da gibt es tatsächlich endlos haltbare »Weihnachtshasis« deren Ohren-Dreieck gleich als Tiara verwertet werden kann. Letzteres verdarb mir ein klein wenig den Appetit und besagter Freundin irgendwie die Beziehung. Zur Verlobung kam es jedenfalls nicht mehr. Wer möchte schon jemanden heiraten, der an seinem Arbeitsplatz die Order gibt, alte Männer zu jungen Hasen mutieren zu lassen?

Das waren noch Zeiten, als ich jedes Süßzeug für Schokolade hielt. Kalorienreiche Zeiten, denn die stark gezuckerten

Mischungen lassen – zumindest meiner Erfahrung nach – die Hüftringe weit schneller wachsen, als naturreine Tafeln. Billige Zeiten, denn die Sachen aus dem Supermarkt kann sich jedes Schulkind leisten.

Politisch korrekte Zeiten, denn europäisches Regelwerk erlaubt inzwischen, dass fünf Prozent des Fettanteils in Schokoladen, der bislang in den weitaus meisten Ländern aus Kakaobutter bestand, auch aus anderen pflanzlichen Fetten bestehen dürfen. Laut »Richtlinie 2000/36/EG des Europäischen Parlaments und des Rates vom 23. Juni 2000 über Kakao- und Schokoladeerzeugnisse für die menschliche Ernährung können jetzt günstige Ersatzstoffe wie Illipe (Borneo-Talg), Palmöl (Elaeis guineensis, Elaeis oleifera), Sal-Butter (Shorea robusta), Shea (Vitellaria paradoxa), Kokum gurgi (Garcinia indica) und Mangokern (Mangifera indica) in limitierter Menge die Kakaobutter ersetzen. Für die Hersteller ist dies ein glänzendes Geschäft, weil Kakaobutter bis zu zehnmal teurer ist als herkömmliches Pflanzenfett. Für mich ist die Nachricht ungefähr so appetitlich, als würde mein Metzger mir verkünden, dass demnächst fünf Prozent Hammelaugen feinsten spanischen Schinken füllen. Rinderblut ist übrigens nicht drin, zumindest diese Praxis ist in Europa verboten.

Aber zurück zum Boulevard Saint-Germain in Paris, wo jede Praline sorgfältig in Designerboxen präsentiert und ausgeleuchtet wird, als wäre sie ein Zehnkaräter beim Juwelier an der Place Vendôme. Da prangten Wellen auf der Schokolade, winzige Dreiecke schmückten die tiefschwarze Oberfläche, und ein paar Pralinés sahen so aus, als hätte Mirò sie mit Künstlerhand verziert.

Ich verschmähte die süßen Füllungen und erstand ein Degus-

tations-Set mit etlichen Plättchen auf der Basis von Kakaobohnen aus Venezuela, Ecuador, Brasilien, Madagaskar, Java, Neu Guinea und einem Kakaogehalt von 70 Prozent bis 100 Prozent. Ein paar Tage später war jedes der vier Gramm schweren Täfelchen in meinem Magen verschwunden – und eine ganz neue Welt des Geschmacks entdeckt. Denn natürlich schmeckt Java-Kakao nicht wie der aus Brasilien. Die edlen feinen und ertragsarmen Criollo-Bohnen aus Venezuela und Ecuador weisen nicht dasselbe Aroma auf, wie das der einfachen Forastero-Bohnen, deren Schokoladen herber und bitterer sind. Recht begehrt ist Trinitario, eine Kreuzung des edlen Criollo mit der Forastero. Als Nonplusultra gelten den Schoko-Experten renommierter Unternehmen wie Domori und Amadei jedoch der Porcelana, eine Unterart des Criollo. Das galt es zu erschmecken. Den 70prozentigen Kakao trennten vom 90prozentigen auf der Zunge mehr als 20 billige Prozentpunkte. Und dann erst die Desserts, die man daraus machen konnte. Ich war konvertiert, vom abendlichen Nascher zum Schokoschmecker.

Von da an wurde bei jeder Reise nicht nur gut gegessen, sondern auch den süßen Sachen der Umgebung nachgespürt: tagesfrischen Schokotrüffeln in der Schweiz, schokomächtigen Kakaos, in denen der Löffel beim Umrühren förmlich stecken bleibt. Chocolatier, das lernte ich schnell, ist heute ein Metier wie Küchenchef: Da werden nicht nur exzellente Zutaten ausgewählt, die ambitionierteren Vertreter des Berufsstandes kreieren permanent eigene Rezepte – nur waren wirkliche Top-Chocolatiers schon immer rarer als Spitzenköche.

Ich entdeckte etablierte Chocolatiers wie den Franzosen Joël Durand aus Saint-Rémy-de-Provence, Enric Rovira und Oriol Balaguer aus Barcelona, Patrick Roger in Paris oder Madame

Tsetsuko in Tokio und verirrte mich in die winzige Patisserie »Au Bonbon Royal«, in der Juliette Binoche später die richtigen Gesten für den Film »Chocolat« üben sollte.

Das »royale Bonbon« steht in Paris. Dort gibt es gar einen Verein von etwa 150 Mitgliedern, den »Club des Croqueurs de chocolat«, ein Trupp von Hobby-Schoko-Verkostern, die in mehr oder minder regelmäßigen Abständen einen Schokoführer herausgeben. Schokolade probieren ist nämlich eine verdammt ernste Angelegenheit, wer neben Modedesignerin Sonia Rykiel in ein Ganache beißen möchte, muss eine regelrechte Kandidatur hinter sich bringen. Weil ich die mahnenden Blicke der Peer-Group fürchtete, wenn ich meine Zähne mal genießerisch in Bitterschokolade schlagen würde, obwohl vielleicht gerade extrem milchsüß in Mode ist, beantragte ich letztlich keine Mitgliedschaft.

Im Deutschen fehlt eine treffende Bezeichnung für den süßen Berufsstand: Schokomeister? Schokoladenhersteller? Oder gar Konditor? Wer ein richtiger Chocolatier sein will, widmet sich allein und ausschließlich der Schokolade. Richtiger Schokolade: handgemacht, möglichst naturbelassen, ohne Konservierungsmittel oder künstliche Geschmacksstoffe und sowieso ohne all die Un-Zutaten wie das erwähnte »Fremdfett«. Und selbst wer alle Regeln des Metiers respektiert, wird nicht unbedingt zum Großmeister: Die berühmte belgischen Schokoladen? Die sind oft sahnemächtig und schwer bis plump – aber im Export sind sie Meister. Die Schweizer sind gut, wenn sie frische »truffes du jour« herstellen. In den meisten Großstädten findet man einige qualitätsbewusste Anbieter.

Bei einem solchen senkte ich irgendwann den Löffel in einen Dom aus Bitterschokolade, Banane und Ingwer: »Die ideale Kombination gegen schlechte Laune«, hatte mir der Schoko-

meister versichert. Kein Wunder: Schokolade wirkt leicht anti-
depressiv, Bananen ebenfalls – was könnte da besser (und
wohlschmeckender) sein als beides zusammen. Unterschlagen
hat mir der Chocolatier damals, dass moderater Schokokon-
sum unter Umständen Herzinfarkten vorbeugt, die Resistenz
gegen Stress verbessert und das Konzentrationsvermögen stei-
gern kann.

Denn Schokolade ist in unserem Hirn und Körper aktiver als
die weitaus meisten anderen Nahrungsmittel – vereinfacht
kann man behaupten, dass jedes Viereck tatsächlich glücklich
macht.

Schwalbennester

Die kann man doch nicht wirklich essen, oder? Ganz abgesehen davon, dass es mir leidtäte, diesen Flugkünstlern ihre Wohnungen wegzunehmen, die so perfekt an den Wänden kleben. Bauern achten
streng darauf, dass immer mindestens ein Stallfenster geöffnet ist, damit die Schwalben ein und aus fliegen können. Es heißt, ein Schwal-
bennest im Haus zu haben, bringt Glück und Gottes Segen. Manche
von diesen eleganten Tieren haben sich sogar das Innere von Kirchen
für ihren Wohnungsbau ausgesucht. Den Flug einer solchen Kirchen-
schwalbe im Gotteshaus zu beobachten, ist eine besonders andächti-
ge Form des Gebetes.

Von Spatzen weiß man, dass sie gerne im Sand »baden«. Die italienischen Schwalben unseres toskanischen Urlaubsdomizils nehmen
das Baden etwas ernster: Sie schießen am Spätnachmittag wie treff-
sichere Pfeile so knapp über die Wasseroberfläche des Pools, dass sie
gerade mal nasse Füße bekommen. Was aber ganz offensichtlich

Zweck der Übung ist. Und diese verspielten Präzisionskünstler soll man obdachlos machen? Ganz abgesehen davon, dass ich mir nicht vorstellen kann, wie die architektonische Mischung aus Lehm, Heu, kleinen Zweigen, Blättern und Schwalbenspucke wohl schmeckt. Was fasziniert asiatische Feinschmecker so sehr daran?

Asiatische Gourmets glauben an eine medizinische Wirkung dieser besonderen Zutat. Und sie fasziniert die gelatineartige Konsistenz der Nester der Salanganen (Collocaliini), eine Seglerart, die mit unseren Schwalben nicht identisch ist. Überhaupt gibt es in der chinesischen Küche viele Gerichte, die sich allein durch die Konsistenz, nicht aber durch Geschmacksfülle auszeichnen. Dazu gehören etwa gekochte Hühnerfüße, die ebenfalls wie Gelatine glibbern.

Diverseste Köche versuchen, das Genießen der Konsistenz auch Europäern schmackhaft zu machen. Meist werden uns solche Gerichte unter Bezeichnungen wie »Spiel mit Texturen« oder »in verschiedenen Texturen« angeboten. Im Grunde ist das nichts weiter als eine erzwungene Intellektualisierung des Mundgefühls zwischen fest und flüssig – schließlich stammt die »Textur« vom lateinischen »Textura«, also Gewebe. Merke: Wer »Textur« sagt, muss auch »Thaumaturg« sagen, also griechisch für »Wundertäter«, für die sich solche textenden und textierenden Köche oft halten. Schließlich greifen sie statt zu Kalbs- und Hühnerfüßen lieber in alle Schubladen der chemischen Industrie, um ihre »Texturen« zu erzeugen.

Die Schwalbennester, die später in Suppen landen, stammen traditionell nicht aus China, sondern aus Indonesien, Thailand, Vietnam oder den enormen Tropfsteinhöhlen bei Niah und Gomantong auf Borneo. Professionelle Sammler klettern auf hohen Bambusleitern zu Felsklippen und Grotten, sammeln Nest

um Nest. Nicht unbedingt appetitlicher wird diese Delikatesse für viele Esser dadurch, dass die Konsistenz ganz wesentlich durch den Vogelspeichel erzeugt wird. Ganz davon abgesehen sind die besten Suchgebiete für Vogelnester bestens auch für den Abbau von Guano, den Dung aus Vogelexkrementen, geeignet. Eine einzige Grotte in Malaysia soll neben den Nestern eine Tonne Dung »abwerfen«.

Der britische Wirtschaftswissenschaftler Peter Jordan berichtet in »Globalisation and Bird's Nest Soup«, dass der Legende nach zu Zeiten der Tang-Dynastie (618–907) die ersten Vogelnester von Gomantong auf Borneo nach China exportiert wurde. Der Kaiser höchstselbst soll sich über den Mangel an Geschmack beklagt haben. Darauf fürchtete der Hofkoch um seinen Kopf und erwiderte, die Einwohner von Borneo sähen diese Suppe als starkes Aphrodisiakum – wieder einmal! – und Mittel für ein langes Leben. Der Kaiser schluckte, laut Jordan, sowohl die Geschichten als auch die Suppe. Fortan wollten sich auch die Adligen und die wohlhabenden Bürger an Vogelnestern laben.

Die aphrodisierende Wirkung ist unbewiesen. Eine Forschergruppe um Chao-Tan Guo und Tadanobu Takahashi war der Meinung, der Konsum von Vogelnestern könne eine Infektion mit Influenzaviren hemmen. Massimo F. Marcone vom Department of Food Science des Ontario Agricultural College konnte in Vogelnestern ein Protein nachweisen, das bei Kindern schwere Allergien auslösen könnte. Außerdem stellte er fest, dass Vogelnestern vor dem Verkauf Karayagummi (E 416), Gallertpilze und Rotalgen beigemischt werden und dass diese »Beigaben« zwei bis zehn Prozent des Gesamtgewichts ausmachen. Ein lukratives Geschäft, denn schon im Jahr 2004 wurden bis zu 1300 $ für 150 Gramm hochwertige Nester fällig. Abnehmer

sind China und andere Länder Asiens, aber auch größere Chinatowns in der übrigen Welt. Den höchsten Preis erzielen die rotfarbenen »Blut-Nester«, gefolgt von weißen Nestern und schließlich schwarzen Exemplaren der Salangane-Art Aerodramus maximus; folgerichtig wird sie auch Schwarznestsalangane genannt.

Natürlich hängt der Preis auch vom Zustand des Nestes ab: Besonders gesucht sind Exemplare mit der Form einer halbierten Schale, nicht zu dick dürfen sie sein, auch sollten sie keine Löcher aufweisen. Federn und andere Unreinheiten werden bei roten und weißen Nestern mühsam von Hand entfernt, während die Schwarzen mit Wasser und Öl eingekocht werden können. Anschließend lässt man die Nester trocknen, schließlich gibt es in wichtigen Märkten wie Hongkong Normen zum Feuchtigkeitsgehalt, der dort unter zehn Prozent liegen muss.

Schon wegen der hohen Verkaufspreise werden besonders in Indonesien Vogelnester regelrecht »produziert«: Mal bieten Bauern den Vögeln Nistmöglichkeiten, komplett mit Wasser für Vogelbäder und verdorbenem Obst, das all jene Insekten anlocken soll, die auf dem Speiseplan der Vögel stehen. Mal werden die Vögel in der Hoffnung auf kommenden Nestbau gezüchtet.

Natürlich haben die Köche Asiens inzwischen Rezepte gefunden, die Konsistenz der »Schwalbennester« mit feinen Aromen zu veredeln. Oft findet man sie als Suppe auf Speisekarten, etwa mit Hühnerbrühe, Huhn, Pilzen, Wachteleiern und Ingwerwurzel. Doch es gibt sogar ein süßes Rezept mit gezuckerten Vogelnestern.

254

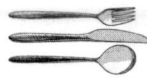

Schwein (iberisches Schwein)

Das arme Schwein an sich wurde schon immer verleumdet und schlecht behandelt. Allein der Stress, der den Tieren bei den brutalen Massentransporten angetan wird, hätte für mich schon gereicht, um zur »Verweigerin« zu werden. Als dem Schwein dann aus Raffgier auch noch eine zusätzliche Rippe angezüchtet wurde, war für mich Schluss: Ich habe mindestens 20 Jahre lang kein Schweinefleisch mehr gegessen – ohne etwas zu entbehren. Zumal inzwischen durch Blitz-mästungen aus dem ehemals durchaus genossenen Schweineschnitzel oder Kotelett ohnedies eine wässrige, beim Braten um die Hälfte schrumpfende Sache geworden war.

Und dann stand auf Alfons Schuhbecks »Orlando«-Speisekarte plötzlich das »Ibero-Schwein« mit einer Kräuterfüllung. Das machte uns ganz unerwartet den Mund wässrig. Die Neugierde siegte über das Prinzip »niemals Schwein« – und wir wurden belohnt. So schmackhaftes Fleisch hatte ich schon lange nicht mehr auf dem Teller. Natürlich war es exzellent zubereitet, aber es war zu schmecken, dass das Fleisch an sich mit seinem wunderbaren Eigengeschmack der Hauptverursacher unseres Entzückens war. Später erfuhr ich, dass es sich um kleine, schwarze, halbwilde Schweine handelt, die frei herum-laufen können und viel länger leben dürfen als die unseren, in »Ge-fängnissen« gehaltenen.

Natürlich haben wir uns bemüht, an Ibero-Schweinefleisch zu kommen. Das geht jedoch nur auf Vorbestellung im Feinkostladen. Kann man sicher sein, dass das Schwein dann wirklich aus Spanien oder Portugal kommt?

Ebenso ungern wie selten erinnere ich mich an einen Besuch in der Schweinemast. Damals begrüßte der »Landwirt« (muss ich ihn so nennen?) mich mit den Worten: »Schlagen Sie bloß nicht

die Tür zu, sonst kippen drei Schweine wieder vor Schreck mit Herzinfarkt um.« Die Schweine standen dicht gedrängt und fraßen eine Art Brei, den ich als Laie auch für Gülle hätte halten können. »Fett wie ein Schwein« waren sie auch nicht mehr, heute muss ja alles mager sein.

Ihre Koteletts waren billig, das Fleisch jedoch wäre im englischen Sprachraum als PSE (pale, soft, exudativ, also blass, weich, wässrig) klassifiziert worden. Und weil der Verbraucher die Schrumpfschnitzel nicht mag, existieren Patente, wie sich PSE-Fleisch durch Zugabe des Gewebeklebers Transglutaminase verbessern lässt (z. B. Milkowski und Sosnicki/Kraft Foods, Patent Application No. 659696, Foreign Patent References 0333528 EP. 09/27/1989). Mit diesem Enzym, das Fleischreste zu festen Schinken, aber ebenso Muschelfetzen zu vollfleischigen Jakobsmuscheln formt, hantieren auch sogenannte »Avantgarde-Köche«. Braucht man das, wo es doch auf der Iberischen Halbinsel so fantastische Produkte wie dieses kleine, schwarze Schweinchen mit den nach vorn hängenden Ohren gibt. Letzteres darf tatsächlich sein Leben in Eichenhainen verbringen und den Tag über Eicheln naschen. Es ist kleiner, flinker und leichter als unsere sogenannten Hausschweine: Eine Sau bringt etwa 100 bis 160 Kilo auf die Waage, ein Eber leicht 50 Kilo mehr.

Das Leben im Freien und die kohlehydrathaltige Naturkost wirken sich nicht nur positiv auf den Geschmack aus, sie sorgen auch für die feine, typische Marmorierung des Fleisches.

Eigentlich kann man es nicht oft genug sagen und schreiben: Ein Feinschmecker sollte auch ein wenig Tierschützer sein. Schon deshalb, weil natürlich ernährte und gehaltene Tiere besser schmecken. Das gilt übrigens auch für Tiertransporte: Etliche Züchter haben mir bestätigt, dass Stress nicht nur für das Tier, sondern auch für den Geschmack seines Fleisches Gift ist.

256

Am iberischen Schwein schmeckt einfach alles: Schinken, Wurst, Schulter, Filets ... es ist insgesamt eine Ansammlung von Leckerbissen. Und den Geschmack mindert es nicht, dass Ursprung und Rasse des iberisches Schweines umstritten sind: Einige Gelehrte sehen es als eigene Art mit Namen »Sus mediterraneus«, andere als Unterart »Sus Scrofa mediterraneus«. Laut dem spanischen Ministerium für Agrikultur, Fischfang und Ernährung handelt es sich beim iberischen Schwein um eine Kreuzung aus »Sus scrofa ferus« und »Sus mediterraneus«.

Mir scheint es relativ sicher, dass in Deutschland als iberisches Schwein ausgezeichnetes Fleisch wirklich von diesen Schweinen kommt. Allerdings zweifle ich ein wenig, ob die hohen Zuchtstandards wirklich überall eingehalten werden. Zwischen den Jahren 2000 und 2007 verdoppelte sich die Herstellungsmenge der meisten spanischen Schinken. Und wer mehr Schinken sagt, muss mehr Schweinefleisch sagen. Allein für die Schinkenherstellung müssten sich 2,5 Millionen Schweinchen unter Eichenbäumen vergnügen. Plus dieselbe Menge Ferkel für die Schlachtungen im kommenden Jahr. Das ist viel Schwein. Falls Sie mich jetzt für einen Berufspessimisten halten: Schätzungen der Universität Madrid auf Basis des Datenmaterials von 2005 sprechen von 1,7–1,8 Millionen jährlich geschlachteter Iberico-Schweine, Tendenz stark steigend.

Es steht zu befürchten, dass es auch unter schwarzen Schweinen inzwischen eine Zweiklassengesellschaft gibt: Die einen dürfen unter Eicheln spielen, die anderen müssen in Zuchtbetrieben Speck ansetzen. Wie so oft kommt es deshalb darauf an, bei einem zuverlässigen Züchter oder Importeur zu kaufen.

Liebhaber von Schweinefleisch diskutieren permanent die perfekte Alternative zum spanischen Schweinchen. Ist es die

alte Rasse »Duke of Berkshire«, die in England und Belgien gezüchtet wird? Oder das französische »Porc Noir de Bigorre«, eine Rasse, die fast schon ausgestorben war? 1981 gab es gerade noch zwei Eber und 34 Säue des schwarzen Schweins. Und es gibt eine Alternative aus deutschen Landen, die in weiten Teilen des Bundesgebiets freilich auch nur auf Vorbestellung erhältlich sein dürfte: das schwäbisch-hallische Landschwein der Hermannsdorfer Landwerkstätten. Es ist zwar schwerer als so ein Iberico und schmeckt auch anders, wurde aber garantiert artgerecht gehalten.

Inhaber Karl-Ludwig Schweisfurth ließ einst raue Mengen Industriewurst fertigen, bevor er 1986 zur natürlichen Tierzucht fand. Die Schweine kommen von Biohöfen aus der Umgebung, geschlachtet wird vor Ort. Das ist in Deutschland ganz selten und für das Metzgerhandwerk im Grunde eine Tragik: Denn wer als Metzger nicht mehr selbst schlachten darf, verliert einen Teil der Möglichkeiten, auf die Qualität seiner Fleischwaren Einfluss zu nehmen. In Frankreich und Italien gab es noch vor 100 Jahren in einigen Regionen einen sympathischen Brauch: Die Bauern erhielten für ihr Vieh nicht nur Geld, sondern auch Fleisch – einen Teil vom Fleisch ihrer Tiere. Und schmeckte ein Stück besonders gut oder schlecht, tauschten Bauer und Metzger sich darüber aus. So ließ man z. B. in der Normandie die Kühe 14 Tagen vor der Schlachtung auf besonders fetten Wiesen in der Nähe von Flüssen und Bächen weiden. Das war einmal …

Wer gezwungen ist, auf handelsübliches Schweinefleisch zurückzugreifen, sollte darauf achten, dass es beim Kauf trocken ist und kein Wasser von sich gibt. Die Farbe sollte elfenbeinweiß ausfallen. Fleisch, das schnell grau anläuft, stammt oft von Turboschweinen. Das Fett wird am besten erst nach dem

Braten oder Schmoren entfernt. Auch wenn es heute niemand mehr wissen möchte: Ein Schmorbraten mit einer feinen Fettschicht ist eine echte Delikatesse.

Seebarsch (geangelter Seebarsch)

Ich wusste gar nicht, dass es auch Barsche gibt, die im Meer leben. Ich kenne den Ammersee- und den Donaubarsch und liebe den wunderbaren Geschmack von gebratenem Zander, der wohl auch zur Familie gehört.

Was hat es mit dem Zusatz »geangelt« auf sich? Das lässt mich vermuten, dass Fische, die »industriell« im Schleppnetz gefangen werden – das werden heute ja wohl alle? – nicht so gut schmecken, wie solche, die auf Köder gegangen sind? (Das hieße ja, dass man sich nach Männern umschauen muss, die zum Beispiel Forellen mit der Hand fangen können – die müssten dann ja noch wohlschmeckender sein?) Es würde mir einleuchten – der Stressfaktor macht Fleisch nicht gerade wohlschmeckender. Das weiß jeder, der schon einmal Schweinefleisch von einer Hausschlachtung genossen hat, für die kein Tiertransport notwendig war. Dass das auch für Fische gelten könnte, habe ich mir noch nie überlegt.

Der Wolfsbarsch oder Seebarsch (Dicentrarchus labrax) lebt im Mittelmeer und schwimmt von Marokko bis Norwegen durch den Atlantik. »Loup« oder Wolfsbarsch heißt er meist am Mittelmeer.

Geht dieser Barsch den Fischern in den Tiefen des Meeres ins

Netz, können seine Schwimmblase sowie die Blutgefäße rings um die Augen platzen. Er ersäuft quasi beim Überlebenskampf. Beim Fischhändler erkennt man diese Barsche am schlaffen Bauch und den roten Augen. Körpereigene Toxine haben das feine Aroma solcher Fische fast zerstört.

Besser schmeckt der geangelte Barsch: Als Meeresräuber ernährt sich der Fisch von Krebsen und kleinen Fischen. Dies sind die Köder, die in regelmäßigen Abständen auf kleinen Fischerbooten an die Leinen geknüpft werden. Oft arbeiten die Fischer auch mit Kunststoffattrappen, die dem Barsch eine Beute vorgaukeln. Maximal zwölf Stunden lang sind diese Boote küstennah unterwegs. Manchmal sind es nur vier oder sechs Stunden. Der geangelte Barsch kommt also sehr frisch zum Händler. Solche Fische schmecken nicht nur besser, der Fang ist auch umweltfreundlicher.

Während große Trawler ganze Fischschwärme mit ihren Netzen abgreifen, entnehmen die Leinenfischer nur wenige Exemplare. Zu kleine Seebarsche von weniger als 36 cm Länge und weniger als 500 Gramm Gewicht werden von den Fischern zurück ins Meer geworfen – natürlich lebend. Beachtenswert viele Fischer legen diese Vorschriften »barschfreundlich« aus, werfen auch 40 cm lange Exemplare zurück in die See und schonen die Tiere in der Paarungszeit. Auch wenn er schon im April geangelt wird, schmeckt der Loup de mer von Juli bis Dezember am besten.

Am festen, harten Fleisch unter glänzenden, grauen Schuppen, sowie am festem weißen Bauch erkennt man die »Angel-Qualität«. In Frankreich wird sie unter der Bezeichnung »de Ligne« verkauft, in einigen Regionen, wie z. B. der Normandie, tragen solche Fische Gütesiegel, die es erlauben, die Ware bis zum Boot zurückzuverfolgen.

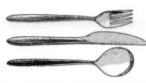
Seebarsch ist in der Küche äußerst vielseitig, man kann ihn grillen, in der Salzkruste garen, füllen, nach Müllerin-Art servieren und viele Varianten mehr.

Seebarsch wird inzwischen auch gezüchtet, leider kommt der Geschmack dieser Fische meist nicht an das geangelte Original heran. Das könnte auch daran liegen, dass die Jungbarsche, wie viele Zuchtfische, oft mit Antibiotika und Nahrungsergänzungsmitteln regelrecht gemästet werden.

Seeigel

Alles, was aus dem Meer kommt und nicht aussieht wie ein Fisch, hat mich lange Zeit leicht nervös gemacht, wenn es auf meinem Teller gelandet ist. Dem Seeigel bin ich zum ersten Mal in einem venezianischen Fischrestaurant begegnet, das auf einer der kleinen, dem Lido vorgelagerten Inseln lag und das man nur mit dem Privatboot erreichen konnte. Unser Gastgeber sprach mit rollenden Augen und vor Ehrfurcht flüsternder Stimme von den Köstlichkeiten, die uns dort erwarten würden. Was uns angeboten wurde, war tatsächlich das erstaunlichste Meeresgetier, das mir je vor Augen kam. Seespinne und Seeigel habe ich mir namentlich gemerkt, war aber zu feige, sie mir zu Gemüte zu führen. Die Männer stürzten sich mit Feuereifer darauf. Die Seeigel sahen aus wie die stachelige braune Hülle von Kastanien. Um an ihr Inneres heranzukommen, wurde mit einem Handschuh aus metallenen »Maschen«, ähnlich einem mittelalterlichen Kettenhemd, hantiert.

Was habe ich denn da bisher versäumt? Denn das wunderbare Restaurant mit der grün überdachten Terrasse im ersten Stock gibt es immer noch. Vielleicht sollte ich doch beim nächsten Venedig-Aufenthalt …?

Auf jeden Fall! Seeigel schmecken ein wenig wie besonders jod-
haltiger Fisch, jedoch oft mit einem leichten Hauch Süße. Und
ihre Konsistenz ist eine ganz andere: Der essbare Teil des See-
igels ist eher weich, man kann ihn am Gaumen zerdrücken. Bei
meinen Lieblingswirten werden sie manchmal ganz leicht mit
aufgeschlagenen Wachteleiern gegart.

Man kocht ihn oder gart ihn im Dampf, man verspeist
ihn mit Zitronensaft, Schalotten und Salz oder kostet ihn als
Ceviche, also roh und mariniert mit Öl und Limette. Außerdem können Seeigel einem Rührei ganz überraschende Jod-
noten verleihen oder, einmal püriert, Saucen verblüffend aromatisieren.

Gegessen wird übrigens nur der sogenannte Corail, den wir
im Deutschen mit dem unschönen Wort »Geschlechtsdrüsen«
übersetzen. Mancher Feinschmecker, auch Alexandre Dumas
im »Wörterbuch der Küche«, wunderte sich darüber: »An der
Öffnung dieses Krustentiers findet sich ein kleines rotes Tier
salzigen Aromas, seine Eier, von dunklem Gelb, sind mit der
Außenhülle verbunden; ihr Geschmack gleicht mehr oder
weniger dem von Flusskrebsen; diejenigen, die von diesem lebenden Püree nicht angewidert sind, Essen es wie ein Ei mit
Brotstäbchen« (à la mouillette). Keine ganz appetitliche Schil-
derung. An besagte Drüsen oder, frei nach Dumas, »Eier«,
kommt man nur, wenn man Mund und Verdauungsorgane – in
Südeuropa tragen sie den schönen Namen »Laterne des Aristo-
teles« – entfernt. Schon wegen seiner Stacheln braucht jeder
Hobbykoch dafür ein sehr dickes Tuch oder wirklich stabile
Handschuhe. Mit einer kleinen, scharfen Schere schneidet man
die Meeresfrucht in drei Viertel oder halber Höhe, ausgehend
von der weichen Fläche ohne Stacheln, dem Mund. Letzterer
wird, genau wie das gesamte Verdauungssystem, erst mal ent-

sorgt. Den Corail kann man dann mit einem Teelöffel heraus-
heben, das enthaltene Wasser wird aufgefangen und gefiltert.
Und der Stachelpanzer eignet sich bestens, um den essbaren
Teil der Seeigel darin den Gästen zu präsentieren.

Da liegt dann so ein stacheliger »Igel« von etwa acht Zentimeter Durchmesser, und man blickt auf die weiß-orangene
Füllung.

Wer jetzt auf den Geschmack gekommen ist, sollte keinesfalls selbst ins Meer springen. Seeigel »fangen« will gelernt sein!
Nicht jede Art ist essbar. Geerntet werden sie aber tatsächlich
von Hand, mit Hilfe eines Messers, einer Pike oder eines Me-
tallhakens.

Mit Schale ist so ein Seeigel in einem feuchten Tuch bis zu
drei Tage haltbar, ausgenommene Exemplare sollten zügig verzehrt werden. Besser ist es jedoch, wenn man einen kundigen
Fischhändler kennt, der sich allein um die »Laterne des Aristo-
teles« kümmert. Und am allerbesten ist es, Sie lernen den Igel
im Restaurant kennen: Etwa im Grand Café de Turin, 5 place
Garibaldi in Nizza. Dort wird er nämlich comme il faut serviert, gerade richtig, so wie es sich gehört, also: ohne Firlefanz.
Der Seeigel bleibt roh, neben ihm liegt eine Zitrone.

Seeteufelleber

Das ist doch der Fisch, der aussieht, als hätte er sich für Halloween als
böser Dämon maskiert? Und wedelt der nicht auch mit einer Art
Feudel vor sich her, um Futterfische anzulocken? Der, den ich meine,
hat ein mörderisch gefährlich aussehendes Gebiss, hat festes, wohlschmeckendes Fleisch, für einen Fisch sogar ganz ungewöhnlich festes

Fleisch. In Italien steht er unter »Coda di Rospo« und in Frankreich unter »la Lotte« auf der Karte. Und dieser Bursche hat eine Leber, die etwas ganz Besonderes ist?

Die zwei Begriffe Leber und Meeresbewohner ergeben in meinem Gedächtnisspeicher immer nur das eine Stichwort: Lebertran. Und dass der alles andere als eine Köstlichkeit ist, darüber gibt es bestimmt keinen Streit, oder? Seeteufelleber hingegen habe ich noch nie auf einer deutschsprachigen Speisekarte gelesen – Lebertran natürlich auch nicht, diese verhasste gesundheitliche »Wohltat« überbesorgter Mütter. Diese spezielle Fischleber ist sicher eine große Rarität und ihre Zubereitung Geheimwissen von Köchen, die an Küsten kochen?

Ja, genau der ist es. Seeteufel sieht zwar hässlich aus, verfügt aber über feines, weißes Fleisch und hat noch dazu kaum Gräten. Dazu kommen zwei Köstlichkeiten. Die Seeteufelbäckchen am Kopf, etwa so groß wie ein Zwei-Euro-Stück, und die orangerote Leber. Und weil der Seeteufel bevorzugt andere Fische frisst, schmeckt diese besonders gut, eine Art Fisch-Foie-gras. Aber: Diese Leber schmeckt nur in kleinen Portionen, man muss einen Sinn für das richtige Maß entwickeln. Isst man zu gierig, verfliegt der Genuss.

Bekannt ist die Köstlichkeit seit langer Zeit: Die Hofköche Urbain Dubois und Emile Bernard servieren sie Mitte des 19. Jahrhunderts pochiert, mit Weißwein erwärmt, nebst Sauce normande und reichhaltiger Garnitur aus Trüffeln, Austern, Flusskrebsen, Muscheln, Pilzen. Doch die Hauptrolle in diesem Aristokratengericht spielt die Seeteufelleber.

In Frankreich, Spanien oder Italien bieten Fischhändler frische Seeteufellebern an. Die werden »entnervt«, in einen Zentimeter kleine Schnitzel geschnitten und schließlich gebraten. Manchmal wendet man sie vor dem Gang in die Pfanne in

Mehl, oft kommen ein paar Tropfen Zitronensaft hinzu – das nimmt der Leber die bittere Note.

Zusätzlich gibt es durchaus hochwertige Dosenware (französisch: foie de lotte nature, Spanisch: Higado de rape al natural). Solche Dosen oder Glasbehälter sollten nur Seeteufelleber und vielleicht Salz und Pfeffer enthalten, auf keinen Fall irgendwelche Zusatz- und Farbstoffe. Um sich mit dem Geschmack vertraut zu machen, sollte man ein dunnes Leberschnitzelchen mit etwas Zitronensaft und Fleur de Sel auf Toast genießen. Experimentieren kann man später immer noch: Die Seeteufelleber passt auch zu Artischocken, Granatapfel, Spargel, frischem Apfel, Passionsfrucht oder Trüffel. Doch wie gesagt, auf die richtige Menge kommt es an: Mehr als 20 Gramm auf einmal würde ich dem »Erstesser« nicht empfehlen. Und auch aus einem anderen Grund sollte man Zurückhaltung üben: Die Seeteufelbestände gehen zurück. Solche Leber sollte daher genau wie Fleisch und Bäckchen ein rarer Genuss bleiben.

Seezunge

Als »Binnenländerin« waren mir natürlich zunächst Forellen weitaus näher als die Luxusfische aus dem salzigen Wasser, das so große Wellen macht. Und die teilweise so fremden Gestalten haben – man muss nur an das wirklich gewöhnungsbedürftige Scarface des Knurrhahns denken – ein furchterregendes Äußeres. Aber in einen von ihnen hat sich meine Zunge auf Anhieb verliebt: in die Seezunge. Von der Schlankheit dieses Plattfisches kann selbst eine Forelle nur träumen – aber Gott sei Dank gibt es in der freien, wilden Natur keine Figur-

probleme und -eifersüchteleien. Die schmale Seezunge ist aber nicht nur elegant, zumal wenn sie gebraten oder gedünstet vor einem auf dem Teller liegt, sie hat auch einen feinen, nussigen Eigengeschmack, mit dem sich kaum ein anderer Fisch messen kann. Vielleicht wurde sie am selben Schöpfungstag gemacht wie die Nussbäume? Beim Verzehr einer Seezunge werde ich jedenfalls ehrfürchtig und weiß wieder, was das Wort »Gottesgabe« bedeutet.

Die Seezunge war auch immer mein Lieblingsfisch. Und nicht nur meiner: Auguste Escoffier, der große klassische Koch, hat uns fast 200 Rezepte zu diesem köstlichen Tier überliefert. Und mein Gewährsmann Alexandre Dumas mindestens noch 15 weitere – von der schlichten, gegrillten Seezunge mit Pfeffer, Salz und Zitrone bis hin zur mit Austern gefüllten Seezunge; er nutzte eine Farce aus Fisch, Austernragout und Trüffeln. Wenn ich mich in diesem Buch recht oft auf den Autor der »Drei Musketiere« und des »Graf von Monte Christo« beziehe, dann deshalb, weil er ein ausgewiesener Feinschmecker war. Der fantasievolle Lebemann organisierte während der zwei Jahre, die er in einem Schlösschen in Le Port Marly bei Paris lebte, zahlreiche rauschende Feste. Zur Anlage gehörten ein englischer Garten und eine Menagerie – den Affen Beauvoir, Hauptattraktion des kleinen Zoos, hatte Dumas nach dem Liebhaber seiner Frau benannt – sowie ein »Château d'If« genannter gotischer Pavillon, der dem Dichter als persönlicher Elfenbeinturm diente.

Das »Große Wörterbuch der Küche« war sein letztes Werk, ein Rückblick auf ein Leben im Genuss: Im März 1870 gab er es beim Verleger Lemerre ab. Im Dezember desselben Jahres segnete er das Zeitliche, ohne je ein fertiges Exemplar des »Wörterbuchs« gesehen zu haben. Erst drei Jahre nach seinem

Tod erscheint das Werk, stark überarbeitet. Seitdem kursieren verschiedene Versionen. Und in einer von ihnen sagt er, »die beste Seezunge ist leinengrau. Man findet sie in den Wassern um Dieppe; die Seezungen, die in Calais oder Roscoff gefischt werden, sind dieser stark unterlegen.«

Natürlich kommt es auch heute noch auf die Qualität des rohen Fisches an: Frische Seezungen sind glänzend und haben einen weißen Bauch. Ihre Haut ist von einer schleimigen Substanz überzogen. Altert der Fisch, fasst er sich trocken an, sieht grauer aus, am empfindlichen Bauch bilden sich schließlich braune Flecken. Am besten schmecken dicke, vollfleischige Seezungen, die im Winter nochmals an Wohlgeschmack zulegen. In den besten Restaurants von London lockt die Dover sole (Dover Seezunge). Die schwimmt nicht etwa vor Dover im Ärmelkanal, ihr Ruf beruht auf der Reputation des Fischumschlagplatzes. Hier kommt das Beste an Land, auch französische Großhändler schicken ihre Einkäufer nach Dover. Ähnliches gilt übrigens für die Seezunge aus Ostende.

Auf kleine Seezungen, »kürzer« als 28 cm, sollte man ruhig verzichten. Durch die Kaufverweigerung könnte man die Fischer »erziehen«, damit sie ihnen die Chance lassen, sich als größere Fische fortzupflanzen, um zur Bestandserhaltung beizutragen. Denn eine Seezunge braucht bis zur Geschlechtsreife drei bis fünf Jahre. Der WWF Deutschland sagt, dass man Seezunge aus dem östlichem Ärmelkanal und der Nordsee aus Stellnetzfang guten Gewissen genießen darf, ihre Artgenossen aus dem Mittelmeer und dem Schleppnetzfang im Nordost-Atlantik jedoch lieber meiden sollte.

Für mich sollte dieser Fisch so naturbelassen wie möglich zubereitet werden, vielleicht gegrillt oder »Müllerin Art«, also gehäutet, in Mehl gewendet und in Butter gebraten. Nun führ-

te der ständige Wettlauf nach mehr Kreativität in der Küche leider auch dazu, dass dieses edle Tellertier in Wermut überbacken wurde (Sole Albert, ein Rezept aus der großen Zeit des Pariser Maxim's) und bei Molekularköchen in Methylcellulose gewendet, das ist der Hauptbestandteil von Tapetenkleister, als »Seezungen-Tempura« angeboten wurde. Besonders Letzteres ist eine widerliche Untat, für die gewisse Herdmeister einen Generalboykott und weltweites Desinteresse verdient hätten.

Ebenso schlimm ist die Praxis mancher Großhändler, Seezunge eher als Gattungsbezeichnung zu sehen. Dann gibt es keinen Unterschied mehr zwischen der echten Solea solea und der aromenärmeren und auch billigeren Tropen-Seezunge Cynoglossus senegalensis. Oder es gibt »American sole« aus der Familie der Achiridae.

Restaurantbesucher sind auch noch anderen Neppversuchen ausgesetzt: Aufgrund ähnlicher Körperform werden ihnen zuweilen preiswerte Klieschen (Limanda limanda) als Seezunge vorgesetzt, natürlich als Filets. Sollten Sie tatsächlich nach der Geschichte um den Tapetenkleister immer noch dem Glauben anhängen, dass unsere Wirte und Feinkosthändler im Interesse der Gäste stets das Beste auswählen, müssten Ihnen diese Fakten zu denken geben.

Senf

Man muss tatsächlich nicht zu allem Senf dazugeben, aber zumindest in der Küche ist diese wunderbare Paste für vieles unverzichtbar. Man stelle sich nur die bayrische Weißwurst ohne den berühmten süßen Senf vor. Die legendären Wiener Würstelbuden könnten eher auf

Semmeln und die Salzstangen verzichten als auf Senf: Sie wären samt ihren Frankfurtern, Debrezinern und Käsekrainern zum Untergang verurteilt. Auch manche Salatsauce würde ohne Senf zur Bedeutungslosigkeit herabsinken. Der badische Kartoffelsalat zum Beispiel – ohne die richtige Dosis Senf zur Zwiebelbrühe wäre er seines Charmes beraubt. Die von unseren Speiseplänen nicht wegzudenkende Rindsroulade – der deutschen Hausfrau liebstes Kind – könnte man ohne den Senfbestrich ebenfalls vergessen. Und die Essiggurke – ob vom Spreewald oder sonst woher – braucht das Senfkorn in der Marinade ebenfalls dringend.

Trotzdem glaube ich, dass wir dem Senf, ebenso wie dem Essig, nicht genug Aufmerksamkeit schenken. Wir alle greifen aus Gewohnheit immer zu denselben Tuben oder Gläsern. Ich vermute, dass es da draußen, außerhalb unserer Grenzen, ganze Senf-Universen gibt, um die man sich dringend kümmern sollte, stimmt's?

Senf gibt es zunächst einmal als Körner, Puder oder, so wie wir ihn alle kennen, im Glas. Solch handelsüblicher Senf ist eine Mischung aus Senfkörnern, Essig, Kräutern und Gewürzen. Seine gelbe Farbe stammt oft nicht von Senfkörnern – die sind nämlich schwarz, braun oder weiß – sondern wird durch Zugabe von Kurkuma erzeugt.

Angeblich stammt der beste Senf ja aus dem französischen Dijon. Ich halte das für eine Legende, die quer durch die Kochliteratur immer wieder blind abgeschrieben wurde. Sicher, es gab schon 1443 in Dijon eine Gebrauchsanleitung für »Senf von gutem Korn, eingetaucht in guten Essig«. Und 1634 wurden dort gar Statuten »Für die Berufe der Essig- und Senffabrikanten der Stadt Dijon« erlassen. Letztere sahen z. B. eine Kontrolle des Arbeitsmaterial und des Essigs sowie der Kompetenz der Mitarbeiter vor. Alles Pluspunkte für Dijon. Freilich wurde

das ursprüngliche Rezept im Laufe der Zeit verwässert bzw. »veressigt«: Ursprünglich wurden die gemahlenen Körner mit Most verrührt, dann mit Verjus, dem Saft grüner Trauben, der im 19. Jahrhundert durch eine Mischung aus Essig, Wasser und Salz abgelöst wurde.

Allerdings gibt es in Dijon seit 2009 keinen Senffabrikanten mehr. Der ursprüngliche Senf der Stadt kommt heute aus dem nahen Beaune von der Moutarderie Fallot, wo die Senfkörner von Pflanzen der Gattung Brassica Juncea Czem et Cosson noch zwischen steinernen Mühlsteinen zermahlen werden. Gelegentlich steht diese Senffabrik von 1840 zur Besichtigung offen.

Nun muss auch nicht alles Essbare aus Frankreich kommen: Von dort stammte sogar der schlechteste Senf, den ich in meinem Leben probieren musste: Er schmeckte, als hätte jemand einfach Essig um ganze Senfkörner gegossen. Fallot-Senf hingegen hat dezente Schärfe, wird aber keinen Wurstesser zu Luftsprüngen verführen.

Außerdem ist Senf ein Lebensmittel, das nicht deshalb besser wird, weil seine Körner in der kleinsten Mühle zermahlen wurden. Auch Deutschland hat eine reiche Senftradition und Frankreich heute vielleicht sogar einiges voraus: Seit 1726 wird in Düsseldorf der ABB-Senf hergestellt. Der Name steht für Adam Bernhard Bergrath, der mit seinem Unternehmen »Senf und Siegelack Fabrik, Spitzen und Schreibmaterialien« immerhin so erfolgreich war, dass van Gogh einen Steinguttopf mit seinem Senf in einem Stillleben verewigte: »Stilleven met flessen en aardewerk«, Stillleben mit Flaschen und Keramik heißt das Werk von 1884. In genau diesem Topf wird der ABB heute noch verkauft. Der Düsseldorfer Löwensenf wurde ursprünglich 1903 im französischen Metz fabriziert und zog

nach dem Ersten Weltkrieg an den Rhein. Die Besitzerfamilie Frenzel fabrizierte 1920 den ersten Dijon-Senf auf deutschem Boden und verschrieb sich einer Devise, die viele Nahrungsmittelhersteller und Spitzenköche heute noch ehren würde: »Man nehme nur Zutaten der allerbesten Qualität, achte peinlich genau auf naturreine Zubereitung und verzichte auf alle naturfremde Zusätze.« Für Löwensenf extrascharf hat das Unternehmen ein Reinheitsgebot erlassen: Er besteht lediglich aus frisch gemahlenen, braunen Senfkörnern, Branntweinessig, Trinkwasser und ein wenig Speisesalz. Nicht im Gewürzregal fehlen sollte der bayerische süße Senf. Johann Conrad Develey erfand ihn 1854 in seiner Senfmanufaktur in der Kaufinger Straße. Zu Gelb- und Braunsenf sowie Essig mischte er karamellisierten Zucker und Gewürze und kochte die Mischung ein. Zwanzig Jahre später wurde Develey Königlich Bayerischer Hoflieferant. Im Jahr 1914 entstand im Kochtopf einer Metzgerei in der Regensburger Gesandtenstraße der »Süße Hausmachersenf« von Johanna Händlmeier. Er gilt heute als Bayerns beliebtester süßer Senf und wird selbst in Pariser Feinkosthandlungen neben den Gläsern aus Dijon verkauft. Trotz ständig steigender Senfproduktion scheint die Händlmeier-Qualität in den vergangenen fast 100 Jahren nicht gelitten zu haben.

Inzwischen setzen auch reputierte Senffabrikanten auf Produkte mit allen möglichen Kräutern und bunten Farben. Zwei davon scheinen mir geschmacklich interessant: Der violette Senf aus dem französischen Brive, aus Brassica nigra Senfkörnern und Traubenmost, wird heute noch vom Unternehmen Denoix hergestellt. Er ist mehr Würzmittel als Senf und passt bestens zu warmer Blutwurst oder kaltem Fisch. Aus der Schweiz stammt der Moutarde de Bénichon (Bénichon-Senf),

der fast einer süßsauren Konfitüre gleicht. Er besteht u. a. aus gemahlenen Senfkörnern, Zucker, Zimt, Sternanis, Gewürznelken. In den Regalen der Supermärkte von heute wären die beiden Letztgenannten nur noch Exoten.

Soft shell crabs

Das ist wohl ein Leckerbissen für Küstenbewohner? Ich hab diese Tierchen noch nie auf einer Binnenland-Speisekarte gesehen – oder war ich nur unaufmerksam? Ich hab versucht, diese Krabben zu recherchieren, dabei aber nicht herausbekommen, ob das eine eigene Krabbensorte ist oder nur der Entwicklungszustand von ganz normalen Krabben, die – noch? – keinen Panzer haben, so dass das viel gerühmte »Pulen« entfällt. Krabbenpulen ist für Meeresanwohner wohl so etwas Ähnliches, wie bei uns im Gebirge früher das Spinnen von Wolle war: Da sitzt man gemütlich zusammen, trinkt was Gutes und erzählt sich was. Allerdings mit dem Unterschied, dass man das Erarbeitete dann auch noch in eine exquisite Mahlzeit verwandeln kann!

Hier pult keiner. Die soft shell crab wird im Ganzen gegessen, mit Schale – beziehungsweise ohne Schale, denn sie hat sich ja gerade gehäutet. Das erste Mal, das meine Gabel auf so eine Krabbe traf, war in einem chinesischen Restaurant in London. Der Besitzer gab sich jede erdenkliche Mühe, mir die »in Mehl gewendeten und im ganzen frittierten Krabben« mit einer Füllung aus Basilikumwurzel, einer Spur Ingwer und etlichen anderen Kräutern schmackhaft zu machen. Ich könne sie »einfach in die Hand nehmen und abbeißen, mitsamt den fünf Bei-

nen auf jeder Seite.« Unwiderstehlich klang das nicht, doch am Ende siegte die Neugier, ich hatte buchstäblich angebissen. Mal abgesehen von der besonders gelungenen Füllung liegt der Reiz so einer soft shell crab an der knusprigen Hülle und am Kontrast der Konsistenzen mit dem warmen, weichen Krabbenfleisch.

Erst später habe ich gelernt, dass der Fang dieser Krabbe, so lange sie von diesem weichen Korsett umgeben ist, in Europa verboten ist, weil die Tiere sich gerade in der Paarungsphase befinden.

In den USA jedoch werden sie in rauen Mengen angeboten – Paarungszeit hin oder her; besonders die Chesapeake Bay ist für ihre Krustentiere mit dem weichen Panzer berühmt.

Die dortigen Blaukrabben (Callinectes sapidus, lateinisch für »schmackhafte Schwimmer«) wurden angeblich vor über 100 Jahren von Fischern in Crisfield, Maryland, auf den Speisezettel gesetzt. Eine Neuerung war das wohl nicht, denn gehäutete Krabben werden in weiten Teilen Asiens schon immer verzehrt.

Andere Krabbensorten sind zwar auch essbar, doch diese gehört zu den ganz wenigen, bei denen sich der Fang lohnt. Während ihrer dreijährigen Lebenszeit häuten sie sich 18 bis 23 Mal, bei jeder Häutung kann sie bis zu 30 Prozent an Gewicht zunehmen. Nach drei, vier Tagen formt sich wieder ein harter Panzer. Professionelle Krabbenfischer fangen ausgewachsene Krabben und lagern sie, geordnet nach dem erwarteten Häutungsdatum, in Tanks. Die Farbe einer schmalen Linie nach der »Rückenflosse« (backfin) zeigt, wann mit dem Wechsel des Krustenkleids zu rechnen ist. Eine weiße Linie heißt, dass sich die Krabbe in sieben bis zehn Tagen häutet, eine rosa Linie steht für vielleicht zwei Tage. Eine rote Färbung steht auch bei

der Krabbe für »Achtung, jetzt muss gehandelt werden«: Die Häutung steht unmittelbar bevor. Anschließend werden die soft shell crabs der Größe nach geordnet: Kurioserweise gibt es die Einteilung »small« (klein) in dieser Größenordnung nicht. Die kleinsten sind Mediums mit Ausmaßen zwischen neun und zehn Zentimeter und einem Gewicht von 50 Gramm. Es folgen »Hotels«, »Primes«, »Jumbos« und »Whales«, Wale haben ein Durchschnittsgewicht von knapp 170 Gramm und eine Größe von etwa 14 cm.

Solche Krabben gelangen meist lebend zum Verkauf. Temperaturschwankungen und Bewegung vertragen sie nicht. Keinesfalls sollten Krustentiere mit Ammoniakgeruch zubereitet werden. Die »zweitbesten« Krabben der USA stammen aus Nord- und Südkarolina, während Großhändler die Louisiana-Krabben für preisbewusste Käufer empfehlen. Fachgerecht ausgenommen, können sie problemlos tiefgefroren werden.

Tiefgekühlt sind auch viele weitere Krabbenarten unter dem Oberbegriff »soft shell« zu haben. Viele davon stammen aus Asien, wo ganze Soft-shell-crab-Farmen existieren.

Von einem guten Freund aus Italien habe ich ein interessantes Detail erfahren: Auch in Venedigs Lagunen leben soft shell crabs der Sorte Carcinus aestuarii, die unter den Namen Moeca (Plural: Moeche) oder Masaneta verkauft werden. Ein gewisser Ninni hätte das schon 1924 in einem Buch mit dem Titel »L'industria delle moeche« (Die Krabbenindustrie) beschrieben. Sie werden auf dem Rialto-Markt für etwa 60 Euro das Kilo gehandelt und von einigen Restaurants wie dem Fontego dei Pescatori im Frühjahr und im Herbst während der Saison angeboten. Dann möchte ich unbedingt nach Venedig!

Steinbutt (großer Steinbutt)

Was für ein Fisch! Mit Augen, die sich beide auf einer Seite befinden, und der Fähigkeit, sich wie ein Chamäleon der Umgebung anzupassen. Flach wie eine Flunder. Das alles spricht für ein ausgefuchstes System der Futtersuche. Halb vergraben im Sand, wäre auf der Unterseite ein Auge nicht nur überflüssig, sondern auch ständig in Gefahr, verunreinigt zu werden. (Und da spricht man Nicht-Säugetieren ständig die Intelligenz ab! Was für eine Überheblichkeit!)

Ich bin mir nicht sicher, ob ich schon einmal Steinbutt gegessen habe, aber »gelesen« habe ich schon einen. So wie viele mit mir auf der ganzen Welt: Günter Grass' »Der Butt«, nach der »Blechtrommel« sein erfolgreichster Roman. Mit Anklängen an das Märchen »Der Fischer und seine Frau«. Der erste Satz »Ilsebill salzte nach« wurde erst vor ein paar Jahren zum schönsten ersten Satz eines deutschsprachigen Romans gekürt.

Abgesehen davon, dass ich neugierig bin, wie man dem Steinbutt kulinarisch gerecht wird, bin ich erstaunt über die Festlegung auf »Großer Steinbutt«. Heißt das, je älter der Fisch – denn die Größe hängt ja wohl vom Alter ab –, desto wohlschmeckender? Das ist eigentlich ungewöhnlich. Oder ziehe ich wieder einmal die falschen Schlüsse?

Absolut nicht. Kalb und Lamm mögen sich als kleine Säugetiere durch besonders feinen Geschmack auszeichnen. Bei Fischen ist es jedoch genau andersherum:

Die meisten Fische verfügen als schwergewichtige »Erwachsene« über eine größere Aromenfülle als Jungtiere. Für Seezunge und Steinbutt (Psetta maxima) gilt das ganz besonders. So ein Butt sollte schon sieben oder acht Kilo auf die Waage bringen. Er kann jedoch bis zu 20 Kilo schwer werden. Im Fisch-

lokal »La Duchesse Anne« im bretonischen Saint Malo gibt es Steinbutt in vielen Größen. Folgerichtig ist der »Baby-Butt«, eine Einzelportion, günstiger als ein rarer Riesenfisch für viele Esser. Das schafft dem Wirt nicht nur Freunde: »Fünfmal Baby-Butt«, blaffte ein Familienvater vor mir den Oberkellner an. »Wir sind doch nicht blöd und kaufen diesen teuren Fisch für fünf Personen!« Mit Verlaub, blöd oder nicht, den wahren Butt-Genuss habt ihr verpasst!

Steinbutt lässt man meist nach dem Fang »ausbluten«. Sein Fleisch ist dann fast weiß wie Schnee. Als ideale Zeit für seinen Genuss gelten die Monate Mai, Juni und Juli, denn, jawohl, auch Fische haben Saison.

Kostspielig war Steinbutt wohl schon immer. Grimod de la Reynière, Urvater aller Gastronomiekritiker, beschwerte sich jedenfalls zu Zeiten der Französischen Revolution, dass kein schöner Steinbutt in die Pariser Hallen geliefert wurde. Napoleon liebte den Steinbutt, und sein Leibkoch Laguipière hatte sich ein besonderes Rezept ausgedacht: Dafür wurde der Butt in zwei Zentimeter dicke Scheiben geschnitten und mit Paprika, Feldthymian und Fenchel in Milch gegart. Beim Anrichten wurden die einzelnen Butt-Streifen durch Flusskrebse getrennt, dazu servierte der Meister eine Trüffelsauce.

So kompliziert muss es nicht sein, Steinbutt schmeckt auch gegrillt – und im Ganzen, hängend gegrillt, ist er sogar herausragend –, aus dem Ofen, pochiert, gekocht, ohne weitere Zugaben oder von einer Champagnersauce umzogen.

Falls Sie ihn mal selbst bei einem guten Fischhändler aussuchen, achten Sie darauf, dass seine Unterseite fleckenlos weiß ist. Sichtbare Hämatome können durch unachtsamen Transport verursacht werden. Falls ihn der Fischhändler nicht wäscht, ist der Butt, ähnlich wie die Seezunge, von einer schlei-

migen Substanz umzogen. Ist sein Fleisch starr und hart, sind seine Kiemen richtig rot, dann wurde er erst vor kurzem aus dem Meer gezogen und ist noch wirklich frisch. Doch Achtung, die Kiemen können mit Karotin oder anderen Farbstoffen »nachgeschminkt« worden sein.

Steinbutt wird heute nicht mehr nur gefangen, sondern auch in Aquakulturen gezüchtet. Blindtests zeigten, dass gerade zwischen wild lebendem Butt und Zuchtware große Unterschiede in Sachen Geschmack, Konsistenz und Fettverteilung herrschen. Was heißt: Zuchtbutt ist oft qualitativ mäßige Ware. Leider wird man beim Einkauf selten und im Restaurant fast nie darauf hingewiesen, ob Sie gerade ein wild aufgewachsenes oder ein gezüchtetes Exemplar erstehen oder auf dem Teller haben.

Steinpilz

Neben dem Fliegenpilz, der uns schon in Bilder- und Märchenbüchern begegnet war, haben wir zwei Pilzarten schon als kleine Kinder kennengelernt: Den schon genannten Pfifferling und den rehbraunen Steinpilz, der mit seinen Poren an der Unterseite ebenfalls keine ins Unglück führende Verwechslungsgefahr bot und die Königsklasse darstellte. Mit diesen Kenntnissen sei man immer auf der sicheren, giftfreien Seite, erklärten uns die elterlichen Expeditionsleiter des Unternehmens »Schwammerlsuche«. Denn gleich nach den Kartoffelfeuern, wenn so ein ganz bestimmter Duft nach feuchten Blättern in der Luft lag – »es herbstelt!« –, marschierte die ganze Familie los, wir Kinder anfangs Seit an Seit mit den Eltern, damit wir nicht im Wald verloren gehen konnten, später dann in Sichtweite und noch später in

Rufweite. »Hast du einen guten Platz gefunden?«, wurde gerufen, wenn man eine Weile keine knackenden Zweige mehr hörte und vermuten konnte, dass einer von uns fündig geworden war. »Nein!«, schallte es immer zurück. Und immer waren es die hartnäckigsten Nein!-Rufer, die dann die Milchkannen und anderes Geschirr am vollsten hatten.

Merke: Pilzsammeln macht gierig und löst jede Familien-Solidarität auf – und Pilzessen fügt alles wieder zusammen. Die Steinpilze meiner Kindheit, ihr Geruch, ihre schöne Form – sie haben mich gelehrt, dass man das Besondere nicht zu oft haben kann. Dass es dafür aber umso glücklicher macht. Heute wissen wir meistens nicht, woher die Pilze kommen, die wir auf dem Markt erwerben. Das Essensglück von damals bestand auch aus Suchen und Finden. Steinpilze in Rahmsauce mit Semmelknödel, Steinpilzschnitzel oder -risotto. Ein armer Mensch, wer das nicht kennt!

Da werde ich jetzt richtig hungrig und möchte gleich in den Wald ziehen, zumal ich gar nicht so viel zur Pilzsuche beitragen kann. Natürlich sollten die Steinpilze (Boletus, meist Boletus edulis, der Fichtensteinpilz), die vom Juli bis Oktober auf den Märkten auftauchen, so frisch wie möglich sein. Fest müssen sie sich anfassen, auch am Fuß, denn besonders dort nisten sich gern Parasiten ein, deren Fraßlöcher mit bloßem Auge unsichtbar sind.

Die Farbe der »Röhren« auf der Unterseite des Pilzhutes kann Auskunft über das Alter geben: Junge Steinpilze, die oft über einen zarten Buttergeschmack verfügen, haben fast weiße »Röhren«, die mittelalten Exemplare, deren Steinpilzaroma bereits voll entwickelt ist, verfügen über gelbe. Sind Letztere fast grün, ist der Steinpilz sehr reif, zwar stark im Geschmack, aber nach der Zubereitung weicher, als seine jungen Artgenossen.

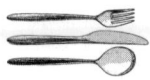
Wie alle Pilze sollte man sie nicht unter fließendem Wasser waschen, sondern lieber bürsten und gegebenenfalls mit einem feuchten Tuch abwischen.

Der Hut eines Fichtensteinpilzes kann einen Durchmesser von sechs bis 25 cm haben oder sogar größer sein, die Stiele wachsen fünf bis 15 cm hoch. Nun werden die meisten Pilze ja nicht vor unserer Haustür gesammelt, sie reisen aus der Ukraine, Rumänien und Serbien an. Schließlich übersteigt in manchen Jahren die Nachfrage das Angebot, kurzfristig kommt es manchmal zu »Steinpilz-Knappheiten«, dann gehen die Preise enorm in die Höhe. Je nach Herkunftsgebiet verlangt der Zoll eine Bescheinigung über Radioaktivitätsmessungen, denn etliche Sammelregionen liegen im Tschernobyl-Einzugsgebiet.

Inzwischen kommen auch Steinpilze aus China oder Südafrika auf Europas Märkte. Sie sind meist getrocknet, gefroren oder eingelegt. Großhändler reden darüber nicht so furchtbar gern, wohl weil der Pilzcontainer aus Fernost nicht zur Steinpilzromantik passt.

Stilton

Obwohl die europäischen Festlandkäse die englischen Sorten bei uns im Verbrauch wahrscheinlich weit überflügeln, erfuhr ich kürzlich, dass man bei uns mehr englischen Käse isst, als so mancher glauben mag: Der Käse im Big Mac beispielsweise stammt aus Cheddar, einem südwestenglischen Dorf, das durch seinen Käse zu Weltruhm kam. Dank MacDonald's entzückt er zusammen mit argentinischem Rinderhack nicht nur Kindergaumen.

Dafür wäre der blauschimmlige Stilton viel zu schade. Er stammt aus einigen der unaussprechlichen » shire«-Gemeinden, bei deren Nennung schon Evelyn Hamanns Zunge für Loriot ins Stolpern kam. Ich habe den Käse im Spanienurlaub kennengelernt, wo ihn englische Nachbarn zusammen mit Portwein als Dessert servierten: Sie bohrten eine kleine Mulde in den Käse, gossen Portwein hinein, wo man ihn zusammen mit dem Käse cremig herauslöffelte. Eine Köstlichkeit. Eine englische Freundin gibt ihn in Selleriesuppe. Seit diesen Stilton-Erlebnissen habe ich mein Vorurteil über die englische Kochkunst über Bord geworfen. Dabei bin ich sicher, dass ich in Wahrheit noch rein gar nichts über dieses Käsekunstwerk weiß. Stimmt's?

Die Hölle ist ein Ort mit britischen Köchen, deutschen Komikern, italienischen Polizisten, heißt es. Englische Küche galt jahrzehntelang allenfalls als Einleitung zu diversen Witzen. Kein Wunder, denn dem britischen Empire stand die Gulaschkanone näher als ausgeklügelte Menüs, im besten Fall galt englische Küche eher als opulent denn als fein. Doch Seefahrer, Eroberer und Entdecker brachten seit Jahrhunderten Chutneys, Pickles, Curries und andere exotische Delikatessen ins Reich, in dem die Sonne niemals unterging, und diese fremden Köstlichkeiten bereicherten Tisch und Teller.

Nun kennen Kontinentaleuropäer von britischer Küche meist höchstens den Plumpudding, Fish & Chips, Worcestersauce und ein paar Gerichte wie Steak and kidney pudding, also Steak und Nieren unter einem Teig, manchmal kurioserweise mit Austern vermischt. Oder den erwähnten Cheddar aus Fast-Food-Lokalen. Die plastikartigen Scheiben, die jeden Hamburgerklops mit Brötchenhälften verkleben, sind eine Beleidigung für jeden echten, nussig-frischen und gut zwei Jahre gereiften Cheddar, den es beim seriösen Cheesemaker gibt.

Stilton hingegen gilt als der König britischer Käse. Legenden zufolge soll er von Cooper Thornhill, dem Inhaber des »Blue Inn« in der Ortschaft Stilton, erfunden worden sein. Doch schon 1866 meldet die New York Times in ihrer Ausgabe vom 1. August Zweifel an dieser Geschichte an: »Wenn er im Jahr 1720 Käse verkauft haben will, muss er das im Alter von 15 getan haben«, liest man da. Wahrscheinlich ist der Käse weit älter, wurde er doch schon 1724 von Daniel Dafoe, dem Autor des »Robinson Crusoe«, in »Tour through the villages of England & Wales« gelobt. Das Dorf Stilton sei »berühmt für Käse«, Letzterer sei »der englische Parmesan«, was sich allenfalls auf den Ruf, nicht aber auf den Geschmack beziehen kann. Vielleicht war die Erfinderin doch Lady Beaumont, die den Käse im 17. Jahrhundert für ihre Familie gemacht haben will. Für einen acht Kilo schweren Stilton brauchte man damals wie heute etwa 78 Liter Milch. Diese wird durch Zugabe von Lab dickgelegt. Ähnlich wie beim Roquefort (siehe dort) sorgen Blauschimmelkulturen (Penicillium roqueforti) für die charakteristische Farbe.

Stilton wird ausschließlich in den Grafschaften Leicestershire, Derbyshire und Nottinghamshire hergestellt. Bereits nach sechs Wochen Reife kann er verkauft werden, dann aber ist er sauer und bröckelig. Weich, geschmeidig und würzig wird er erst mit dem Alter. Dann schmeckt er ein wenig wie der französische Fourme d'Ambert mit der typischen, ganz leicht metallischen Blauschimmelnote. Seine »Venen« aus Blauschimmel sollten sich recht gleichmäßig verteilen und bis zur Rinde reichen.

Nach alter englischer Sitte sticht man – das ist eine Art, ihn zu genießen – Löcher in den Stilton, füllt sie mit Sherry, Madeira oder Port auf und wartet rund eine Woche, bis man

die Kruste entfernt, um den mürbe gewordenen Käselaib auszulöffeln.

Gegenüber Moden, Trends oder gar Regelungen, die vom
europäischen Kontinent zu ihnen hinüberschwappen, sind die
Briten eher misstrauisch gestimmt. Egal, ob es um die Einführung des Euro, das Gebot, auf der rechten Straßenseite zu fahren oder um neue Lebensmittelbestimmungen geht: »Splendid
Isolation« heißt seit jeher eine britische Devise. Es ist wohl
auch kein Zufall, dass der Kanaltunnel erst Jahrzehnte, nachdem er technisch realisierbar war, gebaut wurde. Bei den aktuellen Stilton-Bestimmungen hat der Brüsseler Amtsschimmel jedoch kräftig in die Hufe geklatscht. So kann Stilton, der Käse,
nicht in Stilton, dem Ort, produziert werden. Der nämlich liegt
im falschen County, in Cambridgeshire. Die sechs offiziell zugelassenen Hersteller nutzen ausschließlich pasteurisierte
Milch, da liegt es nahe, auch dies zu einem Kriterium authentischen Käses erklären zu lassen.

Allein die beiden Käsemacher Joe Schneider und Randolph
Hodgson der fantastischen Londoner Käsehandlung Neal's Yard
Dairy leisten entschlossenen Widerstand gegen die Industrialisierung des Blauschimmelkäses. In Nottinghamshire, bestem
Stilton-Land, haben sie eine Käserei gegründet, die mit unpasteurisierter Rohmilch arbeitet. Schon 2006 wiesen die Kontrollbehörden Schneiders und Hodgsons Antrag ab, Rohmilch
für die Fabrikation von Stilton zuzulassen. Rund 150 schwarzweiße Rindviecher grasen friedlich auf der Weide. Käse wird
hier noch mit Lab und nicht mit industriellen Starterkulturen
angesetzt. Stichelton heißt der neue Käse, und wer das »iche« im
Namen weglässt, weiß schnell, welcher cheese hier Pate stand.

Hodgsons erklärtes Ziel ist es, »mit Stichelton den unpasteurisierten Käsen nahe zu kommen, die vor 1989 von Colston

Bassett erzeugt wurden. Sie waren sehr reich, mit buttriger Konsistenz, süß wie Sirup und von langem Abgang«. Bassett fabrizierte Stiltons, stieg aber im Jahr 1989 auf die Produktion mit pasteurisierter Milch um. Ich habe den Bassett-Käse nie genossen, muss aber sagen, dass Stichelton für mich derzeit der bessere Stilton ist.

Thunfisch (Bauchlappen)

Thunfisch kenne ich nur aus der Dose – es ist der einzige Fisch, den ich in dieser Konservierungsform schätze. Wahrscheinlich ist das unter Feinschmeckergesichtspunkten »barbarisch« – aber hier stehe ich und kann nicht anders, als es zuzugeben. Thunfisch mit fein gehackten Zwiebeln, Salz, Pfeffer und Mayonnaise ist der himmlischste aller Brotaufstriche. Er macht geradezu süchtig. Das scheint auch für meine Katzen zu gelten: Sie vergessen alle guten Sitten, wenn Thunfisch im Futterschälchen ist. Und in Katzenbüchern wird tatsächlich vor Thunfischfutter gewarnt, weil die kleinen vierbeinigen Haustiger angeblich darauf tatsächlich süchtig werden!

An Thunfisch-Steak haben wir uns bisher nur im Restaurant gewagt – es war trocken und hat mich überhaupt nicht überzeugt. Keine Ahnung, ob es am Fisch oder am Koch lag. Allerdings ist der Weg hierher nach Mitteleuropa auch weit. Das heißt, es ist nicht nur eine Geschmacks-, sondern wohl auch eine Umweltfrage. Dazu kommt, dass ich irgendwann im Fernsehen sah, wie diese armen Tiere gefangen werden. Ein Anblick, der mir lange Zeit auch den Genuss der Dosenvariante verleidet hat. Aber wir Menschen haben ja ein kurzes Gedächtnis, wenn es um unseren Vorteil geht.

Das kann ich nur drei Mal unterstreichen. Die Thunfischart »Thunnus maccoyii«, auch südlicher Blauflossen-Thunfisch genannt, ist sogar vom Aussterben bedroht. Der Thunnus thynnus ebenfalls und fast alle anderen Thunfischarten gelten als stark überfischt. Der WWF rät vom Verzehr von Gelbflossenthun, Großaugenthun, Blauflossenthun und Weißem Thun ab und empfiehlt nur Weißen Thunfisch mit dem Zusatz MSC. Das Kürzel steht für Marine Stewardship Council und bezeichnet ein Gütesiegel für »nachhaltig« gefangenen Fisch.

Am begehrtesten sind freilich Thunfische mit rotem Fleisch. Sie werden zu 80 Prozent nach Japan verkauft und als Sushi oder Sashimi angeboten. Gerade die Bauchlappen (toro) sind besonders beliebt, schon weil sie, von feinem Fett durchzogen, förmlich auf der Zunge zergehen. Und für solche Leckerbissen zahlt so mancher jeden Preis: Im Fischmarkt Tsukiji in Tokyo wurde im Januar 2011 ein 342-Kilo-Thun für 297 000 Euro verkauft.

Und inzwischen hat auch der Rest der Welt erstaunlicherweise seinen Appetit auf die rohen Fischhäppchen entdeckt. Noch vor 30 Jahren hätten die meisten Briten, Amerikaner und Deutschen rohen Fisch wahrscheinlich als eklig empfunden. Heute gieren wir danach. Der Fang geht weiter.

Frei lebender Thunfisch weist oft einen bedenklich hohen Anteil an Schwermetallen auf. Wegen der Belastung an Quecksilber und Methylquecksilber empfahl die EU-Kommission 2004 Schwangeren sogar, höchstens 100 g Thuna, Schwertfisch etc. zu sich zu nehmen!

Abhilfe gegen Überfischung und Quecksilberbelastung könnte Fisch aus Zuchten bieten. In Japan heißt er dann Kindai-Thunfisch. Seit 1948 arbeitet die Kinki-University an den Zuchtmethoden. Während früher junger Thunfisch zur Mäs-

tung gefangen wurde, was die Wildbestände weiter verringerte, werden heute schon die Eier für den Kindai in Gefangenschaft befruchtet. Mit Unterstützung der japanischen Gelehrten hat auch das australische Unternehmen »Clean Seas« Thunfisch in Gefangenschaft gezüchtet. Diese Errungenschaft wurde 2009 vom renommierten »Time-Magazine« in seine Liste der 50 besten Erfindungen aufgenommen. Im Rahmen des europäischen »Reprodott«-Programms (fur Reproduction and Domestication of Thunnus thynnus) haben Düsseldorfer Meeresbiologen 2005 Thunfischeier in vitro befruchtet. Es besteht also leise Hoffnung, in Zukunft noch Bauchlappen vom frischen Thunfisch kosten zu können, vielleicht wird er auch ökologisch verträglich sein und obendrein gut schmecken.

Nur aufgrund dieser Perspektive möchte ich erklären, dass frischer Thunfisch nicht wirklich nach Fisch, sondern nach manchmal besonders zartem Kalbfleisch schmeckt. Er kann deshalb problemlos wie ein gutes Steak mit etwas Olivenöl, Zwiebeln, Tomaten, Thymian oder Lorbeer zubereitet werden. Thunfisch oxydiert schnell, der Händler sollte Ihnen deshalb nach Möglichkeit eine frische Scheibe direkt vom Fisch herunterschneiden. Vorsicht Nepp: Skrupellose Fischhändler überziehen Thunfisch mit Kohlendioxyd, damit er länger seine rote Farbe hält. Unangenehmer Geruch und schlaffes Fleisch sind Alarmzeichen. Gerade beim Sushi sollte jeder besonders aufpassen: Roher Thunfisch kann, wenn er nicht wirklich frisch ist, schlimme Vergiftungen verursachen. Entsprechend sollte er spätestens 24 Stunden nach dem Kauf verzehrt werden.

Für mich ist der Tuna auch deswegen so faszinierend, weil er, eingedost und von Öl durchzogen, zu einem ganz anderen Produkt reift. Weißer Thunfisch (thon germon), fangfrisch in gutem Öl gelagert, gilt als Delikatesse, die sich beim Altern so-

gar noch steigert. Liebhaber lagern solche Dosen drei Jahre ein, bis das Olivenöl den Fisch richtig durchzogen hat und er zart und mürbe wird. Die besten Dosen kommen meiner Meinung nach aus Spanien: »Ventresca«, also die beliebten Bauchlappen, bieten die Firmen Olasagasti und Conservas Ondartxo an. Leichter zu erhalten dürfte der Bonito del Norte von Ortiz sein. Den gibt es in Spanien in jedem Supermarkt, der auf sich hält. Wer einmal eine solche Dose gekostet hat, wird für immer die dubiosen Büchsen mit kleinen Fischbröckchen – vielleicht noch durchsetzt mit Erbsen, Paprika und womöglich sogar in »Schlemmersaucen« schwimmend – auf alle Zeit verschmähen.

Aber auch der Genuss von Weißem Thunfisch in Dosen ist eine Gewissensfrage. Die Weißen Thunfische gelten als potenziell bedroht. Zudem zeigten DNA-Analysen von Greenpeace im November 2010, dass verschiedene, und eben auch bedrohte Thunfisch-Arten gemeinsam in Dosen gefüllt werden. Ich hoffe stark, dass meine genannten Lieblingskonservenhersteller solchen Praktiken nicht nachgeben. Versprechen kann ich es nicht.

Tintenfisch

Obwohl in der Literatur oft als unheimliche Monster und in Comics mit großen bösen Augen beschrieben und gezeichnet, finde ich, dass alle diese schmackhaften Kopffüßler schöne Tiere sind. Sie bewegen sich geradezu katzenhaft in ihrem Element. Ihre Fortbewegungsart ist genial, und ihre Tinte wirkt für Angreifer wie eine Tarnkappe. Die vermuten das mehrarmige Tier nämlich in der Tintenwolke, während der Schlauberger schon per Rückstoß über alle Wellenberge ist. Da beißt so mancher Fressfeind nicht nur ins Leere, sondern vergrößert nur

noch die dunkle Wolke. Eine Überlebensstrategie vom Feinsten. Klugheit soll man ehren, deshalb ist bei jedem Bissen eines Sepia-Gerichts Dankbarkeit für diese Gottesgabe angesagt.

In der Küche sind Sepia und Calamari einfach großartig. Allein die Nennung der Namen lässt den Süden vor meinem inneren Auge auftauchen – den Geruch nach Meer, Pinien, Kräutern und Gewürzen. Ich esse alle diese Gerichte mit strahlenden Augen, würde mich aber selbst nicht an die kulinarische Verarbeitung von Tintenfisch wagen – aus lauter Angst, die Kostbarkeit würde mir zu zähem Gummi verkommen. Schon einmal passiert. Und all die guten Tipps, wie man das vermeiden kann, klingen mir eher wie Seemannsgarn. Zum Beispiel der, einen Korken mit ins Kochwasser zu geben. Die einen sagen, es sei der gewünschte Effekt eingetreten, die anderen hatten damit nicht den geringsten Erfolg.

Das beste Tintenfisch-Risotto-nero der Welt gibt es übrigens in Venedig bei »Da Million«. Aus gutem Grund trifft man dort keinen Touristen, sondern nur Einheimische.

Und die besten Calamari ripieni habe ich im Pappacarbone in Cava de Tirreni bei Neapel gegessen. Küchenchef Rocco Iannone füllt sie, wie es sich gehört, mit Anchovis, Knoblauch, Brot, Ei und einer Spur Parmesan. Einfach köstlich! Toll war auch der Felskrake mit Tintenfischchen (Encornets), Teppichmuscheln, Weißwein und Zitronen, den ich vor Jahren bei Menton an der Côte d'Azur genossen habe.

Ganz habe ich nie verstanden, warum Tintenfisch in Restaurants, auch kleinen und bescheidenen, eine Köstlichkeit ist, handelsübliche Tintenfischringe aus dem Supermarkt jedoch in Geschmack und Konsistenz an kleine Autoreifen erinnern. Es muss wohl am Tieffrieren und/oder dem Überschreiten der Garzeit liegen.

Die Bezeichnung »Tintenfisch« ist leider ziemlich allgemein: In Meeresnähe findet jeder mindestens Krake, Sepia oder Pfeilkalmar beim Fischhändler und auf Speisekarten. Wer diese Tiere selbst zubereiten will, braucht einen guten Fischhändler, der ohne Murren Chitinbein, Tintensack, Kauwerkzeuge, Innereien und bei größeren Exemplaren den Kopf entfernt. Ihr Fleisch sollte fest sein, Tentakel müssen beim Anfassen noch einen gewissen Widerstand bieten. Sepia ist immer weiß, niemals violett.

Besonders begehrt sind kleine Kalmare, im Baskenland »chipirons« genannt. Sie schmecken zart und fein, besonders wenn man sie mit Knoblauch und Petersilie in gutem Olivenöl sautiert. Es ist wirklich erstaunlich, wie viel Wohlgeschmack so ein Tintenfischchen, richtig zubereitet, entfalten kann. Denn falsch gegart ist er nur fad.

Tomaten
(echte Strauchtomaten)

Obwohl die »legendären« Holland-Tomaten, die ohne Erde in Nährlösung vor sich hinvegetieren, längst »vom Tisch« sind – hoffe ich zumindest –, muss man wirklich viel Glück haben, wenn man irgendwo außerhalb von Märkten heutzutage wohlschmeckende Tomaten erwischt. Daran hat sich auch nichts geändert, seit besonders schlaue Anbieter die roten »Paradeiser« an Stängeln mit vertrocknetem Blattwerk präsentieren. Als würde das geschmacklich irgendetwas beweisen! Deshalb bin ich dazu übergegangen, Tomatenkerne zu sammeln, sobald ich einmal eine Sorte ergattere, die noch den typischen

Tomatengeschmack aufweist. Ich ziehe die Pflänzchen der verschiedensten Sorten dann auf der Fensterbank und habe sie täglich erwartungsvoll im Auge. Wenn sie so weit gediehen sind, dass man die ersten Blattverzweigungen erkennen kann, streiche ich ganz leicht mit der Hand über die Winzlinge – der Duft, den sie dabei auf der Haut hinterlassen, weist sie schon als »ganz groß« aus. »Manufactum« hat einmal alte, vergessene Sorten angeboten – sie sind alle aufgegangen und schmeckten deliziös.

Tomaten sind ein wundervolles, großartiges Gemüse. Allein dafür sollte man Kolumbus ein Denkmal setzen! Auf die »echten Strauchtomaten« und ihre Geschichte bin ich jetzt wirklich gespannt. Wenn ich sie doch nur jetzt gleich vor mir auf dem Teller hätte!

Diese Art Zucht zu Hause sollte ich auch probieren. Jedes Mal, wenn ich richtig gute Tomaten genießen konnte, gab es sie ein bis zwei Mal. Dann ließ der Geschmack nach. Früher schmeckten die Kirschtomaten nach Tomaten, heute nicht mehr unbedingt. Ebenso war es mit den Strauchtomaten. Etliche alte Sorten kamen in den letzten zehn Jahren als »wilde Tomaten« auf den Markt und wurden oft von besonders engagierten Kleinbauern angebaut. Sorten, die sich gut verkauften, wurden dann von größeren Betrieben »aufgegriffen« – mit dem Resultat, dass sie wieder nicht schmeckten. Ein Abrüstungswettlauf in Sachen guter Geschmack: Biobauern machen eine Sorte populär, die Tomatenindustrie greift sie auf, der Geschmack bleibt auf der Strecke. Ich hoffe sehr, dass ich mich mit dieser Analyse täusche.

Wenn ich lese, dass in Europa das Tomatenaroma durch Messungen des Zucker- und Säuregehalts sowie Geschmackstests ausgebildeter Tomatentester ermittelt wird, muss ich laut lachen. Haben die eigentlich Tomaten auf der Zunge? Noch

dazu behauptet die Tomatenindustrie, dass unsere heutigen »Paradeiser« besser schmecken und intensivere Farben aufweisen würden. Der »bessere Geschmack« könnte daraus resultieren, dass heute nur wenige Menschen echten Tomatengeschmack erkennen – es gibt ihn ja kaum noch. Besonders die Sache mit der Farbe zeigt ein Kernproblem der modernen Nahrungsmittelwelt. Wir achten zu sehr darauf, wie etwas ausschaut, und nicht genug darauf, wie etwas schmeckt. »Das Auge isst mit«, sagte Großmutter, während sie ein Schnitzelchen mit etwas grüner Petersilie dekorierte. Aber wenn Lebensmittel nur noch für das Auge konzipiert werden, dann braucht sich niemand mehr über Klebefleisch, Analog-Käse und fades Obst oder Gemüse wundern. Es sieht ja alles sooo toll aus. Ich glaube auch nicht, dass die Tomaten auf Steinwolle nicht mehr existieren. Vielleicht sind sie nur aus den Schlagzeilen verschwunden.

Richtig gute Tomaten habe ich selten auf dem Markt bekommen und noch seltener in guten Restaurants, selbst wenn sie über einen eigenen Garten verfügten. Einmal bekam ich einen Salat aus zwölf verschiedenen Sorten vorgesetzt, die alle vor meinem Haus wuchsen und zur Erntezeit unter permanenter Beobachtung standen, damit sie wirklich zum optimalen Reifezeitpunkt in der Küche landeten. Da gab es die etwas süßliche »Berner Rose«, die fleischige »Rinderherz-Tomate«, die feste, rote »Matador«, die gelbe, leicht säuerliche »banana leg« und die stachelige »Litchitomate«. Dazu kam die Sorte »Morelle de Balbis«, deren Strunk über so viele Stacheln verfügt, dass der Koch sie mit soliden Arbeitshandschuhen ernten musste. Ich werde diesen Tomatensalat nie vergessen. Schließlich werde ich ihn in diesem Leben wahrscheinlich kein zweites Mal genießen können. Aufgetischt wurde er in der sonnigen Pro-

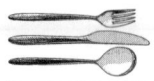
vence, stilecht auf einer Sommerterrasse. Fast jedes Gericht mit Tomaten, das nicht zur Gattung der »Pizze« zählt, wird ja gern als »provenzalische Art« betitelt. Das war nicht immer so, denn natürlich sind die Paradeiser Einwanderer aus Mittel- und Südamerika. Professor Barbara Santich von der University of Adelaide, Australien, hat die Mühe auf sich genommen, das älteste Tomatenrezept Frankreichs zu suchen. Momentan ist der Rekordhalter die »Conserve de tomates« von 1795, nieder-geschrieben von einer Pauline Barjavel aus Carpentras, also aus der Provence! Tomaten abwischen, aber nicht waschen, mit der Hand zerdrücken, in einen Topf geben und einen Tag köcheln lassen. Doch zuerst würzen. Durch ein feines Sieb streichen, Zimt und Gewürznelken hinzufügen und alles einkochen las-sen, bis die Tomaten eine marmeladige Konsistenz annehmen. Keinerlei Flüssigkeit darf in der dicken Paste sichtbar sein. Am nächsten Tag wird die Tomatenpaste nochmals eingekocht und dann in kleinen Gläsern aufbewahrt. Eine Schicht Olivenöl oder geschmolzenes Fett »verschließt« die »Conserve de toma-te«. »Ein kleiner Teelöffel reicht, gut verdünnt, für ein Ragout«, erklärt die Autorin.

Weltrekordhalter ist Pauline mit ihren Tomatenkonserven freilich nicht. Vincenzo Corrado, ein italienischer Autor, wid-met in »Il cuoco galante« von 1786 den Tomaten ein eigenes Kapitel. »Dei Pomodori« stellt 13 Rezepte gefüllter Tomaten vor. Tomatensauce wird zu Huhn, Kalbskopf, Eiern, Forelle, Stör und anderen Speisen gereicht.

Die Rezeptsammlung der Amerikanerin Harriott Pinckney Horry von 1770 erwähnt eine ganz ähnliche Art wie Barjavel, Tomaten zu konservieren. Statt Zimt und Gewürznelken wer-den Pfeffer und Salz verwendet.

»Nuevo Arte de cocina« von Juan Altamiros (1767) stellt

Tomaten als Alternative zu Orangen- oder Zitronensaft vor. Die säuernde Wirkung fehlt den weitaus meisten heutigen Paradeisern aus den Supermärkten ebenso wie der pralle Wohlgeschmack. Schade.

Topinambur

Um sie habe ich bisher immer einen großen Bogen gemacht. Süßkartoffeln geben mir das falsche Signal. Eine Kartoffel hat nicht süß zu sein – man stelle sich nur süße Bratkartoffeln vor! Und seit ich weiß, dass man Topinambur in der Homöopathie als Appetithemmer und Mittel zur Gewichtsreduzierung einsetzt, sehe ich mich in meinem Vorurteil bestätigt. Daran ändert auch nichts, dass man im Badischen Schnaps aus der Süßkartoffel brennt, den man dort wohl »Rossler« nennt, weil die Knolle in Süddeutschland ansonsten als Pferdefutter eingesetzt wird.

Mein Mann kommt aus Baden. Dort kennt man sich mit der Knolle aus. Er erzählte mir, dass auch die Süßkartoffel ursprünglich aus Nordamerika kam, wo sie eine indianische Gemüsepflanze war: Angeblich half sie Auswanderern in Kanada, eine Hungersnot zu überstehen, worauf diese ein paar Knollen zurück in die europäische Heimat schickten, um das Wunder des Überlebens zu dokumentieren. So kam die Verwandte der Sonnenblume auch nach Paris, wo man ihr prompt einen falschen indianischen Namen gab; dort waren nämlich gerade brasilianische Ureinwohner zu Gast, die Topinambur allerdings gar nicht kannten. So kann es gehen. Gärtner sind auf Topinambur übrigens gar nicht gut zu sprechen: Die Pflanze wuchert wild wie Unkraut und nimmt im Nu allen anderen Pflanzen das Licht.

Was habe ich bisher an Gaumengenüssen in Bezug auf Topinambur versäumt? Vielleicht liegt es an falschen Informationen oder am Mangel an den richtigen Rezepten?

Ich denke, da kommt ein gewisser Mangel an Motivation hinzu, Topinambur einfach mal zu probieren. Die Knolle hat ja fast überall einen miesen Ruf. In Frankreich kennt die ältere Generation dieses Gemüse der Gattung Helianthus tuberosus als letzte Station vor dem Hungertod, etwa zu Kriegszeiten. Das passt zu den »Rosslern«. Nun ist die Topinambur-Wurzel ja keine Kartoffel. Vielmehr hat der ergiebigere Erdapfel sie im Laufe der Zeit von unseren Speiseplänen verdrängt. Im Englischen heißt die Knolle auch »Jerusalem-Artischocke«. Mit Jerusalem hat sie nichts zu tun, das Wort entstand durch eine Verballhornung des italienischen »Girasole« für Sonnenblumen. Schließlich sehen die Blüten der Pflanze dieser recht ähnlich. Aber zur Artischocke gibt es einen Bezug: Topinambur schmeckt »süßlich-artischockig« und ist kulinarisch äußerst vielfältig einzusetzen, ob roh, gebraten, frittiert oder gekocht. Tatsächlich kann sich jeder mit Gewinn von einigen der besseren Artischocken-Rezepte inspirieren lassen: Der große französische Koch Alain Dutournier hat einen »Kuchen« aus Topinambur und Entenleber, Schicht um Schicht aufeinandergestapelt, kreiert. Eine Topinamburcreme passt als leichte »Erdnote« z. B. zu Seeigeln mit ihrem kräftigen Jodgeschmack. Topinambur-Suppe verträgt sich bestens mit Schinkenbrühe. Pürierte Topinambur kommt von der Intensität des Aromas her weder Jakobsmuscheln noch schwarzen Trüffeln in die Quere. Das alles gehört mehr in den Bereich der großen Küche, doch man kann die vielfältige Knolle auch als vegetarisches Gericht mit Kastanien und Steinpilzen gratinieren oder mit gewürfelten weißen

Rüben, Pastinaken und Kohlrüben als »Pfanne der verschmäh-
ten Gemüse« servieren. Letztere ist übrigens für gute Würzung
durch frischen Pfeffer oder ein wenig Curry dankbar. Klingt
das jetzt nicht schon besser?

Totentrompete

Er gehörte – zusammen mit dem Fliegenpilz – zu den Pilzen, an denen Mutter uns Kindern beibrachte, dass man sie nicht zertritt oder
anderweitig zerstört, nur weil man sie nicht sammeln will. Schon der
Name war nicht gerade angenehm und das graumäusige Aussehen
des seltsam geformten Pilzes tat ein Übriges, um ihn nicht zu mögen.
Und ihn falsch einzuschätzen, wie ich heute weiß.

Noch immer will der Mensch vom Tod nichts hören, weshalb die
Totentrompete im Handel inzwischen als »Herbstrompete« firmiert.
Denn der Pilz ist inzwischen im wahrsten Sinne entdeckt worden. Er
zählt zu den würzigsten aller heimischen Pilze, und sein ausgeprägtes, unverwechselbares Eigenaroma hat ihn in getrockneter Form zu
einem Saucen-Würz-Liebling gemacht. Leider gibt es noch immer viel
zu wenig Rezepte, die direkt auf diesen Aromakönig zugeschnitten
sind. Wobei sich das Experimentieren lohnt – wenn man Pfifferlingre-
zepte auf diesen unscheinbaren Gräuling in frisch gepflückter Form
überträgt, liegt man angeblich nicht verkehrt. Oder ist das nur Pilz-
sammler-Latein?

Die Totentrompete ist ein klares Opfer von Namens-Rassis-
mus. Und der geht so weit, dass dieser wirklich leckere Pilz in
manchen Lebensmittel-Lexika gar nicht vorkommt! Jeder, der
mit Lebensmitteln handelt, sei es der Verkäufer am Markt oder

der Koch, bietet uns Wohlklingendes und Schönes. Nur über Aroma wird nicht geredet. Angeblich kommt der Name der Totentrompete von ihrer Saison: August bis November, also Allerheiligen! Und beim November mit all seinen tristen Feiertagen denkt mancher halt an Tod und Vergänglichkeit. Mir persönlich scheint, dass auch die Farbe des Pilzes bei der Namensgebung eine Rolle gespielt haben könnte: Er ist von seidigem Grauschwarz und sieht tatsächlich wie eine Trompete aus – weshalb man ihn sorgfältig von beiden Seiten reinigen muss. Totentrompeten lassen sich ausgesprochen gut trocknen, sehen dann aber nochmals dunkler, schrumpeliger und trister aus.

Das Namensproblem scheint es fast überall dort zu geben, wo Totentrompeten gedeihen: Auf Italienisch heißt der Pilz jedenfalls »trombetta dei morti«, auf Französisch »trompette de la mort«, auf Englisch »trumpet of death«. Alle Nationen haben mit der Zeit versucht, dem Pilz einen neuen Namen zu geben. Engländer und Franzosen entschieden sich für »Füllhorn« als Synonym, frei nach seiner lateinischen Bezeichnung »Craterellus cornucopioides«.

Andere Versuche landen bei »Liebestrompeten« und »schwarze Trompeten.« Briten nennen ihn auch »black chanterelle«, schwarzer Pfifferling, was uns zu den Rezepten bringt. Richtig ersetzen kann die Totentrompete den Pfifferling nicht. Sie ist halt eine andere Sorte, mit eigenem Geschmack, der von »erdig« bis leicht süßlich reichen kann und doch stets fein und mild bleibt. Dennoch können klassische Pfifferlingsrezepte problemlos auch mit diesem »Trauerfall aus dem Wald« probiert werden. Pilzomelettes etwa oder Pilzfrikassees oder Saucen zu weißem Fleisch oder Wild. Es soll Leute geben, die sich trotzdem durch die Farbe gestört fühlen. Denen sage ich nochmals: »Guckt nicht nur, sondern schmeckt lieber mal!«

Trüffel (schwarze Trüffel)

Lange war ich der Meinung, schwarze Trüffel seien minderwertiger als
weiße. Wahrscheinlich kam das daher, weil es Leberstreichwurst mit
schwarzen Trüffelstückchen gibt und ich mir nicht vorstellen konnte,
dass etwas so Kostbares in so etwas Banalem wie Leberwurst verarbeitet wird. Aber wahrscheinlich sind das gar keine Trüffel, sondern irgendetwas Dunkles, das mal kurz durch Trüffelöl gezogen wurde. Inzwischen gibt es Trüffelkäse und Trüffelsalami. So viel echte Trüffel gibt
die Erde doch gar nicht her, oder? Gehe ich recht in der Annahme,
dass dabei überall mit Trüffelöl gearbeitet wird? Dessen Aroma künstlich, also chemisch hergestellt wird? Womit es automatisch nicht in
unsere Küche käme. Von E-Nummern haben wir die Nase gründlich
voll. Aufklärung in der Trüffelsache ist also dringend nötig. Bitte.

Trüffelkäse, -salamis oder getrüffelte Leberwurst würde ich nur
kaufen, wenn mir der Prozentanteil der teuren Knollen und die
genaue Sorte verraten werden. Echte schwarze Wintertrüffel
heißen Tuber melanosporum und werden oft Périgord-Trüffel
genannt, auch wenn die meisten das Périgord nicht mal auf
dem Rücken eines Lastwagens gesehen haben. Ein Kilo kostet
ab 1200 Euro aufwärts. Die schwarze China-Trüffel namens
Tuber indicum ist tiefgefroren bei einigen Großhändlern schon
für 20 Euro je kg zu haben. Sie sieht aus wie eine Trüffel, fasst
sich an wie eine Trüffel, doch leider ist sie extrem geschmacks-
arm. Nur ein Biologe kann anhand der Form der Sporen bestimmen, ob er eine China-Knolle oder eine echte Tuber melanosporum unter dem Mikroskop hat. Aromatisiert wird mit
Trüffelöl. Und das darf man sich nicht so vorstellen, dass hier
echte Trüffeln in Olivenöl eingelegt werden, damit sie Aroma
abgeben. Basis des Trüffelaromas ist Bis(methylthio)methan

oder 2,4-Dithiapentan aus der Chemiefabrik. Es ist erstens eine Schande und zweitens Betrug am Verbraucher, dass diese Substanz unter der Bezeichnung »Trüffel« verkauft werden kann. Bis(methylthio)methan steht am Anfang einer riesigen Nepp-Kette. Es aromatisiert Öl, was wiederum billigen China- oder Sommertrüffeln und – in Extremfällen – schwarz gefärbten Kartoffelstücken Aroma einhaucht. Das Resultat wird auch in den »besten« Restaurants verkauft. Die angeblich ja wiederum »weltbesten« Avantgardeköche aus Spanien servieren dieses Zeug zusammen mit etwas Brühe und etwas E 418 als »Trüffelspaghetti«. Ja, manche nennen es Avantgarde, Realisten hingegen »Betrug am Gast«. Wer jetzt meint, ich übertreibe, der sollte sich vor Augen führen, dass nach Schätzungen der Import an China-Trüffel nach Europa etwa der Gesamternte an Tuber melanosporum entspricht. Jetzt zeigen Sie mir doch ein paar Restaurants, die solche Tuber indicum korrekt auf der Speisekarte auszeichnen. Sie kennen keines? Das trifft sich gut, ich nämlich auch nicht. Meist mixt der Wirt ein paar echte Trüffel mit einer großen Menge China-Ware und würzt mit Trüffelöl.

Ich verstehe ja, dass staatliche Kontrolleure ihre Energien auf Dioxin-Schweine und ebensolche Eier konzentrieren und sich für die Trüffel niemand zuständig fühlt. Sie ist ja nur für die »Reichen« und die »Feinschmecker«. Andererseits können Nepper angesichts strammer Trüffelpreise relativ risikolos denselben Profit wie mit Legionen von Dioxineiern einstreichen. (Ja, liebe Betrüger, die Massen zu vergiften ist ein Risiko. Trüffeln zu fälschen oder Zusatzstoffbällchen als »Kaviar« zu bezeichnen ist ein Kavaliersdelikt. Falls Sie ein Koch sein sollten, werden einige Kritiker sie für diese »magistrale Provokation« noch bewundern!)

Und ist der Trüffelnepp wirklich nur ein Problem der »Reichen«? Wer hat sich noch nie mit ein paar Trüffelträumen zum Kauf einer »getrüffelten« Leberwurst überreden lassen und den entsprechenden Preis bezahlt? Ich befürchte, dass auch noch China-Trüffel zu teuer für das verwurstende Gewerbe sind, und nehme an, dass dort ein Mix aus Trockenpilzen mit minimalem Anteil Tuber indicum verwendet wird. Doch natürlich gibt es noch echte Trüffel der Gattung Tuber melanosporum, wenn man bereit ist, für Qualität zu bezahlen.

Ich hatte das Glück, dank des Großhändlers Jacques Pebeyre aus Cahors, Frankreich, und des leider früh verstorbenen Hoteliers André Chabert aus Rochegude einiges darüber lernen zu dürfen. Chabert war ein Bonvivant mit Intellektuellenbrille und stirnwärts gezwirbelten Schnurrbart und kannte sämtliche Mitglieder der Trüffelbranche der Provence beim Vornamen. Der Provence und nicht des Périgord, denn die weitaus meisten französischen Trüffel stammen aus dem Tricastin. Und das liegt nun mal im Norden der Provence.

Außerdem war Chabert gern gesehener Gast bei der »Trüffelmesse« in der Kirche von Richerenches, bei der anstelle von 10-Francs-Stücken schwarze Diamanten in den Klingelbeutel wandern, die anschließend zum Wohle der Gemeinde versteigert werden.

Bevor ich ihn kennenlernte, kannte ich gerade mal den Unterschied zwischen schwarzen und weißen Trüffeln in der Küche. Der schwarze Melanosporum darf, ja muss zuweilen gegart werden, er ist unverzichtbarer Bestandteil der klassischen französischen Küche, etwa des Gerichts mit dem kuriosen Namen Poularde in Halbtrauer: dem Tier werden schwarze Trüffelscheiben unter die Haut gesteckt. In unserer politisch korrekten Zeit hätten findige Küchenchefs das Gericht längst

in »Geflügel in Dreiviertelfreude« umbenannt. Damals jedoch regten die schwarz schimmernden Trüffelscheiben unter der weißen Geflügelhaut die Fantasie der Menschen an.

Einmal zog ich mit Chabert, einem Trüffelbauern und dessen Hunden los. Den Namen des Bauern habe ich vergessen, die Hunde jedoch hießen »Bernie« und »Picceli«. Der erste war eine zottelige Promenadenmischung, der zweite ein schwarz-weiß geflecktes Energiebündel ebenfalls undefinierbarer Rasse. »Und die Trüffelschweine?«, fragte ein weiterer Gast.

»Kaum ein Profi geht mit einem Schwein auf die Jagd«, antwortete Chabert. »Sie müssen, anders als Hunde, für die Suche zwar nicht abgerichtet werden, sind aber nur schwer in einem PKW zu transportieren und haben selbst einen wahren Mordsappetit auf die teuren Knollen. Und einer drei Zentner schweren Sau sollte man den Weg zu einem Leckerbissen besser nicht verstellen.«

Inzwischen war Picceli schon auf heißer Fährte: Sein erster Fund trug rot-grüne Schottenkaros und bestand aus bestem Zwirn. Die Hose eines Schweizers Kochs wurde treffsicher in Hosentaschenhöhe durchgebissen. »Da habe ich gestern auf dem Markt noch Trüffeln reingesteckt«, stöhnte das Opfer. Hose kaputt, keine Trüffel, keine Belohnung für Picceli. Der Hund verstand die Welt nicht mehr. Kollege Bernie schlug inzwischen an einer Eiche an. Mit einer Eisenstange gruben wir die Trüffel aus. Ein Schmuckstück: Kugelrund, schwarz wie die Nacht, ein wenig nach frischer Erde, Pilzen und Nüssen riechend. Bernie bekam zur Belohnung geriebenen Gruyère, Picceli war jetzt erst recht sauer und ging wieder auf die eidgenössische Hose los. Zwei Stunden später hatte Bernie die vierte Trüffel gefunden, Picceli blieb auf das Hosenbein fixiert, und der Trüffelwald war fast durchlaufen. Unseren Fund gab Chabert in der Küche ab,

schnell wurden ein paar Trüffeltoasts aufgetischt. Und zwischen weich gekochtem Ei mit Trüffeln, offenen Trüffelravioli mit Artischocken und Trüffelcrème, Taube und Foie gras mit Trüffeln gab es Warenkunde. »Auf dem Markt gab es auch günstige Trüffel, so um 200 Euro das Kilo«, sagte ein Franzose. »Bürsten und reinigen Sie die erst mal: Mal werden geschmacksfreie China-Trüffel mit etwas Trüffelöl zum vollen Aroma aufgepeppt, mal füllen Sammler Löcher in Trüffeln zur Erhöhung des Gewichts mit einem Kieselstein. Wieder andere halten eine Handvoll Trüffelstücke durch Holzsplitter zusammen und tarnen ihr ›Bauwerk‹ mit etwas Erde«, erläuterte Chabert.

Großhändler Pebeyre erklärte mir, woher die Trüffel in Wahrheit stammen: »Vor dem Ersten Weltkrieg wurden in Frankreich noch um die 1000 Tonnen Périgord-Trüffel pro Jahr gefunden, heute sind es gerade noch 25–60 Tonnen. Deshalb müssen wir oft in Spanien, wo Europas größte Trüffelfarm steht, nachkaufen.« Auch wenn er selbst Trüffel in Dosen verkaufte, ging er hart mit dieser Ware ins Gericht: »Selbst echte Trüffeln sind ihren hohen Preis selten wert, wenn sie aus der Dose kommen: Sie werden etwa drei Stunden lang in 112° heißem Wasser sterilisiert und verlieren dabei nicht nur 25 Prozent ihres Gewichts, sondern mindestens ebenso viel Aroma.« Noch härter ging er mit den getrüffelten Würsten ins Gericht: »Die meisten Hersteller trüffeln höchstens zu drei Prozent – falls überhaupt echte Trüffel in die Wurst wandern«, erklärte Pebeyre. »Um die teure Zutat richtig schmecken zu können, braucht man mindestens acht Prozent.« Später hat er selbst von Freunden getrüffelte Foie gras und Würste herstellen lassen. Die gegrillte Wurst mit den tollen Knollen ließ er im Edelrestaurant Maxim's servieren. »Der Maître d'Hôtel wäre fast in Ohnmacht gefallen.«

Liebhabern der schwarzen Diamanten aus dem Périgord

empfahl der Fachmann deshalb, »in den Genuss von schwarzen Trüffeln nur dann zu investieren, wenn sie am besten schmecken: von Januar bis März. Dann sind sie auch günstiger als zu Anfang der Saison.«

Köche, die noch im April mit einem Trüffelsalat locken, müssen trotzdem keine Betrüger sein: Ein paar Wochen lang kann man die wertvolle Ware vakuumverpackt in der Tiefkühltruhe ruhen lassen. Dann aber war früher definitiv Schluss mit dem Genuss. Inzwischen kommen frische Wintertrüffel auch im Sommer zu uns, mit dem Flugzeug aus Südaustralien. Experten wie Dr. Nicholas Malajczuk von Treetec Consulting haben gezeigt, dass »Trüffel Farming« dort funktioniert. »Der Erfolg könnte größer sein«, sagt Malajczuk »Zwar sind über 500 Hektar mit Trüffelbäumen, vor allem Eichen bepflanzt. Doch 80 Prozent unserer Produktion stammt von den 20 Hektar der Hazel Hill Farm in Manjimup.«

Für den Trüffelanbau hat der gebürtige Aschaffenburger die Klima- und Wetterdaten Australiens mit dem Périgord verglichen. »Der Erfolg des australischen Weinbaus beruht auf ähnlichen Arbeiten. Auch hier haben wir den Vergleich mit französischen Weinbauregionen gesucht.« Tuber melanosporum liebt kalte, feuchte Winter und heiße Sommer, dazu gelegentliche Schauer«, erklärt Malajczuk. Außerdem wichtig: Unter älteren, zu dicht belaubten Eichen wachsen keine Trüffel mehr. Das ideale Trüffelgelände besteht aus einer Mischung aus jungen und alten Bäumen. Eine Erfolgsgarantie gibt es trotzdem nicht, die Knollen verweigern sich beständig der systematischen Vermehrung. In Nordamerika und Israel blieben die ganz großen Zuchterfolge bis jetzt aus.

»In Hazel Hill konnten wir dieses Jahr 900 kg ernten. Dafür haben wir auch mit Bewässerungsanlagen und Düngung gear-

beitet«, sagt Maljczuk und gibt zu: »Sinn und Zweck des Trüffelanbaus in der südlichen Hemisphäre ist die Trüffelversorgung der nördlichen Hemisphäre. Durch die Nachfrage auch außerhalb der Saison erwarten wir Kilopreise zwischen 1200 und 3000 $.«Geht es nach Malajczuk, wird Australien zum zuverlässigsten Produzent von Tuber melanoporum werden. Fragt sich nur, ob Europas Genießer mitten im Sommer demnächst nach Wintertrüffeln verlangen.

Trüffel (weiße Trüffel)

Als ich das erste Mal von einem Kellner Trüffel über den Teller mit warmen Rahmnudeln gehobelt bekam, signalisierte mir meine Nase, dass ich jetzt im Himmel sei. Der Geruch frischer Trüffel ist unbeschreiblich, unvergleichlich. Wenn irgendetwas Essbares je die Bezeichnung »Götterspeise« verdient hat – der glibberige Wabbelpudding tut das ganz bestimmt nicht –, dann die weiße Trüffel. Als ich meinen Liebsten zum ersten Mal zu mir nach Hause einlud, wollte ich ihm genau diese Köstlichkeit servieren. Allerdings hatte ich vergessen, dass der sündteure kleine Pilz seinen Duft nur dann entfalten kann, wenn man ihn hauchfein hobelt. Leider war keines meiner Küchengeräte dazu in der Lage. Also grübelten wir über eine Alternative – und kamen auf die Rasierklingen in meinem Nähkasten. Eine Sisyphusarbeit, die sich am Ende aber doch gelohnt hat. Nun war klar, was das nächste Geburtstagsgeschenk sein würde: ein Trüffelhobel. Und da ruht er nun seit Jahren in der Schublade. Vergoldet, in seinem edlen Samtsäckchen. Im Preis dem der Trüffel angemessen. Gut, dass wir darüber reden – wir sollten das edle Gerät dringend mal wieder seiner himmlischen Bestimmung zuführen.

Ja, der Hobel. Unerlässlich ist er für den Genuss der – vermeintlich italienischen – Tartufi. Sie sind stets roh zu genießen, denn Kochen oder Garen lässt die Trüffel »schmelzen« und den Duft verfliegen. Eigentlich werden weiße Trüffel in der Küche eingesetzt wie ein seltenes Gewürz: Schon 10–16 Gramm reichen, um einen Teller Nudeln oder selbst ein Spiegelei in ein Feuerwerk für den Gaumen zu verwandeln. Der sagenhafte Duft der kostbaren Knolle entzieht sich schon bei derart geringen Mengen jeder Beschreibung. Alain Ducasse, Spitzenkoch aus Monaco und einer der größten Aufkäufer von Alba-Trüffeln, charakterisiert die teure Ware mit der Formel: »Ein guter Tartufo riecht wie Knoblauch und alter Parmesan.«

Die besten Tartufi kommen meist ab Mitte Oktober auf den Markt, wenn die Trüffeljäger in den Abendstunden zusammen mit ihrem Hund durch die Hügel des Piemont streifen. Ganz erfahrene Sucher meinen, ergiebige Jagdgründe ohne tierische Hilfe an der Farbe der Erde erkennen zu können. Oder an Fliegen der Gattung Helomyza tuberivora, die ihrerseits auf Trüffel aus sind, um in ihnen ihre Eier abzulegen. Doch letztendlich entscheidet der Hund allein, wo genau Herrchen die Objekte der Begierde ausgraben muss.

Ist der Tartufo sehr fest, cremig-weiß, duftig und mit glatter Haut, kann der nächste Markttag in Alba nur erfolgreich werden. Noch besser ist es, wenn der Trüffel überdurchschnittlich groß ausfällt. Kleine Tartufi schmecken zwar nicht schlechter, sind aber häufiger und deshalb etwas billiger. Die raren großen Exemplare werden von Köchen wie Ducasse schlicht »Sammlerstücke« genannt und den Kunden stolz im Bastkorb präsentiert. Ganz viele der teuren Knollen in Europas besten Restaurants kommen übrigens von einem Münchener Anbieter: La Bilancia heißt er. Die Köche vertrauen Groß-

händler Stephan Burger, weil er seit über 20 Jahren rigoros sortiert.

Den Einkauf beim seriösen Händler empfehle ich bei der Investition in Trüffel ganz dringend, denn wer das Odeur des echten Tuber magnatum genießen möchte, darf sich beim Einkauf nicht täuschen lassen. Trüffel ist nicht gleich Trüffel, alle anderen Sorten sind günstiger als der weiße Diamant.

Echte weiße Trüffeln kommen zum Beispiel aus Kroatien oder Serbien. In Kroatien ist dieser Handel gut organisiert, die Familie Zigante bietet die teuren Knollen nicht nur an, sondern betreibt auch Trüffel-Restaurants. In Serbien bringen Jäger die tollen Knollen von Ausflügen mit nach Hause. Es gibt einen Langstreckenbus Belgrad-Paris, dessen Fahrer mir mal ein paar Trüffel aus Serbien mitgebracht hat. Gut sortiert sind auch diese weißen Trüffel – keinesfalls minderwertig. Sie können aber bis zu vier Mal günstiger sein, als die italienische Ware. Von daher ist die Versuchung groß, sie umzuetikettieren. Oder haben Sie schon mal ein Lokal gesehen, dass Balkan-Trüffel anbietet? Wann wir wohl bereit sind, solche Vorurteile zu revidieren?

Doch es gibt Schlimmeres: Gerade weil die weiße Trüffelsorte Magnatum Pico so stark duftend ist, werden zweifelhafte Importe aus dem Iran oder China zusammen mit dieser Piemont-Trüffel in einen Korb gepackt, um deren Aroma anzunehmen. Ganz skrupellose Anbieter versuchen gern, den außen schwarzen und innen fast weißen Tuber aestivum als weiße Trüffel anzubieten. Wegen der schwarzen Haut können Betrüger solche Trüffel nicht im Ganzen präsentieren. Der Duft-Test von gehobelter Ware hilft dagegen nicht immer weiter: Mit einem Spritzer Trüffelöl kann man jedem faden Aestivum Aroma einhauchen.

Umeboshi

Saure, eingelegte Aprikosen? Sie heißen Ume, kommen aus Japan, und diejenigen, die mir zum ersten Mal davon erzählt haben, konnten sich nicht entscheiden, ob es sich um Pflaumen, Aprikosen oder Ringlotten handelt. Die Umebäume treiben angeblich schon bei Winterende aus und blühen bereits lange vor dem berühmten japanischen Kirschblütenfest – parallel zur Marillenblüte in der Wachau, nur eben auf der anderen Seite der Erde. Dann aber geht die Umefrucht einen ganz anderen Weg als die Kirschen und die Marillen. Stimmt es, dass sie so ähnlich wie Sauerkraut behandelt wird? Als Kompott, also eingelegt, heißt das ganze Umeboshi und spielt eine zentrale Rolle in jedem japanischen Haushalt, zählt angeblich sogar zu Japans »Kulturgut«.

Mir ist sowohl die Frucht wie auch deren Kompottvariante völlig fremd, ich habe sie noch nie gegessen und kann mir überhaupt nichts darunter vorstellen.

Also, ich denke da an ein paar britische Pickles-Rezepte. So ein Umeboshi schmeckt schon beim ersten Biss verblüffend, denn es funkelt erstmal freundlich rot und entpuppt sich dann als sehr sauer und wirklich sehr salzig. Wohl deshalb wird es gern auf Reis serviert.

Ja, Feinschmeckerei ist manchmal auch, wenn man trotzdem hineinbeißt. Wie bei so manchen »Delikatessen« habe ich mich erst einmal geschüttelt, mich anschließend daran gewöhnt und es schließlich gemocht.

Für Umeboshi werden *ume*, die Früchte des Prunus mume, die manchmal japanische Aprikose und dann wieder chinesische Pflaume heißen, grün geerntet. Die unreifen Früchte werden gereinigt und mit Salz im Holzbottich aufgeschichtet. Die zwölf bis 25 Prozent Salzgehalt entziehen den Früchten das

Wasser. Ein schwerer Deckel sorgt dafür, dass weitere Flüssigkeit entweicht, während Milchsäuregärung einsetzt.

Ein bis zwei Monate gären die »Pflaumikosen«, dann werden sie vier bis sieben Tage in der freien Natur getrocknet. Jetzt sind sie fast weiß und können als Shiroboshi verkauft werden.

Oder man legt sie mit Shiso-Blättern in den bei der Gärung entstandenen Sud ein. Dort bleiben sie freilich nur eine Woche, bevor sie nochmals ein bis zwei Jahre mit Shiso-Blättern eingelegt werden. So gewinnen sie ihren hübschen Farbton und werden schließlich zum Umeboshi.

Übrigens stammt die ume ursprünglich wohl aus China und ist auch in Taiwan und Korea beliebt. Je nach Land gibt es ume-Sirup, ume-Säfte, süß mit Zucker oder sauer aus geräucherten Früchten, ume-Sauce zur Ente in China oder die in klarem Schnaps namens Shochu eingelegten grünen Früchte, die einen sehr milden »Pflaumenwein« ergeben (Umeshu, Japan). Uns entgeht also eine ganze »Pflaumikosen«-Geschmackswelt. Klingt exotisch oder sogar abgedreht? Nun, vor 30 Jahren standen ganz viele Europäer auch dem Genuss von rohem Fisch skeptisch gegenüber. Und heute haben wir an jeder Ecke einen Sushi-Laden. Warten wir das Umeboshi also ruhig erst mal ab.

Vanille

Weihnachten ohne Vanillekipferl, kann sich das irgendjemand in unseren Breitengraden vorstellen? Und einen Eisbecher ohne Vanilleeis, der Mutter aller Eissorten? Von Vanilleeis mit heißen Himbeeren und Pfirsich Melba ganz zu schweigen. Oder Dampfnudeln, in Österreich »Buchteln« genannt, ohne Vanillesauce? Allerdings kann ich mich nicht

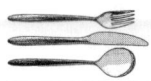

erinnern, als Kind einmal eine Vanilleschote in unserer Küche gesehen zu haben. Vanillezucker in den berühmten Päckchen, die zusammen mit dem Backpulver verwahrt wurden, ja, aber an ganze Schoten kann ich mich nicht erinnern. Wahrscheinlich war echte Vanille auch schon damals ziemlich teuer, so dass man mit Aromastoffen vorliebnahm.

Mit großen Augen und langen Ohren nehme ich die Vanillestorys der großen Fernsehköche zur Kenntnis – »Vanille ist gut für Nerven und Gehirn!« –, die das teure exotische Schoten-Aroma-Wunderwerk inzwischen auch für die Fisch- und Fleischküche einsetzen. So soll Vanille beispielsweise hervorragende Harmonisierungsdienste an Hummerfleisch leisten. Das kommt mir immer noch ein wenig fremd vor, müsste wohl einfach mal ausprobiert werden. Für mich neigt sich der Vanilleeinsatz in der Küche aus nostalgischen Gründen immer noch dem Süßen zu. So hat auch Country-Legende Hank Williams die teure Schote eingeschätzt, als er bei einer Probe die Musiker mit dem Satz »Mehr Vanille, Jungs!« anfeuerte.

Also, synthetisches Vanillin ist für mich eine Unzutat, eine Aromenparodie, die keinesfalls echte Vanille ersetzen kann. Genauer gesagt: Es wird oft aus Lignin gewonnen, einem Abfallstoff der Papierherstellung. Wer also Abfälle der Papierindustrie auf seinem Teller mag, der soll sie ruhig weiter kaufen.

Von der wahren Vanille gibt es nicht eine, sondern mehrere Sorten: Mexiko, Indien, Réunion, Polynesien, Uganda, die Komoren und viele andere Regionen der Welt locken mit Vanillen, die sich aromatisch stark unterscheiden.

Ursprünglich jedoch stammt Vanille von einer Orchideenpflanze, die in Mexiko und Mittelamerika heimisch ist. Versuche, Letztere anderswo zu pflanzen, misslangen gründlich. Tatsächlich ist die Orchidee, die uns die Vanille beschert, in ihrer Fortpflanzung höchst anspruchsvoll. Sie lässt sich nur von be-

stimmten Bienen- und Kolibriarten aus ihrer natürlichen Heimat befruchten. An ihre Blüte darf etwa die Melipona-Biene heran, die über keinerlei Stachel verfügt. Die Spanier hielten – als Mexikos Kolonialherren – ein Vanillemonopol aufrecht, das jeder in Europa knacken wollte. Dem belgischen Botaniker Charles Morren gelang das 1836, im Gewächshaus von Liège. Ein Jahr später zog der französische Fachmann Joseph Henri François Neumann nach. Doch was im Labor funktionierte, erwies sich in der Natur als kompliziert und kostspielig. Der 12jährige, farbige Sklavenjunge Edmond (1829–1880) erfand schließlich ein Verfahren zur manuellen Bestäubung, das heute noch eingesetzt wird. Schon zehn Jahre vor Edmonds Geburt versuchten die Franzosen, auf La Réunion Vanille zu züchten. Angesichts der Abwesenheit geeigneter Bienen verlief dieses Vorhaben im wahrsten Sinne des Wortes unfruchtbar. Edmond hatte von seinem »Besitzer« Ferréol Beaumont Bellier die Grundlagen des Gartenbaus vermittelt bekommen. Mit einem simplen Bambusspießchen öffnete er die Blüte und drückte mit dem Daumen der linken Hand sanft das männliche Staubblatt gegen den weiblichen Stempel. Damit war die Gewürzvanille befruchtet, das lästige Vanillemonopol rasch überwunden. Die Insel Réunion wurde zu einem wichtigen Vanillelieferanten. Bald schon bauten die Franzosen Pflanzen auch im benachbarten Madagaskar an: Die »Bourbon-Vanille« war geboren. Edmond jedoch brachte die Entdeckung seines Verfahrens kein Glück: Zuerst versuchte sich der Botaniker Jean-Michel-Claude Richard, die Methode anzueignen. Er und kein anderer hätte sie dem Waisenkind beigebracht, behauptete er. Edmonds »Besitzer« und ein Naturwissenschaftler verteidigten den Jungen vehement, doch es blieben Zweifel. Zwar wurde 1848 die Sklaverei abgeschafft, was dem jungen Mann neben

der Freiheit immerhin den Beinamen Albius – nach dem Weiß
der Vanilleblüte – brachte. Doch finanziellen Profit hatte er aus
seiner »Geburtshilfe« nicht gezogen. So heuerte Edmond Albius als Diener an, wurde schließlich wegen Juwelendiebstahls
belangt und zu zehn Jahren Gefängnis verurteilt. Nach der
Hälfte der Strafe erfuhr der Gouverneur von Albius Inhaftie-
rung sowie seinen Verdiensten um den Vanillehandel. Edmond
wurde begnadigt, starb jedoch in bitterer Armut. Die kolossa-
len Profite seiner Erfindung strichen andere ein. Ein Kupferstich von 1863 zeigt ihn mit dichtem Schnäuzer und krausem
Haupthaar in weißem Dinnerjackett mit Fliege neben einer Va-
nillepflanze.

Besonders bekannt ist die Bourbon-Vanille aus Madagaskar
mit der leichten Honigsüße und ihrem diskretem Duft von Feigen und Pflaumen heute noch. Auch alle anderen dünnen, langen Stangen aus Madagaskar – gemeint sind all die Schoten,
die nicht den Beinamen Bourbon tragen – sind wie geschaffen
für Soufflés, Eiscreme und Crème Anglaise.

Die ursprüngliche, mexikanische Sorte ist sehr subtil, mit
dem leichten Aroma von kandierten Früchten, und eignet sich
besonders für Crumbles, Kompott und, ja doch, Saucen für
Fisch und Krustentiere.

Vanille von den Komoren hingegen gilt als idealer Begleiter
von Schokoladen aller Art, vom Kakao bis zur Mousse. Dank
ihres sanften Aromas von Wald und Unterholz kann sie auch
Kartoffel- oder Kürbissuppen verfeinern.

Stammt die Schote aus Uganda, weist sie oft Lederaromen
auf – solche Vanille passt zu Fleisch- und Fischsaucen, genau
wie die Schoten aus Indien. Ideal für Saucen ist auch die leicht
salzige Variante aus Neuguinea, sie vermählt sich bestens mit

anderen Gewürzen wie Ingwer und Muskat. Kongo-Vanille hingegen passt wunderbar zu Schokolade und Milch.

Eine Sonderstellung nimmt die Vanille aus Tahiti ein. Sie verfügt über ein besonders ausgeprägtes Aroma und ist daher auch in der kalten Küche nutzbar, etwa für Vanillesahnen. Auch die Parfümeure von »Guerlain« verwenden sie gern. Viele Profis sehen sie als »die« Premium-Vanille, allerdings schmeckt sie derart intensiv, dass sie eigentlich nur in Desserts verwendet werden kann.

Um die Wirkung auf Nerven und Hirn scheint sich in den Herkunftsländern kaum jemand gekümmert zu haben, man spricht der Vanille dort immerhin eine hustenlindernde Wirkung zu.

Zwei gute Köche haben sich meines Erachtens um die Themen Vanille und Gewürze verdient gemacht. Keiner von ihnen schwingt regelmäßig im Fernsehen das große Wort, beide haben die Küchenschürze inzwischen weitgehend beiseitegelegt, um sich den Gewürzen zu widmen: Es sind der Deutsche Ingo Holland vom »Alten Gewürzamt« in Klingenberg und der Franzose, Verzeihung: Bretone, Olivier Roellinger, der früher die »Maisons de Bricourt« in Cancale führte.

Beide betreiben Internet-Shops mit qualitativ hochwertiger Vanille und Gewürzen. Der Einkauf bei ihnen vermeidet auch ein klassisches »Gewürzproblem«, nämlich die Überalterung. Alternde Vanillen oder Gewürze verlieren rapide an Geschmack.

Wachtel

Lange Zeit war ich der Meinung, dass dieser kleinste aller Hühnervögel nicht gegessen werden sollte, weil er vom Aussterben bedroht ist. Und Wachteleier auf Speisekarten halte ich deshalb für äußerst grenzwertig, zumal ich einmal gekostet und keinen Unterschied zum Hühnerei feststellen konnte. Dem Tier seine niedlich-kleinen Eier wegzunehmen, aus reinen Dekorationsgründen, finde ich ziemlich daneben.

Nun las ich kürzlich, dass sich die Wachtelbestände erholt hätten, weil die intensive landwirtschaftliche Nutzung mancher Areale wieder aufgegeben worden sei – auch den Feldhasen wird es gefreut haben. Außerdem scheinen sich Wachteln unter besonderen Bedingungen wie Hühner halten zu lassen, also zuchtgeeignet zu sein. Das beruhigt das Gewissen ein wenig. Stellt sich die Frage: Wie gut schmeckt die Wachtel, dass die Jäger Europas dermaßen hinter ihr her sind? Schmeckt sie ähnlich wie ein Fasan und ist sie ebenso magerfleischig, so dass sie unbedingt gespickt werden muss, um beim Braten nicht trocken zu werden?

Denke ich an Wachteln, kommt mir immer der Film »Babettes Fest« in den Sinn. Sie wissen schon, die französische Köchin Babette geht nach Dänemark ins Exil, kommt bei zwei Pastorentöchtern unter, gewinnt in der Lotterie und beschließt, den Puritanern ein Festgelage zuzubereiten. Vor dem Baba au Rhum (Napfkuchen mit Rum) und den Käsen gab es da Schildkrötensuppe, Blinis Demidoff und eben »Wachteln im Sarkophag«, also mit Foie gras, Trüffeln und Cognac, in Blätterteig eingeschlossen. Als Wein gab es dazu einen Clos de Vougeot 1845. Heutige Zuchtwachteln hätten es wegen extrem zarten Geschmacks mit diesem Gericht sehr schwer. Wer in ihnen

311

einen würdigen Ersatz für Schnepfen und Fettammern erhofft, wird enttäuscht – es sei denn, er kennt einen Jäger, der ihn mit fernab deutscher Landesgrenzen geschossenen Wildvögeln versorgen kann.

Gezüchtet wird allein die ursprünglich aus Japan stammende Gattung Coturnix Coturnix japonica.

In Japan, Frankreich und Kanada gibt es viele Zuchtfarmen, die sich aus Renditegründen natürlich stark für die Fruchtbarkeit der Vögel und Erfolge bei der Eiablage interessieren. Doch wie bei allen Zuchttieren zählen für den guten Fleischgeschmack vor allem artgerechte Haltung und Futter. Recht gute Erfahrungen habe ich mit der französischen Wachtel aus Challans gemacht. Sie wird mindestens zu 70 Prozent mit Cerealien ernährt und verfügt über nicht weniger als 100 Quadratmeter Auslauf pro Tier. Das ist doch fast schon ein Leben in Freiheit, zumindest hat diese Wachtel weit mehr Platz als z.B. in deutschen Mietwohnungen für Kinderzimmer vorgesehen ist. Mit 30 (gemeint sind natürlich 30 Tage), darf sie dieses Gehege in Anspruch nehmen. Geschlachtet wird ab dem 42. Tag. Aber gerade mal 15 Züchter wollen ihren Wachteln diese Lebensdauer gönnen.

Solche Wachteln werden vor Ort stets als »ganzer Vogel« verkauft, mit Kopf, jedoch ohne Innereien. Sie wiegen etwa 150 bis 200 Gramm. Einige der japanischen Wachtelsorten sind übrigens wahre Sumoringer: Sie heißen im Handel Jumbo oder Royal und bringen 300 Gramm oder mehr auf die Waage.

Zumindest die Challans-Vögel schmecken zart, fest, delikat, auch wenn sie oft nicht an Wildgeflügel herankommen. Zum Ausgleich sind sie täglich in gleichbleibender Qualität lieferbar. Auch das ist halt die Küchenwelt von heute.

Walderdbeeren

In den Familiengärten meiner Kindheit wuchsen zwei Sorten Erdbeeren: Die großfruchtige »Ananas«-Erdbeere (warum die wohl so heißt?) und die viel kleinere Monatserdbeere. Die Pflanzen der Ananas-Sorte wurden sorgfältig mit Holzwolle umrahmt, damit die schweren Früchte beim Reifen nicht auf der Erde zu liegen kamen, dadurch Fressfreunde zur Mahlzeit einluden oder zu faulen anfingen. Diese »Unterfütterung« war von früh an meine Aufgabe. Ebenso die Überwachung des Reifungsvorgangs. Ich fühlte mich dabei wie ein Schiffsjunge im Ausguck.

Weder die »Ananas« noch die Monatserdbeere – die angeblich die Nachzucht der Walderdbeere ist – kamen jedoch an Duft und Geschmack der Walderdbeeren heran. Die wurden bei Wochenendausflügen erjagt. Allein die Erinnerung daran lässt den Duft von sonnenbeschienenen Waldböden und Lichtungen in meine Nase steigen, und ich meine, noch immer das Surren der Bienen und Insekten zu hören, ebenso wie das Knacken der Zweige, auf die wir traten. »Erdbeer brocken (pflücken)« war bei allen Familienmitgliedern ebenso beliebt, wie später im Herbst das Pilzesammeln. Das ging in einer stillen, genussvollen Konzentration vor sich und hatte fast etwas Feierliches an sich. Worte waren nicht nötig. Nur manchmal deutete jemand auf den blauen Himmel, wo ein lautloses Flugzeug einen Kondensstreifen gemalt hatte, oder es gab einen kurzen Schmerzenslaut, wenn sich jemand mit dem Fuß in einer Brombeerranke verfing.

Das Schälchen Walderdbeeren mit flüssiger Sahne schlug jedes andere Dessert. Was man heute auf den Märkten manchmal als »echte Walderdbeeren« angeboten bekommt, kann sich mit denen der Kindheit nicht messen. Ob es nur am Selberpflücken lag?

Ich denke nicht. Als Kind habe auch ich mit meiner Großmutter an jedem Wochenende Walderdbeeren gesucht und kann mich noch recht gut an den Geschmack erinnern. Vielleicht haben die Markterdbeeren ja unter dem Transport gelitten, vielleicht wurden sie zu früh gepflückt? Oder es handelt sich um Importware, der die lange Reise ebenfalls nicht gut getan hat. Auch für unsere Supermärkte werden z. B. »Walderdbeeren« aus Serbien geliefert – übrigens ein Land, das auch in der Himbeerproduktion weltweit führend ist. Die Waldfrüchte gibt es frisch, im 125 Gramm-Päckchen, tiefgefroren oder als Konfitüre mit ganzen Früchten. Ich habe diese Erdbeeren einmal reif vor Ort verkostet, und der Geschmack kam sehr nahe an meine Kindheitserinnerungen heran. Aber wie gesagt: Pflücken zum falschen Zeitpunkt, lange Transportwege und damit verbundene Temperaturschwankungen können den Geschmack beeinträchtigen.

Außerdem will ich mich nicht dafür verbürgen, dass jede kleine Erdbeere auch eine europäische Walderdbeere (Fragaria vesca) ist. Deutschland verfügt beispielsweise über eine schöne Gartenerdbeersorte namens »Mieze Schindler«, die in Aussehen und Geschmack der Fragaria vesca recht nahe kommt. Der erste Direktor der Höheren Staatslehranstalt für Gartenbau in Dresden, Otto Schindler, züchtete sie 1925 und benannte die Frucht nach seiner Frau. Überdauert hat die Mieze in den Datschen der Ex-DDR, sonst wäre sie wohl ausgestorben. Allerdings müssen die Miezen zum optimalen Zeitpunkt gepflückt werden – selbst dann »erweichen« sie in Rekordzeit. Deshalb sind sie für den Großhandel ungeeignet, und das ist vielleicht auch besser so. Bleibt die französische Mara des Bois, die auch in Deutschland, Österreich und der Schweiz Einzug gehalten hat. Richtig gezüchtet ist das eine aromatische Erdbeere – aber bei weitem keine Walderdbeere.

Seit Dezember 2010 wissen wir, dass ein internationales Konsortium von 75 Forschergruppen aus elf Ländern das Genom der Walderdbeere vollständig entschlüsselt hat. Mit Äpfeln, Pfirsichen, Birnen, Himbeeren und der seit 250 Jahren kultivierten Erdbeere Fragaria ananassa soll sie verwandt sein. Es sei nun möglich, so hieß es in der Pressemeldung der TU München, »im kleinen Genom der Walderdbeere die Funktion bestimmter Gene aufzuklären, die für gute Eigenschaften verantwortlich sind, zum Beispiel für Geschmack, Geruch oder Krankheitsresistenz«. Bis der Walderdbeergeschmack den Gartenfrüchten eingebimst werden kann, ist es noch ein weiter Weg. So lange hilft nur eins: selber pflücken.

Wasabi

Dieser japanische Meerrettich soll eine Schärfe haben, die unseren heimischen – in Süddeutschland und Österreich auch »Kren« genannt – geradezu in den Schatten stellt. Dabei habe ich schon um diesen unseren »Schärfling« immer einen großen Bogen gemacht: Er geht mir sofort in die Nase und in die Augen – Zwiebeln sind Waisenknaben dagegen – und verursacht schon Sekunden nach dem Verzehr ein heftiges Kribbeln unter der Kopfhaut. Andererseits gibt es keinen originalen Tafelspitz ohne Semmelkren (trockene Semmeln würfeln, in Fleischbrühe halb musig kochen und in den letzten Kochminuten geriebenen Meerrettich dazugeben). Und eine geräucherte Forelle ohne Sahnemeerrettich ist auch nicht wirklich vorstellbar.

Die Steiermark – wo der meiste und beste Meerrettich Österreichs herkommt – hat sich übrigens den Begriff »Steirischer Kren« ebenso schützen lassen, wie den des Kürbiskernöls. In der Bundes-

republik ist Franken die Hochburg des Meerrettichanbaus, gefolgt von einigen Gegenden in Hessen. Es soll dort sogar Meerrettich-Dörfer geben.

Jetzt ist wirklich die Frage, wodurch – außer in der Schärfe – sich Wasabi von unserem heimischen Kren unterscheidet, der ursprünglich auch aus Asien stammen und von den Hunnen zu uns gebracht worden sein soll? Die Imagekampagne ist auf jeden Fall geglückt: Keine TV-Kochsendung ohne Wasabi …

Jetzt heißt es tapfer sein: Der Wasabi, der uns in Europa angeboten wird, ist meistens gar keiner. Es handelt sich um (Trommelwirbel) … handelsüblichen Meerrettich oder eine Mischung aus Letzterem mit Senf. Für die charakteristische grüne Farbe sorgen die Zusatzstoffe E 102 (Tartrazin) und E 133 (Brillantblau FBF). Und selbst wenn keine E-Nummern auf der Tube stehen, kann Meerrettich durch Chlorophyll oder Spirulina-Algen grün gefärbt werden. Wahrscheinlich haben solche Food-Fälscher sogar ein gutes Gewissen, denn Meerrettich, Senf und Wasabi gehören alle zur Gattung der Kreuzblütengewächse (Brassicaceae). Doch genauso wenig wie Meerrettich nach Senf schmeckt, verfügt Wasabi über dasselbe Aroma wie Meerrettich. Echten Wasabi (Eutrema japonica) gibt es nur in Japan sowie auf der Insel Sacchalin. Er wächst wild, nahe von Flussufern im Sumpfland, kann jedoch auch angebaut werden. Die Pflanze blüht von März bis Mai und wird 20 bis 60 cm hoch. Gegessen wird das sogenannte Rhizom, also eine unterirdisch wachsende Sprossenachse. Das misst etwa drei cm im Durchmesser. Einmal habe ich in einem wirklich erstklassigen japanischen Lokal zum Sashimi frisch geriebenen Wasabi bekommen. Überhaupt – das Reiben! Er wurde mit entschlossenem Handgriff über getrockneter Haifischhaut zu grünen Flocken gefegt

und mit Sojasauce gemischt. Einen Teil kostete ich pur: Schon durch die aromatischen Öle schmeckte dieser Wasabi ganz anders als alle Tuben- oder Pulverprodukte. Er ist wahnsinnig scharf, auch wenn seine Schärfe eher die Nase als die Zunge attackiert; gleichzeitig verfliegt die Schärfe mit einem weiteren Stück rohen Fischs schnell. Der Koch hat mich darüber aufgeklärt, dass dieses typische Wasabi-Aroma innerhalb von einem Viertelstündchen verfliegt. Und natürlich hatte er mich vor schmerzhaften Überdosierungen gewarnt – die aber kannte ich schon durch die Surrogate.

Seit diesem Essen blicke ich sehnsüchtig in jeden Asia-Laden, um zu schauen, ob es dort gerade frischen Wasabi gibt. Dann müsste ich nur noch die kleine Haifischhautreibe auftreiben.

Zampone

Dass sich unsere italienischen Nachbarn mit Füßen auskennen, das weiß man auf der ganzen Welt. Mein Schuhschrank ist der Beweis dafür. Niemand macht so formschöne und gleichzeitig bequeme Schuhe wie die Leute, die in einem Land wohnen, das die Form eines Stiefels aufweist. (Allein die geniale Erfindung der Tod's-Mokassins mit ihren 133 Gumminoppen, die jeden Träger federnden Fußes über den Boden schweben lassen, ist genial und zeigt die Fuß-Affinität der Italiener!) Aber dass sie auch noch aus einem Schweinefuß eine Delikatesse machen können, das blieb mir lange Zeit verborgen.

Während wir in unseren Breitengraden Haxenbratereien haben und nach den krossen Krusten des Borstentiers gieren, geben sich die Bewohner der Emilia Romagna nicht mit solch simplen Genüssen ab.

Sie haben einen gefüllten Schweinefuß kreiert, der zu Weihnachten und Silvester bei allen ihren Landsleuten zum guten Küchenton gehört wie bei uns die Weihnachtsgans oder der Karpfen. Aber auch im Bollito misto darf der Zampone – der »große Fuß« – nicht fehlen. Ich hab nur einmal davon probiert und war mehr als angetan. Aber das Geheimnis dieser italienischen Schweinefuß-Spezialanfertigung habe ich noch nicht ergründet.

Im Bürokratendeutsch der »Verordnung (EWG) Nr. 2081/92 vom 14. Juli 1992«, Antrag auf Eintragung gemäß Artikel 17, ist Zampone ein »Fleischerzeugnis, bestehend aus einer Mischung von Schweinefleisch aus der quergestreiften Muskulatur, Schweinefett, Schwarte und verschiedenen Gewürzen, die in natürliche Umhüllungen, nämlich die Außenhaut des vollständigen Vorderfußes des Schweins (mit den Zehenknochen) gefüllt wird; das obere Ende wird verschlossen. Das Erzeugnis muss leicht aufschneidbar sein. Beim Anschnitt weist die Scheibe rötliche bis rote uneinheitliche Färbung auf, sie ist kompakt und besitzt einheitliche Körnung.« (Jetzt fehlt nur noch das Wörtchen »Textur«, und wir fühlen uns wie im Feuilleton einer bekannten deutschen Zeitung.) Eingetragen wurde die Zampone als »geprüfte geografische Angabe«, eine europäische »Auszeichnung«, die jedoch über die Wurstqualität in diesem Fall rein gar nichts aussagt.

Fragen wir uns doch lieber zuerst, warum jemand Wurst in Schweinsfüße füllt: Im Winter 1511 wurden Mirandola und das nahe Modena von den Truppen Papst Julius' II. belagert. Falls Sie einmal Opfer einer Belagerung werden, was heute ja Gott sei Dank seltener vorkommt, müssen Sie wissen, dass richtige Vorratshaltung sehr wichtig ist, um selbige durchzu-

stehen. In Mirandola jedenfalls wurde die Schlachtung der Schweine befohlen, um zu verhindern, dass die kostbaren Fleischlieferanten den Feinden in die Hände fielen bzw. deren Mägen füllten. Doch worin sollte man all das Fleisch aufbewahren? So wurde das Schwein selbst zum Behältnis, in dem man auch die Vorderbeine der Schlachttiere füllte. Später, als die Gefahr vorbei war, fand die neue Spezialität bald auch viele Freunde außerhalb von Strategen und Militärs.

Ein großer Zampone-Freund war beispielsweise der Komponist Gioacchino Rossini (1792–1868), was an sich schon ein Gütesiegel ist. Dessen Wissen um die kulinarischen Künste wurde höchstens noch von seinen nachweislich exzellenten Kenntnissen über die richtigen Noten übertroffen. Obwohl das Ansichtssache ist. »Wenn er so viel von Musik versteht wie von Makkaroni, dann muss er sehr gute Sachen schreiben.« Dieser Spruch eines Pasta-Händlers wurde in Rossini-Biografien verewigt, der Komponist selbst schrieb ausführlich und gern über das Essen. Er sandte dem Metzger Bellantini in Modena folgende Bestellung: »… ich möchte sechs capelli da prete (Priesterhüte, eine Wurstspezialität mit zampone-ähnlicher Füllung, eingenäht in einen Dreispitz), ähnlich denen, die du mir nach Florenz geschickt hast. Vier Pfoten und vier Würstchen, alles von der besten Qualität«. Wohl »um Missverständnisse zu vermeiden« legte Rossini angeblich eine Risszeichnung eines Zampone bei.

Es war kein Zufall, dass Rossini bei dieser Adresse bestellte, denn traditionell hat jeder Metzger sein eigenes Rezept. Aber alle benötigen eine intakte Schweinepfote ohne Schnitte oder andere Verletzungen der Haut, und alle vernähen den fertig gefüllten Fuß per Hand. Viele der Füßchen werden in speziellen Dampföfen gegart, bevor ihre Füllung bei Raumtemperatur fest wird. Das Geheimnis des Zampone liegt aber natürlich in

seinem Innersten: Welche Sorten Schweinefleisch werden verwendet? Wie werden sie gewürzt?

Viele Metzger verwenden heute Wange, Kopf, Hals und Schulter, Salz und Gewürze. Dabei geht die Tendenz zum »mageren Schweinsfuß«. Noch in den 1980er Jahren empfahl die Universität Rom 35 Prozent Schweinefleisch, mehrheitlich aus der Schulter, 30 Prozent Schwarte, 35 Prozent »Reste« (parte ghiandolare, also »Drüsenteile«). Inzwischen werden die Füßchen mit 60 Prozent magerem Schweinefleisch und vielleicht 20 Prozent Schwarte gefüllt. Gewürzt wird mit Zimt, Salz, Pfeffer, Muskatblüte, Nelken, Muskat und vielen anderen guten Sachen. Auch die Feinheit – oder Grobheit – des Schweinehacks spielt eine Rolle.

Zum guten Schluss wird ein Zampone etwa einen halben Tag lang gewässert, mehrfach eingestochen und dann nochmals stundenlang vor dem Servieren gegart. Früher gab es vielfach rohe Zampone, heute sind die meisten aus Gründen der Haltbarkeit gegart. Deshalb »würzen« Metzger auch zuweilen mit den Zusatzstoffen E 252 und E 250.

Erhalten haben sich allerlei Zampone-Feste. Eines wird von der Vereinigung der Metzgermeister von Modena veranstaltet, die 1995 den weltgrößten Zampone ins Guiness-Buch eintragen ließen. Regelmäßig feiern auch die »Ritter des Zampone« deren damaliger Präsident Giorgio Fini 1971 für einen Skandal sorgte, als er Zabaione zum Zampone servieren ließ. Süßes zum Zampone, das wurde später zur Mode, infrage kommen neben Zabaione auch Marsala und Balsamico.

Eine der besten, aber auch teuersten Zampone-Adressen ist nach wie vor die Salumeria Giuseppe Giusti in der Via Farini 75 in Modena. Seit 1605 wird hier Wurst gemacht. Etwas günstiger, aber nicht unbedingt schlechter ist die Wurst z. B. bei

Regnani Sisto, in der Via XXIV Maggio 4 in Serramazzoni, Modena. Allerdings verzichtet dieser Metzger nicht immer auf Zusatzstoffe, was wirklich schade ist.

Zibeben

Ich dachte immer, »Zibebe« sei eine alte süddeutsch-österreichische Bezeichnung für Rosine, also getrocknete Weintrauben. Von denen es wohl viele verschiedene Sorten gibt, u.a. die Sultanine. Nun weiß ich es besser und bin ziemlich überrascht, dass die Zibebe quasi eine Trockenbeerenauslese ist: an der Rebe getrocknet und schockgefrostet. Etwas »Besseres« also, was die Zibebe von der gemeinen Rosine wohl unterscheidet.

Dabei sind schon herkömmliche Rosinen – egal, durch welches Verfahren gewonnen – auf jeden Fall etwas Köstliches, und ich verbinde nur gute Essgefühle mit ihnen. Mein heiß geliebter Großvater ließ mich Sonntag für Sonntag – unter den missbilligenden Blicken der Eltern – die Rosinen aus seinem Stück Hefegugelhupf, bei uns »Bunkel« genannt, herauspulen. Das österreichische »Kletzenbrot«, ein Advent- und Weihnachtsfrüchtebrot aus gedörrten Birnen und Pflaumen, eigentlich ein Arme-Leute-Feiertagsbrot, ist umso besser, je mehr große Rosinen es enthält. Und in Venedig – bei »Montin« – entdeckten wir vor einigen Jahren eine köstliche »Rosinensache«: Die getrockneten Weinbeeren werden in Weißwein und Grappa eingelegt und dürfen sich ein paar Wochen – unter immer wiederkehrendem Auffüllen der gehaltvollen Flüssigkeiten – vollsaugen, bevor das köstliche Dessert serviert wird. Rosinen in geistiger Bestform sozusagen.

Und die Zibebe, was hat es nun wirklich mit ihr auf sich? Muss man sie als ausgewiesenes Leckermaul im Haus haben?

Wir werden sie kaum bekommen. Die Zibebe hängt als ausgedörrte Traube am Rebstock und ist bei den Winzern bestimmter Süßweine höchst begehrt. Damit ist sie umgangssprachlich eine Rosine, eine getrocknete Traube. Die Sultanine wiederum stammt von der kernlosen Sultana-Traube (Thompson Seedless). Sie ist hell und von dünner Haut. Für diese Sorte gilt die Devise: Je heller und je größer, desto besser. Was liegt da näher, als Sultaninen aufzuhellen, um einen besseren Preis zu erzielen? Die Trockentrauben »erblassen« durch Schwefelung, die freilich auf der Packung vermerkt werden muss. Unbedingt beim Einkauf darauf achten!

Korinthen sind die kleinsten Rosinen. Sie kommen ursprünglich von blauschwarzen Korinthiaki-Trauben, werden inzwischen aus Griechenland, Südafrika, Australien oder Kalifornien importiert. Sie werden normalerweise nicht geschwefelt.

Eine ganz besondere Sorte sind die Pasas de Málaga oder »Malaga-Rosinen«. Sie werden in den Erzeugungsgebieten Axarquia und Manilva in der spanischen Provinz Málaga angebaut. Ähnlich wie beim Weinbau gibt es einen Mindestabstand zwischen den Rebstöcken (1,5 bis 2 m) und eine autorisierte Maximalproduktion. In Axarquia liegt sie bei 3500 Kilo pro Hektar, in Manilva sind es 1000 Kilo mehr.

Dafür werden Weintrauben der Sorte Vitis Vinefera (Synonyme: Muscat d'Alexandrie, Muscat Gordo, Muscat de Málaga, Alexander Muskat, Muscat de Rivesaltes, weißer Muskatdamascener und sehr viele andere) von Hand geerntet. Maschinen können in diesen Hanglagen ohnehin nicht sinnvoll eingesetzt werden. Anschließend trocknen die Träubchen auf den traditionellen »paseros«, nach Süden ausgerichteten Gestellen. So bekommt die Pasa de Málaga ihre charakteristische schwar-

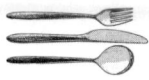

ze Farbe. Diese Traube ist relativ dick, jedoch nicht besonders widerstandsfähig. Das Fruchtfleisch bewahrt ein wenig den Geschmack der Rebsorte und verfügt über einen langen Abgang. Es fehlt jedoch die Karamellnote im Geschmack, die typisch für im Ofen getrocknete Trauben ist.

Das französische Autorenduo Pierre Viala und Victor Vermorel spürte in ihrer »Ampélographie« (sieben Bände, 1901–1910) auch dem Ursprung der Rebsorten nach: Der »Moscatel d'Alexandrie« war für sie afrikanischen Ursprungs. Darauf würden auch die beiden ältesten Namen der Rebsorte hindeuten. Der eine weist nach Alexandria, der andere nach Cap Zebib in Tunesien. Schließlich heißt diese Traube Zibibbo. Da haben wir sie doch, die Zibebe.

Zimt

Der Geschmack von Zimt ist einer der stärksten emotionalen Schleusenöffner meiner Erinnerungen. Zimtgerichte versetzen mich in eine wohlige Stimmung. Das hat nicht nur mit Weihnachten zu tun, obwohl es in diesen Tagen fast überall nach Zimt riecht. Bilde ich mir zumindest ein. Es müssen auch nicht unbedingt Zimtsterne sein. Milchreis mit Rosinen und Zucker und Zimt – herrlich! Zimteis mit Zwetschkenröster – wunderbar! Marillenknödel in Zucker-Zimt-Brösel – unnachahmlich!

Aber das Allerbeste ist das Mus von grünen Äpfeln, das meine Großmutter gemacht hat. Mit saurem Rahm und Zimt und Zucker haben wir es andächtig aus einer großen Gemeinschaftsschüssel gelöffelt. Zusammen mit einem Butterbrot war es eine fleischlose Freitagskost, die sogar die Männer klaglos genießend akzeptierten. Leider

323

unwiederholbar: Woher bekommt man unreife Äpfel, wenn man keinen Apfelbaum besitzt?

Zimtöl soll, ebenso wie Nelkenöl, bei Zahnschmerzen helfen – wer erinnert sich nicht an die entsprechende gruselige Stelle im »Marathon-Man«? –, und es befreit die Eingeweide von Parasiten, sagt die Volksheilkunde. Aber ganz abgesehen davon: Der Zimtgenuss ist einem seit ein paar Jahren vergällt, weil uns Normalbürgern in den Supermarktregalen angeblich nur minderwertiger Zimt serviert wird – vor allem in Fertigprodukten, der Kindern sogar ernsthaft schaden soll. Woher also guten Zimt nehmen? Und wie erkennt man ihn? Ich ahne die halbe Antwort: am Preis?

Die wunderbare Welt der Nahrungsmittel kennt zwei Gesetze: Ist ein Lebensmittel besonders teuer, hat es garantiert aphrodisierende Wirkung. Ist ein Lebensmittel hingegen besonders billig, muss es laut Vertretern der Lebensmittelindustrie in allen Fertiggerichten eingesetzt werden. Nicht wegen des Preises, nein, Gott bewahre, sondern natürlich wegen seines besonderen Wohlgeschmacks und weil genau dieses Lebensmittel den Verbrauchervorlieben entspricht.

Genau so verhält es sich auch mit dem sogenannten Cassia-Zimt, aus der Rinde des Cinnamomum cassia-Baums. Der nämlich enthält gesundheitsgefährdendes Cumarin. Letzteres steckt zwar auch in Waldmeister, Datteln, Tonkabohnen, Weichselkirschen und manch anderem, kann hoch dosiert aber Leberschäden und -entzündungen verursachen. Der Cassia-Zimt stammt aus Vietnam, China und Indonesien und wandert in Fertiggerichte, Backmischungen, vorgefertigte Curries und vieles mehr. Cumarin galt auch dem Bundesinstitut für Risikobewertung (BfR) als gefährlich genug, um im Rahmen einer

»Worst-Case-Betrachtung« für die orale Exposition, die Belastung von Kleinkinder durch Zimtstern-Konsum zu berechnen: »im ungünstigsten Fall von 76,4 mg Cumarin pro kg Gebäck enthalten 20 g Kekse bereits die Menge von 1,5 mg Cumarin, die bei einem 15 kg schweren Kind bereits einer Belastung 0,1 mg/kg Körpergewicht entspricht; ein Kleinkind kann sicher problemlos innerhalb kurzer Zeit ein Vielfaches dieser Menge verzehren ...«

Für dieses Problem möchte ich heute eine Lösung vorstellen, zu der sich das BfR bisher nicht geäußert hat: Backen Sie Ihre Zimtsterne selbst und verwenden Sie Zimt vom Ceylon- Zimtbaum. Der wird nicht ohne Grund »Echter Zimtbaum« genannt (Cinnamomum verum oder Cinnamomum zeylanicum) und wächst nicht mehr ausschließlich auf Ceylon, Verzeihung, Sri Lanka, sondern quer durch Asien, in der Karibik, auf den Seychellen und Martinique und in Brasilien. Er enthält etwa 100mal weniger Cumarin als sein Artgenosse.

Tatsächlich ist Zimt vielleicht sogar das meistgenutzte Gewürz der Welt: Er verfolgt uns vom chinesischen Fünfgewürz über das indische Garam Masala bis zum britischen Crumble. Kurz: Er ist in allen Kulturkreisen zu Hause.

In Zimtplantagen werden die Bäume auf eine Höhe von etwa drei Meter gestutzt – in der Natur können sie bis zu fünf Mal so groß werden.

Unser Zimt besteht aus der Rinde des Zimtbaumes, genauer gesagt die 0,3–1 mm dünne Schicht zwischen Borke und Mittelrinde. Einmal vom Holz getrennt, rollt sie sich zur sogenannten Quillis zusammen und kann getrocknet werden. Die erste Trocknung erfolgt im Schatten, die Zweite in der Sonne. So kommt der Zimt zur charakteristischen Farbe. Dünnere Rinden stehen für feineres Aroma. So wie das Piment zur Be-

stimmung der Schärfe über eine eigene Maßeinheit verfügt, so gibt es auch eine Einheit für die Güteklasse des Zimt: Für Farbe, Feinheit der Rinde, Gehalt an ätherischen Ölen und Aroma wird eine Note in »Ekelle« vergeben. Die beste Bewertung ist 00000, die schlechteste hingegen IV. Angeblich gelangt nur IV-er Zimt nach Europa. Mich würde das nicht wundern, kleine Pfeffer- und Teehändler erzählen ganz ähnliche Geschichten.

Nur: Guter Ceylon-Zimt ist nicht ganz billig und nicht überall zu bekommen. Sie finden ihn, wie viele andere gute Gewürze im »Alten Gewürzamt« in Klingenberg oder im Online-Shop des französischen Küchenchefs Olivier Roellinger. Weil ich beide Bezugsadressen jetzt schon mehrfach erwähnt habe, möchte ich Ihnen auf Ehre und Gewissen versichern, an keinem dieser Unternehmen in irgendeiner Form beteiligt zu sein. Sie stehen hier nur, weil ich jederzeit selbst dort kaufen würde.

Zucker (Muscovado-Zucker)

In unserer merkwürdig entfremdeten Lebensmittelwelt ist Zucker ja der Todfeind aller Kalorienzähler. Wenn die Schlankheitsfanatiker nur wüssten, was sie sich mit sogenannten Light-Produkten an anderen Gefahren, sprich Chemikalien, einhandeln … Spätestens seit der Bio-Welle ist statt des gebleichten Industriezuckers Kandis oder brauner Zucker angesagt. Natürlich war ich auch dabei. Bis ich erfuhr, dass der braune Zucker aus dem Supermarkt lediglich weißer ist, der gefärbt wurde. Womit und aus welchem E-Nummern-Topf wollte ich gar nicht erst wissen. Daraufhin haben wir uns Zucker in Kaffee und

Tee – mit Ausnahme von Earl Grey – abgewöhnt, was immerhin schon mal ein Anfang ist.

Auf der Suche nach »gesünderem Zucker« stieß ich auf Stevia, das südamerikanische »Honigkraut«, ließ aber schnell wieder davon ab, weil diese penetrante Süße, die sich auch durch Geringdosierung kaum abmildern lässt, einfach keine Freude macht.

Von Muscovado-Zucker habe ich noch nie gehört. Wäre aber entzückt, wenn es stimmt, was ich neugierig nachgelesen habe: Dass er in kleinen Zuckerrohrmühlen entsteht und nicht in riesigen Raffinerien, in denen die chemischen Labors wichtiger sind als die von den Bauern angelieferten Zuckerrüben.

Für den Muscovado muss keine Rübe ihr Leben lassen. Die Dienste chemischer Labore werden auch nicht benötigt – auch wenn deren Handelsvertreter sehr begabt darin sind, den Bauern einzureden, sie müssten die »Rieselfähigkeit« ihrer Produkte erhöhen, die Klebkraft derselben verringern und überhaupt die Natur in andere Farben tunken, wenn sie auf dem heutigen Markt noch eine Chance haben möchten.

Die Herstellung ist einfach: Rohrzucker wird gepresst. Dabei tritt ein »Vesou« genannter Saft aus. (Vesou ist übrigens auch Ausgangszutat für Rum). Die Flüssigkeit verdunstet, was bleibt, das wird zermahlen. Schon hat man Muscovado-Zucker – der hier und da auch Barbados-Zucker, Vollrohrzucker oder »moist sugar« (feuchter Zucker) genannt wird.

Muscovado ist also Zucker fast in seiner Urform und enthält noch Vitamine und Mineralstoffe wie Kalzium, Magnesium und Eisen. Er stammt aus Mauritius, Barbados oder den Philippinen sowie aus Indien, Pakistan, Brasilien und Kolumbien, ist dunkel- bis karamellbraun, wurde nicht raffiniert, schmeckt würzig mit Noten von Karamell, Nüssen und Süßholz sowie

Melasse. Und er fasst sich an wie feuchter Sand. Seine Produktion war schon immer arbeits-und zeitintensiv, oft wurden kleine Mengen in Hinterhöfen hergestellt.

Beliebt ist in Europa vor allem der Muscovado aus Mauritius. In den Philippinen heißt der Vollrohrzucker auch Mascobado. Dort können Muscovado-Bauern auf eine lange Tradition zurückblicken: Laut einem Bericht der »Agriculture Business Week« vom Juli 2008 entfielen im Jahr 1929 rund 96 Prozent des Zuckerexports der Philippinen auf Muscovado. Amerikanische Investoren setzten jedoch bald ganz auf raffinierten Zucker. Damals, also von 1902 bis zur Teilautonomie 1935, waren die Philippinen eine amerikanische Kolonie, die lokale Zuckerproduktion hatte Zugang zum wichtigen US-Markt. Die Bauern wandten sich vom Muscovado ab, viele pflanzten Reis statt Zuckerrohr. Zu sagen, dass die Muscovado-Herstellung in einer Flaute steckte, wäre eine Untertreibung. Es war eine existenzbedrohende Krise.

Erst durch das Interesse der Verbraucher an gesunden, ökologischen Lebensmitteln ohne längere Aufenthalte in der Chemiefabrik wurde das Interesse am Muscovado-Zucker Ende der 1990er Jahre wiederbelebt. Nicht jedes Erzeugerland profitierte sofort vom Muscovado-Boom. Auf den Philippinen mussten, wieder laut »Agriculture Business Week«, zunächst die Mühlen modernisiert werden. Als modernste gilt eine Mühle der Alter Trade Manufacturing Corporation in Negros Occidental. Jetzt wurden auch strengere Qualitätskontrollen vorgenommen: Handelsklasse A ist goldbraun, B braun, C braun wie Holz. Die günstigste Qualität heißt Panocha. Definiert wird die Qualität durch Farbe, Feuchtigkeit, Schwebstoffe, etc. Ziel der philippinischen Bauern ist es, den Gehalt an Sucrose (also den Zuckergehalt) zu erhöhen und die Antei-

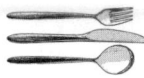

le an Feuchtigkeit, Potassium und Sulfat möglichst niedrig zu halten.

Der Geschmack des Muscovado ist faszinierend. Nicht weniger spannend scheint mir die Tatsache, dass der Wille der Verbraucher zur Renaissance dieses »Urzuckers« entscheidend beigetragen hat: Verkauft wird, was wir kaufen wollen und kaufen werden. Manchmal ist der Gang zur Supermarktkasse deshalb fast schon eine politische Aussage.

Register

Das Kochbuch für heimatverbundene Feinschmecker

ISBN 978-3-453-28020-5

»Jedes Produkt hat das Recht auf seinen eigenen Geschmack.« – Dem globalisierten Einheitsbrei setzt Karl Ederer Heimat-Food entgegen: eine leichte, schnörkellose Küche aus regionalen und saisonalen Produkten. Traditionsgerichte werden modern interpretiert, aber ihre Eigenständigkeit und Individualität bewahrt. Wie überzeugend das schmeckt, beweist der Münchner Sternekoch mit über 120 verführerischen und gut nachzukochenden Gerichten.

LUDWiG
Bücher für das wahre Leben